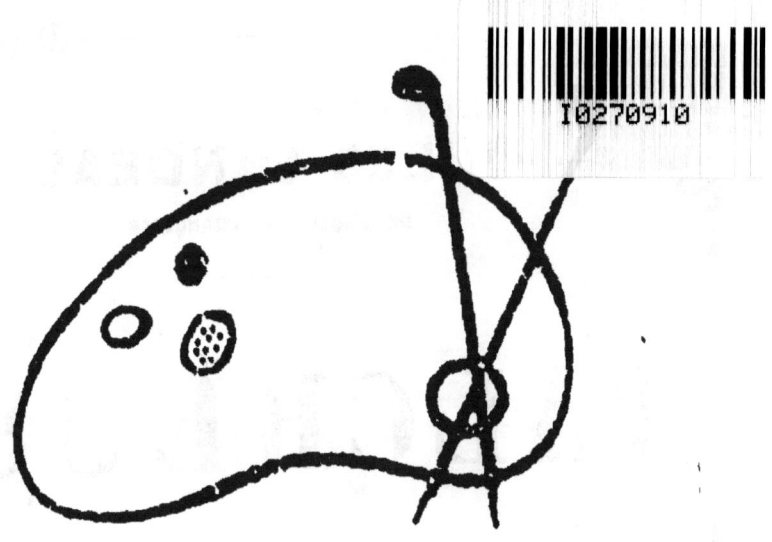

Couvertures supérieure et inférieure
en couleur

JULES SANDEAU
DE L'ACADÉMIE FRANÇAISE

VALCREUSE

ONZIÈME ÉDITION

PARIS
G. CHARPENTIER, ÉDITEUR
13, RUE DE GRENELLE-SAINT-GERMAIN, 13
1881

Extrait du Catalogue de la BIBLIOTHÈQUE-CHARPENTIER

13, RUE DE GRENELLE-SAINT-GERMAIN, A PARIS

à 3 fr. 50 c. le volume

(Le Catalogue complet est envoyé franco contre demande affranchie)

Ed. et J. DE GONCOURT

Germinie Lacerteux........	1 vol.	Renée Mauperin............	1 vol.
Madame Gervaisais........	1 vol.	Manette Salomon...........	1 vol.
Charles Demailly..........	1 vol.	Sœur Philomène............	1 vol.

Quelques créatures de ce temps......... 1 vol.

Ces volumes forment la collection complète des romans de MM. Ed. et J. DE GONCOURT

JULES SANDEAU
DE L'ACADÉMIE FRANÇAISE

Madeleine................	1 vol.	Fernand, Vaillance, Richard.	1 vol.
(Ouvrage couronné par l'Académie française.)		Valcreuse.................	1 vol.
Marianna.................	1 vol.	Madame de Sommerville, La chasse	
Le docteur Herbeau.......	1 vol.	au roman.................	1 vol.
Mademoiselle de la Seiglière.	1 vol.		

GUSTAVE FLAUBERT

Madame Bovary, mœurs de province. — Édition définitive, suivie des Réquisitoire, Plaidoirie et Jugement du Procès intenté à l'auteur devant le Tribunal correctionnel de Paris (Audiences des 31 janvier et 7 février 1857).................. 1 vol.

Salammbô. Édition définitive avec documents nouveaux.................. 1 vol.

La Tentation de saint Antoine. Troisième édition.................. 1 vol.

Trois Contes. (Hérodias. — La Légende de saint Julien l'Hospitalier. — Un Cœur simple). 4ᵉ édition.................. 1 vol.

MAXIME DU CAMP

Mémoires d'un Suicidé. Nouvelle édition..... .... 1 vol.

IVAN TOURGUÉNEFF

Pères et Enfants, avec une Préface par Prosper Mérimée. Deuxième édition... 1 vol.

THÉODORE DE BANVILLE

Esquisses parisiennes .... 1 vol.

DURANTY

Les six Barons de Septfontaines. (Cabotins et Cabotiny. — Un à Pris. — Un accident)...... .... 1 vol.

Paris. — Imp. E. Capiomont et V. Renault, 6, rue des Poitevins.

VALCREUSE

OUVRAGES DU MÊME AUTEUR

PUBLIÉS DANS LA BIBLIOTHÈQUE-CHARPENTIER

à 3 fr. 50 le volume.

MADELEINE, ouvrage couronné par l'Académie française...... 1 vol.
MADEMOISELLE DE LA SEIGLIÈRE. 13e édit................... 1 vol.
MARIANNA. 12e édit....................................... 1 vol.
LE DOCTEUR HERBEAU...................................... 1 vol.
FERNAND, suivi de VAILLANCE et de RICHARD. 8e édit........ 1 vol.
MADAME DE SOMMERVILLE, suivi de LA CHASSE AU ROMAN... 1 vol.

JULES SANDEAU

DE L'ACADÉMIE FRANÇAISE

VALCREUSE

ONZIÈME ÉDITION

ENTIÈREMENT REVUE ET CORRIGÉE

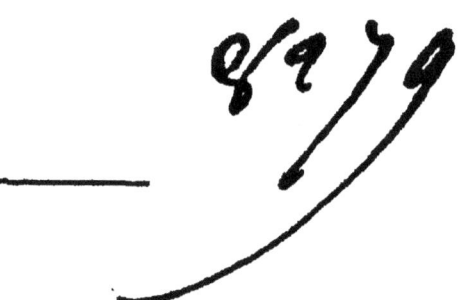

PARIS

G. CHARPENTIER, ÉDITEUR

13, RUE DE GRENELLE-SAINT-GERMAIN, 13

1881

VALCREUSE.

I

Non loin de Machecoul, à six lieues de la mer, presque aux extrémités de cette partie du bas Poitou, connue autrefois sous le nom de Bocage, et qu'on a pris l'habitude d'appeler du nom de Vendée, on découvre à mi-côte les ruines du château de Valcreuse. C'est un des rares débris échappés au marteau de la bande noire, et qui semblent rester debout, au milieu des monuments de la paix et des envahissements de l'industrie, pour attester les malheurs de la guerre civile et servir d'enseignement aux nouvelles générations. Bien que ces ruines ne comptent guère qu'un demi-siècle, la nature les a déjà revêtues du poétique caractère que le temps imprime à ses œuvres. Un artiste s'oublierait de longues heures au pied de ces tourelles habillées de lierre; un poète aimerait à s'aventurer à travers les ronces et les hautes herbes qui croissent paisiblement dans les cours silencieuses. Moi qui ne suis qu'un rêveur, je me souviens d'avoir erré tout un jour dans ces salles dévastées qui n'ont pour plafond que la voûte du ciel, pour tentures que la ravenelle, pour hôtes que la couleuvre, le lézard et l'orfraie. Quand vint la nuit, j'allai m'asseoir sur une des pierres disjointes du perron, et c'est là qu'une voix douce et grave me raconta l'histoire que je vais raconter.

M. de Valcreuse avait fait la guerre dans l'Inde, et s'était distingué en plus d'une rencontre, sous M. de Suffren. Un de ses faits d'armes est resté consigné dans les fastes de notre marine. Chargé du commandement provisoire de la corvette *l'Intrépide*, sur laquelle il servait en qualité de simple officier, il profita de ce court intérim pour attaquer et prendre une frégate anglaise modestement nommée *l'Invincible*. A l'époque où ce récit commence, c'est-à-dire aux approches de 1788, il vivait dans sa terre, en compagnie de l'abbé Gervais, qui l'avait élevé, et de sa sœur, mademoiselle Armantine de Valcreuse, qui lui avait servi de mère.

Il avait trente ans, une belle et mâle figure, le cœur et les façons d'un gentilhomme ; des paysans qui l'avaient vu grandir et qui l'adoraient ; enfin des revenus qui, sans être considérables, lui permettaient de soutenir convenablement la noblesse de sa maison. Il vivait sans faste et sans ostentation, comme la plupart des seigneurs angevins et poitevins, au temps où le luxe des châteaux consistait dans la chasse, la bonne chère et le grand nombre des serviteurs ; il chassait, montait à cheval, visitait ses métayers, et le soir, à souper, s'entretenait des affaires du jour avec mademoiselle Armantine et l'abbé. Si ce train de vie le charmait peu, du moins n'en laissait-il rien paraître. Intrépide à la mer, terrible à l'abordage, fier et superbe sur le pont d'un navire ; froid, réservé, même un peu timide, dès qu'il touchait la terre, il cachait sous des dehors calmes et compassés les instincts aventureux qu'il tenait de sa race, et qu'avaient développés la guerre et les voyages où s'était signalée sa jeunesse. Plus d'une fois déjà, depuis la paix, il était rentré sous le toit de ses pères avec l'intention d'y rester ; car il pensait avec raison que le devoir d'un gentilhomme, pendant la paix, est de vivre dans ses domaines. Plus d'une fois, à sa sœur qu'il chérissait, à l'abbé qu'il aimait, qu'il vénérait, à ses gens qui fêtaient sa présence, il avait promis de ne plus les quitter ; mais chaque fois, on l'avait vu céder, au bout de quelques mois, à l'espèce de fascination qu'exerce l'Océan sur certaines âmes. Cependant, depuis son dernier retour, près de deux ans s'étaient écoulés ; il ne parlait pas de repartir ; on pouvait raisonnablement supposer qu'il avait renoncé aux hasards de la vie de bord. Pour plus de sécurité, mademoiselle Armantine et l'abbé s'avisèrent d'un expédient qui n'était pas nouveau, et qui pourtant est encore aujourd'hui ce qu'il y a de mieux imaginé pour clouer un galant homme au seuil de son logis.

Mademoiselle Armantine avait dix-huit ans le jour où son frère était né. Il était venu, comme on dit, sur le tard, alors qu'on ne l'attendait plus. La nature a de ces caprices : souvent, au déclin de l'automne, on voit sous les feuilles jaunies poindre et verdir un jeune rejeton. Malgré de petits travers qui n'altéraient pas sa bonté native, c'était une aimable personne, que mademoiselle Armantine. Elle avait été jolie et donnait encore à penser que, si elle était restée fille, c'avait été son bon plaisir. Le mariage, à vrai dire, ne l'avait jamais attirée. Comme engagement solennel, elle en avait toujours eu peur ; comme divertissement, elle s'en était toujours un peu défiée. En ceci, la raison ne l'eût pas mieux servie que l'étourderie de son caractère. Avant de s'ensevelir au fond de sa province, elle était allée à la cour ; cela se voyait à je ne sais quoi de royal dans sa façon de porter la tête en marchant. La poudre lui seyait à ravir; les paniers ajoutaient à l'ampleur de sa taille des proportions vraiment majestueuses. Elle avait sauvé du naufrage de sa jeunesse de belles mains, des dents d'ivoire, ce charmant sourire stéréotypé sur toutes les lèvres aristocratiques du dix-huitième siècle, de blanches épaules dont les lis semblaient braver la bise de l'arrière-saison. Bref, à la beauté du soir, on pouvait aisément se faire une idée de ce qu'avaient dû être les splendeurs du matin. Quoique vivant dans la retraite, elle aimait le monde, les fêtes, la parure, et montrait d'ailleurs que la frivolité de l'esprit n'exclut pas nécessairement les meilleures qualités de l'âme.

L'abbé Gervais n'avait pas quitté le château depuis qu'il y était entré pour élever le jeune Hector. C'était un de ces précepteurs de vieille roche dont le type s'est complétement perdu dans la ruine des grandes maisons. Les grands seigneurs, s'il en reste, ont bien encore un précepteur à do-

micile, seulement, ils le congédient en temps
voulu comme un laquais cassé aux gages, et se
croient quittes envers lui en lui faisant un petit
présent. A l'époque dont nous parlons, le précepteur devenait membre de la famille; il avait sa
place marquée au foyer, et vieillissait, honoré de
tous, sous le toit de son élève, dont il restait le
guide, le conseiller, l'ami. On ne pensait pas alors
pouvoir entourer de trop de respect et de reconnaissance la tâche qui consiste à faire un homme
d'un enfant. Intelligence élevée, cœur à la fois
sérieux et tendre, l'abbé Gervais, bien qu'il eût
toujours vécu loin du monde, avait découvert de
bonne heure tous les secrets de l'expérience. On
rencontre ainsi des âmes privilégiées qui, sans
être jamais sorties du port, connaissent tous les
parages de la vie, et pourraient servir de pilotes
aux navigateurs les plus consommés. Ce qui n'est
pas moins surprenant, c'est que ce sont, pour la
plupart, des âmes simples et naïves, conciliant
sans effort la science et la foi, qui croient comme
si elles ne savaient pas, qui savent comme si elles
ne croyaient plus. Telle était l'âme de l'abbé Gervais. Il avait pour M. de Valcreuse une tendresse
passionnée. A tort ou à raison, tout ce qu'il y a de
grand, de beau, de noble sur la terre se résumait
pour lui dans ce jeune homme; aveuglement ou
clairvoyance, il l'aimait comme la vertu. C'était
un petit vieillard de chétive apparence, à l'air doux
et fin, n'ayant de remarquable qu'un regard per-
çant et scrutateur, qu'il lançait, comme un éclair,
au fond des consciences.

On a déjà deviné sans doute qu'entre mademoiselle Armantine et l'abbé Gervais les sympathies n'étaient ni bien vives ni très-nombreuses. Angélique témoin des légers ridicules de mademoiselle Armantine, si l'abbé avait pris depuis longtemps le sage parti de ne plus s'en apercevoir, moins patiente et moins résignée, mademoiselle Armantine nourrissait contre l'abbé une sourde irritation qui n'éclatait que trop souvent, surtout quand M. de Valcreuse n'était pas là pour jeter un peu de vie et de mouvement dans leur intimité. Rien, par exemple, ne lui échauffait la bile comme de le voir, pendant les soirées d'hiver, assis sous le manteau de la cheminée, ne soufflant mot, les pieds sur les chenets et regardant avec mélancolie se consumer la braise. Lorsqu'elle racontait sa présentation à la cour (la bonne mademoiselle y revenait sans cesse), ou quelque autre solennité dont elle avait été l'héroïne, l'abbé avait une façon de promener en silence ses deux mains sur ses bas de soie, qui achevait de l'exaspérer. Enfin, entre autres manies innocentes, mademoiselle Armantine tenait par-dessus tout à convaincre les gens que, si elle portait encore le nom de ses aïeux, ce n'avait pas été faute d'occasion de le perdre. Elle ne se lassait pas de rappeler la fin déplorable du chevalier de R... et du marquis de C..., qui, après s'être vainement disputé son cœur, étaient allés ensemble, dans un beau désespoir, se faire tuer aux armées du roi. Par une étrange fatalité, le même boulet les avait coupés en deux l'un et l'autre. C'est à ce propos que le roi Louis XV, s'adressant à mademoiselle Armantine, avait dit en souriant ce joli mot : que le chevalier de R... et le marquis de C... s'étaient mis en quatre pour elle. L'abbé, qui était la bonté même, avait commencé par s'apitoyer sincèrement sur le sort fâcheux du marquis et du chevalier; il admirait volontiers les desseins de la Providence, qui avait voulu que ces deux gentilshommes, blessés par les mêmes yeux, fussent tués par le même coup de canon. Cependant, à force d'entendre le récit de cette lamentable histoire, il en était venu naturellement à ne plus y prendre un vif intérêt; bref, il avait fini par montrer, au sujet des victimes, une morne insensibilité qui révoltait mademoiselle Armantine à un point difficile à dire.

Ce n'est pas tout : depuis quelques années, mademoiselle Armantine menait un genre de vie qui ne satisfaisait pas précisément ses goûts et ses instincts. Le silence et la solitude s'étaient faits peu à peu autour d'elle. Le vieux manoir qu'elle avait animé des grâces de sa jeunesse devenait de plus en plus sombre et désert. Le cercle de ses relations s'était rétréci; les papillons, qui avaient folâtré aux gais rayons de son printemps, ne battaient même plus d'une aile. Mademoiselle Armantine assistait, sans y rien comprendre, à ces phénomènes d'automne. Comme tous les esprits frivoles, comme tous les cœurs sans passion et sur lesquels le temps n'a point de prise, elle avait vieilli sans s'en apercevoir ou même sans s'en douter. Aux deux tiers de la vie, elle n'avait planté le long de sa route aucun des jalons qui nous aident à mesurer la distance que nous avons laissée derrière nous. Elle avait vu passer ses jours, sans être avertie de leur fuite, pareils à ces courants si lents et si paisibles qu'on les croirait endormis dans leur lit de sable. Comme toutes les folles cigales qui, ayant chanté tout l'été, n'ont rien amassé pour l'hiver, mademoiselle Armantine s'ennuyait, elle s'ennuyait et, ne sachant à qui s'en prendre, elle s'en prenait à l'abbé. Pour rester inavouées, ces causes d'irritation n'en étaient pas moins réelles : les effets s'en faisaient sentir fréquemment et à propos de tout, ainsi qu'il arrive entre gens qui, vivant sous le même toit, n'ont en commun ni une idée ni un sentiment. Mademoiselle Armantine et l'abbé se touchaient cependant par l'affection qu'ils avaient tous deux pour Valcreuse. Un matin qu'Hector chassait, content, joyeux, ne se doutant de rien, ils décidèrent d'un commun accord qu'il fallait marier ce jeune homme. Tant de frivolité d'une part, tant de gravité de l'autre, venant à se rencontrer et fraternisant sur ce point, tendraient à prouver que le mariage est tout à la fois la chose du monde la plus plaisante et la plus sérieuse.

Bien que l'abbé n'eût ici-bas d'autres joies que la présence de son cher Hector, bien qu'il sentît son âme et sa vie tout entière partir et s'en aller avec lui à la mer, ce n'était pourtant pas l'égoïsme de la tendresse qui l'avait amené à cette conclusion. Ardente et passionnée, cette tendresse était austère aussi ; l'enthousiasme de la vertu qui l'embrasait de son souffle divin, l'élevait au-dessus des faiblesses inhérentes à la plupart des affections humaines. L'abbé n'avait consulté en ceci que le bonheur de son élève. Il considérait le mariage comme le but de notre destinée sur la terre, et le bonheur n'étant à ses yeux que le développement le plus complet de ce que l'homme a de meilleur en soi, sans en excepter la faculté de souffrir, il estimait qu'il faut le chercher dans la famille, dût-on le plus souvent n'y rencontrer que la douleur.

Quant à mademoiselle Armantine, dans le parti pris de marier M. de Valcreuse, elle n'avait été frappée que de deux choses : la première, il faut le dire à sa louange, c'est que son frère ne s'éloignerait plus ; la seconde, c'est qu'un jeune ménage égayerait l'antique manoir et l'embellirait d'une nouvelle vie. Comme il n'est fontaine si claire au fond de laquelle ne se cache quelque reptile, mademoiselle Armantine avait bien entrevu tout d'abord que le gouvernement du château passerait de ses mains entre celles de la jeune épouse ; mais mieux vaut encore être demoiselle d'honneur dans une cour où l'on s'amuse que reine dans une cour où l'on s'ennuie. Mademoiselle Armantine fit cette réflexion, et je ne sais guère de femme qui ne l'eût faite à sa place. Le léger nuage dissipé, elle sauta de joie comme un enfant ; puis, par un mélancolique retour qu'elle ne manquait jamais de faire sur elle-même, chaque fois qu'en sa présence il était question d'un mariage, elle rappela de quelle terrible flamme avaient brûlé pour elle le chevalier de R... et le marquis de C.., de quelles rigueurs elle les avait accablés l'un et l'autre, quelle catastrophe s'en était suivie, pendant que l'abbé, qui venait de s'asseoir, promenait d'un air distrait ses deux mains sur ses bas de soie.

Tramé par une matinée d'automne, le complot éclata dans la soirée du même jour. C'était après souper. Assis entre sa sœur et l'abbé, devant un de ces feux clairs de septembre, dont la flamme réjouit le retour du chasseur, M. de Valcreuse caressait ses chiens couchés sur la plaque de l'âtre, et ne s'attendait guère aux bordées qu'il allait essuyer. Il était là, souriant, paisible, sans défiance, quand tout d'un coup il entendit siffler à ses deux oreilles cette phrase partie en même temps de droite et de gauche :

— Ne pensez-vous pas, mon cher Hector, qu'il serait temps de vous marier ?

Cela dit, profitant de l'espèce de stupeur dans laquelle venait de le plonger une attaque si brusque et si imprévue, sans lui donner le temps de se reconnaître et de se défendre, l'abbé d'un côté, mademoiselle Armantine de l'autre, jetèrent sur lui tous les grappins de l'hyménée ; ils mirent en œuvre tous les moyens dont on se sert communément pour amener un honnête homme à se laisser échouer sur les bas-fonds de la vie domestique. L'abbé l'entretint avec une affectueuse gravité ; tout ce qu'il dit sur la famille parut toucher M. de Valcreuse, habitué de bonne heure à l'écouter avec respect. Mademoiselle Armantine eut son tour. Ennuyée de voir sur quel ton le prenait l'abbé, ne doutant pas que sa parole ne produisît le même effet sur l'esprit d'Hector, elle l'interrompit au plus bel endroit de son discours, et fit, à la manière de Watteau, le tableau des fêtes galantes dont le château deviendrait le théâtre enchanté, grâce au mariage de son frère. M. de Valcreuse n'était pas d'humeur à prendre au sérieux de si folles raisons ; toutefois, comme il était bon et qu'il chérissait mademoiselle Armantine malgré ses travers, il ne put s'empêcher de sourire à l'espoir de lui créer un intérieur aimable, plus conforme à ses goûts, et de répandre autour d'elle quelques distractions. Une autre considération, à laquelle il ne se montra pas insensible, c'est que, s'il n'y veillait, son nom s'éteindrait avec lui. En résumé, la résistance fut moins longue et moins vive qu'on ne l'avait craint. Comme tous les hommes de haute énergie, M. de Valcreuse était, au logis, dans les habitudes de la vie privée, très-doux et très-facile à conduire. Le mariage, d'ailleurs, s'il ne l'attirait, ne le repoussait pas. Il risqua pourtant quelques objections. Jeune encore, sinon pour l'amour, du moins pour le service de l'État et du roi, il ne renoncerait pas sans douleur à une carrière qu'il aimait, dans laquelle s'étaient illustrés successivement son aïeul et son père ; mais on répondit qu'en mettant les choses au pire, dût-il, une fois marié, retourner encore à la mer, il ne lui déplairait pas sans doute de se voir, au retour, accueilli sur le pas de sa porte par une jeune épouse et de jolis enfants. Dans sa pensée, l'abbé ajouta que cela vaudrait bien la figure de mademoiselle Armantine, tandis que mademoiselle Armantine se disait tout bas que ce serait toujours aussi réjouissant que le visage de l'abbé.

— Allons ! dit M. de Valcreuse en souriant, je le veux bien, puisque vous le voulez ; mais, quel que soit mon désir de vous satisfaire, vous, mon cher abbé, vous, ma bonne Armantine, je ne saurais y arriver tout seul, — et je me vois dans la position d'une femme à qui, pour se marier, il ne manquerait qu'un mari.

Heureusement, les belles et riches héritières n'étaient pas rares dans la contrée. Le soir même, sans désemparer, mademoiselle Armantine les passa en revue et décida que dès le lendemain elle commencerait, en compagnie d'Hector, à explorer quelques châteaux voisins. Là-dessus, on se sépara pour aller se coucher. Si M. de Valcreuse dormit selon son habitude, il n'en fut pas de même de sa sœur, que la perspective d'une visite à faire eût suffi pour tenir éveillée toute la nuit. Le lendemain, au lever de l'aube, l'aimable demoiselle était déjà sur pied, préparant sa toilette, édifiant sa coiffure, joyeuse, alerte, sémillante, comme une jeune pensionnaire prête à partir en vacances, le matin d'une distribution de prix.

On peut croire que ces démarches préliminaires ne divertissaient pas M. de Valcreuse, mais sa sœur paraissait y prendre un plaisir si vif, qu'il s'y prêtait avec une grâce vraiment bien touchante. Cependant ils avaient battu à peu près tous les environs, et les choses n'étaient pas plus avancées que le premier jour.

— Consultez votre cœur, Hector, répétait mademoiselle Armantine après chaque visite.

Hector consultait son cœur qui ne lui disait absolument rien.

Mademoiselle Armantine commençait à désespérer, lorsqu'il lui arriva du ciel ou d'autre part un charmant secours sur lequel elle ne comptait pas.

Une après-midi que M. de Valcreuse, sa sœur et l'abbé étaient réunis dans le salon du gothique manoir, la porte s'ouvrit brusquement, et le plus joli des oiseaux qui gazouillaient alors dans les cages dorées qu'on appelait boudoirs, vint s'abattre sur le sein de mademoiselle Armantine, qui couvrit son plumage de folles caresses et de tendres baisers.

C'était la petite marquise de Presmes ; on eût dit, en effet, un oiseau des tropiques, à la voir si brillante, si vive, si légère, et l'on pouvait se demander pourquoi, au lieu de s'introduire par la porte, elle n'était pas entrée tout simplement par la fenêtre. Elle arrivait de Paris et venait achever la saison dans sa terre, où l'appelait, d'ailleurs, une assez grave affaire à terminer. Nous saurons tout à l'heure de quoi il s'agissait. Elle avait vingt-sept ans, de grands biens, et la liberté qui les vaut tous, son mari, qui n'était plus jeune, s'étant laissé mourir aux eaux de Bourbon-l'Archambault, dont elle disait des merveilles. Les sujets de joie, on le voit, ne lui manquaient pas. Elle n'était pas ingrate envers la destinée, reconnaissait volontiers que tous les bonheurs lui étaient venus à point, et montrait, par sa façon de les sentir et de les apprécier, qu'elle n'en était pas indigne.

Elle était du pays de Bocage, et sans l'avoir toujours habité, avait grandi dans le voisinage de mademoiselle Armantine, qui s'était prise d'affection pour elle. Leurs goûts et leurs idées ayant exactement le même âge, elles s'aimaient comme deux sœurs jumelles et se figuraient aisément, mademoiselle Armantine surtout, qu'elles étaient nées le même jour et avaient joué dans le même berceau. Il y avait bien trois ans qu'elles ne s'étaient rencontrées; aussi, quelle joie, quels transports, quelles effusions d'amitié, tandis que l'abbé promenait en silence ses deux mains sur ses bas de soie, et que M. de Valcreuse, qui n'avait gardé de madame de Presmes qu'un souvenir très-vague et très-confus, l'examinait avec curiosité, comme il eût fait d'une de ces frégates en miniature qui ornent, dans les ports, la salle des modèles !

Cependant, avant de se retirer, l'heureuse veuve laissa voir une paille dans son diamant, un nuage dans l'azur de son ciel. La mort de M. de Presmes venait de lui mettre sur les bras une fille qu'il avait eue d'un premier mariage, de plus une nièce orpheline qu'il avait recueillie peu de temps avant d'expirer. On juge quel fardeau pour cet oiseau-mouche, d'autant plus lourd que les deux cousines, toutes deux sans fortune et sans beauté, ne promettaient pas d'être d'un placement facile. C'étaient, à l'entendre, d'assez maussades créatures, surtout mademoiselle de Presmes, qui tenait beaucoup de son père. Tout considéré, elle avait pensé que ces petites seraient on ne peut mieux au couvent des Ursulines de Machecoul. Leur éducation y serait poussée dans le sens monastique, et plus tard elles se résigneraient sans effort au seul parti qui convînt à leur position dans le monde. En réalité, c'était là ce qui l'amenait dans sa terre. Les petites l'accompagnaient ; leur entrée au couvent était fixée au 1ᵉʳ novembre. Tout cela fut dit à tort et à travers, écouté avec distraction. Il était si peu rare alors de voir de pauvres filles entrer au couvent ; ces incidents, ces drames de famille étaient si communs, si vulgaires ; la résolution qu'avait prise madame de Presmes, tant d'autres femmes l'auraient prise à sa place, qu'on devait naturellement ne pas s'en préoccuper davantage. Mademoiselle Armantine et la jolie veuve se séparèrent avec force caresses, compliments et promesses de se visiter fréquemment.

Qu'on tâche maintenant de se représenter l'ivresse dans laquelle l'apparition de madame de Presmes avait jeté mademoiselle Armantine. Le mineur qui trouve un diamant, le plongeur qui trouve une perle n'éprouvent pas plus de joie que n'en ressentit mademoiselle Armantine en voyant ce gentil oiseau venir s'abattre sur son sein. C'était pour elle la belle-sœur rêvée, rencontrée par enchantement. Madame de Presmes n'avait fait que paraître et son mariage avec M. de Valcreuse était déjà arrêté dans l'esprit de l'excellente demoiselle. Toutefois, comme elle se défiait instinctivement de l'abbé, elle céla comme un trésor ses projets et ses espérances, se réservant d'en instruire Hector aussitôt qu'elle jugerait le cœur de ce jeune homme suffisamment préparé. Elle n'admettait pas qu'il pût longtemps résister à tant de grâce et de perfection. De son côté, M. de Valcreuse n'était pas sans agréments; il portait un des plus grands noms du pays, et l'on savait que madame de Presmes tenait par-dessus tout à la vieille noblesse. Ce qu'elle reprochait à son mari, après sa figure, son âge, son humeur et son caractère, c'était son marquisat de fraîche date. Mademoiselle Armantine ne douta donc pas un seul instant du succès de son entreprise. A quelques jours de là, prête à se rendre chez la jeune veuve, elle pria son frère de l'accompagner. M. de Valcreuse ne se sentait poussé vers ces parages ni par son cœur ni par l'abbé Gervais; cependant il céda par pure bonté d'âme, et, comme Renaud, se laissa entraîner dans les jardins d'Armide.

Ils partirent, sa sœur et lui, par une belle matinée, lui à cheval, elle en voiture à bœufs. Dans cette partie de la France, les grandes dames d'alors ne se promenaient guère autrement, à moins qu'elles ne préférassent aller en litière ou sur un palefroi. Mademoiselle Armantine avait pris soin, la veille, d'envoyer un exprès à madame de Presmes, qui les attendait à coup sûr.

Le trajet se fit en deux petites heures. Mademoiselle Armantine employa ce temps à composer la toilette qu'elle aurait le jour des noces de son frère. Pour M. de Valcreuse, il était rêveur et pensait à la mer, dont il retrouvait la voix mystérieuse dans les concerts du feuillage et du vent.

II

La visite de mademoiselle Armantine à madame de Presmes ne différa guère de celle qu'avait faite quelques jours auparavant madame de Presmes au château de Valcreuse. Les relations du monde n'étaient alors, comme aujourd'hui, qu'un échange de futilités aussi insaisissables que les bulles de savon qui s'irisent un instant aux rayons du soleil et s'évanouissent sans laisser de traces. Madame de Presmes, qui était allée recevoir ses hôtes au pied du perron, les introduisit dans une vaste salle assez triste où tout se ressentait d'un long abandon. L'habitation de la jeune veuve n'était d'ailleurs qu'un bâtiment de style moderne qui se donnait sottement des airs de château : cela sentait son parvenu d'une lieue, et ressemblait au marquisat de M. de Presmes. Il y avait loin de ce corps de logis, flanqué de deux méchants pavillons, aux bastions, aux créneaux, aux plates-formes de Valcreuse. C'était là le secret désespoir de madame de Presmes. Il n'eût tenu qu'à elle de se faire élever un manoir féodal, avec tours crénelées, fossés et ponts-levis ; mais à cela il eût toujours manqué la consécration des années, l'antique souvenir des aïeux. Elle ne descendait pas précisément du premier baron chrétien, et M. de Presmes, qu'elle n'avait épousé qu'à la condition qu'il la mènerait à la cour, avait dû forcément se borner à lui montrer la cour qui passait en carrosses. Avec ses grands biens, elle en était réduite à ne voir à Paris que la noblesse de robe et de finance. Elle ne s'en plaignait pas, mais tout bas elle enrageait. C'est ainsi qu'il n'est bonheur si parfait qui ne soit rongé d'un ver caché, et le plus souvent ce ver rongeur est la vanité.

Tandis que mademoiselle Armantine et madame de Fresmes, assises sur un canapé de tapisserie en point de Beauvais, s'entretenaient des graves préoccupations qui se disputaient leurs jours, M. de Valcreuse, qui prenait peu de part à l'entretien, faisait une pauvre figure. Il observait d'un air distrait, à l'autre extrémité du salon, dans l'embrasure d'une fenêtre, deux jeunes filles qui s'étaient levées en le voyant paraître avec sa sœur, et, sur un signe de madame de Fresmes, s'étaient rassises en silence autour d'une table de marqueterie. Toutes deux étaient occupées à de menus ouvrages : l'une brodait et l'autre parfilait. La plus jeune n'était qu'un enfant qui comptait quinze ans à peine. Blonde, blanche, rose, les yeux bleus et la bouche en cœur, elle offrait le type de beauté alors à la mode, dans ce qu'il avait de plus gracieux et de plus charmant. On eût dit une figure détachée d'une des toiles de Boucher. Elle était mise avec recherche, et paraissait vivement préoccupée de la présence d'Hector et de sa sœur, du côté de qui se tournait à chaque instant son regard espiègle et curieux. La plus âgée avait de dix-sept à dix-neuf ans au plus. Elle était en habit de deuil ; pensive, réfléchie, sérieuse, elle devait nécessairement passer pour peu belle, dans une époque de mouches et de poudre, de fanfreluches et de chiffons. Il en est de la beauté comme du génie : elle doit venir en son temps. Quoiqu'elle fût assise et penchée sur sa broderie, on voyait qu'elle était grande, mince, élancée. Ses cheveux étaient noirs : elle ne portait pas de poudre. Elle était pâle et n'avait pas de rouge. Indifférente à ce qui se passait autour d'elle, de loin en loin elle levait sur sa jolie compagne de beaux yeux noirs qui prenaient alors une expression tendre et maternelle.

— Ce sont là vos jeunes recluses ? dit à demi-voix mademoiselle Armantine, qui les avait à peine remarquées en entrant.

— Eh ! mon Dieu, oui ! répliqua madame de Presmes sur le même ton et en soupirant. Je vous demande, ma chère, s'il y aurait du bon sens à vouloir qu'à mon âge, je servisse de mère à ces deux grandes filles ?

— En effet, ma chère, ce ne serait pas raisonnable. N'est-ce pas votre avis, Hector ?

— Tout à fait, ma sœur, répondit froidement M. de Valcreuse.

— La petite paraît gentille, elle a bon air, ajouta mademoiselle Armantine, qui l'examinait avec complaisance.

— C'est la cousine de mademoiselle de Presmes que vous voyez à la même table. Elle ne sera pas trop mal ; malheureusement elle n'a pas le sou.

— Vous la nommez ?

— Irène.

— Irène, c'est un joli nom. Elle sera charmante en ursuline.

— C'est ce qu'il faudrait lui persuader, ma

chère. Elle aime la toilette, le monde, et se démène comme un diablotin dans un bénitier, depuis qu'elle sait qu'elle doit entrer au couvent.

— Mademoiselle de Presmes a l'air bien morose, ma chère.

— Oh! celle-là, c'est une autre affaire; elle se nomme Gabrielle, et pourtant ce n'est pas un ange. Telle vous la voyez à présent, telle vous la verrez à toute heure, toujours aussi gaie et d'une compagnie aussi réjouissante. Depuis longtemps je la soupçonne de donner dans les grands sentiments. Par exemple, elle s'obstine à ne pas quitter le deuil, bien que le marquis soit mort depuis plus d'un an. Comment la trouvez-vous?

— Dame! la pauvre enfant n'est pas belle, et n'a rien de ce qui peut plaire aux gens de goût. Ne le pensez-vous pas, Hector?

— Mais, ma sœur, répondit M. de Valcreuse, mademoiselle de Presmes à l'air grave, posé, recueilli; je pense que cet air qui ne messied à personne, convient parfaitement à une jeune fille qui porte encore le deuil de son père.

A ces mots, madame de Presmes se leva et proposa un tour de promenade dans le parc. En passant, pour gagner la porte du salon, devant l'embrasure de la fenêtre où se trouvaient les deux cousines, mademoiselle Armantine s'arrêta, et, leur adressant la parole avec bienveillance :

— Voici un beau jour qui se prépare pour vous, mes chères demoiselles. Vous êtes bien heureuses; dans un mois, m'a-t-on dit, vous entrez au couvent. Vous y goûterez des joies si pures, et en même temps si enivrantes, que vous ne voudrez plus en sortir. Le bonheur n'est que là, mes enfants : le chercher ailleurs est folie.

— Ah ! Madame, répondit Irène, qui riait et pleurait à la fois, puisqu'on est si bien au couvent, vous plairait-il d'y aller à ma place ?

Mademoiselle Armantine ne put s'empêcher de rire. Du revers de sa belle main blanche, elle caressa la joue d'Irène ; puis, suivie de son frère, qui s'inclina respectueusement devant les jeunes filles, elle sortit en disant à madame de Presmes :

— Cette petite est vraiment fort bien. Pour Gabrielle, vous aviez raison l'autre jour : elle est décidément maussade.

M. de Valcreuse s'était arrêté machinalement dans la salle d'entrée, à examiner quelques gravures d'après les marines de Joseph Vernet. Lorsqu'il descendit dans le parc pour rejoindre sa sœur et madame de Presmes, il les aperçut qui disparaissaient toutes deux au détour d'une allée.

Secrètement charmé de voir que ces dames ne réclamaient pas sa présence, il se prit à marcher lentement le long d'une plate-bande d'asters et de chrysanthèmes qui courait au pied du château. Tout à coup, il entendit au-dessus de sa tête le babil de deux voix, pareil au gazouillement de deux pinsons sur la même branche, par une matinée d'avril. Il leva les yeux et comprit qu'il se trouvait sous la fenêtre, dans l'embrasure de laquelle travaillaient Gabrielle et Irène. Comme la journée était belle, les deux jeunes filles avaient ouvert leur croisée aux derniers adieux du soleil, si bien que M. de Valcreuse pouvait entendre distinctement tout ce qu'elles disaient dans la chambre. Il s'arrêta pour les écouter.

— Eh bien ! non, je ne le crois pas, disait une voix argentine et mutine qui ne pouvait être que celle d'Irène ; encore à cette heure, je ne le crois pas. Moi qui me ferais scrupule de mettre un bouvreuil en cage, je ne puis croire qu'on veuille nous mettre aux Ursulines avec l'intention de nous y laisser.

— Ne te fais pas d'illusion, cousine, répondit une voix douce et grave ; notre destinée est arrêtée ; le seul parti qu'il nous reste à prendre est désormais la résignation. Tu n'as rien, mon enfant, et moi je n'ai pas davantage. Aveuglé par sa folle tendresse pour une femme qui en était peu digne, mon père m'a dépouillée autant qu'il l'a pu faire. Qu'il repose en paix, je ne lui en veux pas. Il a voulu tout réparer, mais il était trop tard, et ses yeux ne se sont ouverts qu'au moment où la mort allait les fermer pour toujours. Mon pauvre père ! il nous aimait pourtant. Que sa mémoire nous soit chère !

— O mon Dieu ! mon Dieu ! c'est donc vrai ! au couvent ! s'écria la première voix avec l'emportement d'un filet d'eau révolté contre un caillou qui l'arrête au passage.

— Que veux-tu, cousine ? nous y serons plus heureuses que nous ne l'avons été depuis longtemps. Tu pleures, pauvre petite ! Vois, je pleure aussi, moi... Oui, mon Dieu ! ce sera bien triste de ne plus voir qu'à travers les barreaux ce doux soleil et ces charmants ombrages.

— Encore si c'était dans un couvent de Paris! C'est à Paris que nous sommes nées; c'est là que nous avons grandi. Là, du moins, du fond de nos cellules, nous entendrions le bruit des voitures, cela nous distrairait un peu, et, quand par hasard on nous ferait appeler au parloir, nous aurions la chance d'apercevoir quelque beau jeune homme à travers la grille; mais dans un couvent de Machecoul! ah! c'est être au couvent deux fois. Machecoul! quel affreux nom! Tu ne trouves pas, Gabrielle? On dirait le nom d'une horrible bête. Rien qu'en le prononçant, je frissonne de la tête aux pieds.

— Va, cousine, le nom et le lieu ne font rien à l'affaire. Il n'est pas de belle prison ni de patrie sans la liberté. Aimons-nous et résignons-nous. Souffrir n'est rien lorsqu'on est deux et que l'on s'aime.

Ici les deux voix se turent, et M. de Valcreuse entendit comme un bruit de colombes se becquetant sous la feuillée.

Il s'éloigna à pas lents et s'enfonça dans une allée du parc.

Pendant qu'il errait au hasard, mademoiselle Armantine, qui ne perdait pas de vue ses projets, était déjà occupée à jeter à madame de Presmes l'hameçon doré auquel la jolie veuve ne demandait pas mieux que de se laisser prendre.

— Jeune et jolie comme vous êtes, il faut vous remarier, disait mademoiselle Armantine à madame de Presmes qui l'écoutait en mordillant une rose du Bengale, fraîche comme elle, comme elle sans parfum. Voilà plus d'un an que le marquis est mort ; vous ne pouvez pas, vous ne devez pas vivre dans un veuvage éternel.

— Armantine, que me conseillez-vous ? Je sors d'un cachot et vous me proposez d'y rentrer.

— Tous les hommes, Dieu merci ! ne ressemblent pas à M. de Presmes. J'en ai connu de séduisants ! Il n'eût tenu qu'à moi d'épouser le chevalier de R... ou le marquis de C... Vous savez, hélas ! comment l'un et l'autre finirent ?

— Hélas ! oui, vous me l'avez conté.

— Vous comprenez qu'une pareille tragédie suffit à remplir toute une existence ; je ne me marierai jamais. Je dois bien cela à la mémoire du marquis et du chevalier. Mais vous, ma toute belle, nul orage n'a troublé le gai printemps de votre vie ; vous pouvez céder sans remords aux sollicitations de l'hymen, qui brûle du désir de vous faire oublier les ennuis qu'il vous a causés. Je voudrais vous voir un mari jeune encore, et pourtant ayant assez vécu pour que vous puissiez vous appuyer sur lui avec une douce confiance. Je le voudrais de bonne race et de grande maison, portant fièrement le nom de ses aïeux, occupé au service du roi et de l'État ; outre qu'un gentilhomme oisif n'entretient pas l'éclat de son blason, rien à la longue n'est gênant pour une femme comme un mari qui n'a qu'à bayer aux corneilles. Je parierais que M. de Presmes était toujours pendu à vos paniers. Enfin, et surtout, je voudrais que le mari de ma charmante fût en position de la présenter à la cour; car, on ne saurait trop se le dire, il n'y a que la cour en ce monde. Qui n'a pas vu la cour n'a rien vu. Ce fut le vingt-cinq janvier de l'année dix-sept cent..., je ne me souviens pas au juste de l'année, que mon père m'y conduisit pour la première fois. Ah! quel jour! C'est assez d'un tel jour dans une destinée pour en parfumer jusqu'à la dernière heure. J'étais en robe détroussée, de damas de Gênes, avec garniture...

— De dentelles en point de Venise, s'empressa d'ajouter madame de Presmes pour montrer qu'elle n'avait rien oublié.

— Ah! ces souvenirs me poursuivront toujours. Je reviens à vous, chère belle. Avec un mari taillé sur ce patron, quelle existence enchantée ne serait pas la vôtre! que de fêtes autour de vous, soit qu'il vous plût de rester dans vos terres, soit qu'il vous agréât d'aller de temps en temps passer quelques mois à la ville! Et quelle joie pour toutes deux, si votre choix se portait sur un gentilhomme de mon voisinage, de vivre l'une près de l'autre, de ne plus nous quitter jamais! Pour moi du moins ce serait la félicité suprême! car vous le savez, Zénaïde, je vous aime comme une sœur.

— Mais, Armantine, vous en parlez trop à votre aise, répliqua madame de Presmes. A vous entendre, je n'aurais qu'à étendre la main pour qu'elle fût aussitôt saisie par le modèle des amants, des maris et des preux.

— C'est bien ainsi que je l'entends, répondit mademoiselle Armantine avec un fin sourire.

— La liberté est douce, elle est bonne à garder.

— C'est un trésor qu'il n'est bon d'avoir que pour se hâter de le perdre.

— Je me suis laissé dire, Armantine, que votre frère cherche à se marier ? reprit, sans avoir l'air d'y toucher, madame de Presmes, après quelques instants de silence.

— On vous a dit vrai, ma charmante, répliqua mademoiselle Armantine, qui déjà triomphait en secret.

— Et sans doute son choix est fait ?

— Mon amour, non pas que je sache.

— M. de Valcreuse paraît grave, sérieux, peu expansif. Je crois qu'il lui faudrait une femme vive sans légèreté, mondaine sans coquetterie, qui répandît autour de lui un peu de mouvement, de vie et de gaieté. Je lui voudrais une femme jeune encore, et pourtant ayant assez vécu pour connaître le monde, et ne rien ignorer de ce qui peut embellir l'intérieur d'un époux. Enfin, et surtout, je lui voudrais une femme dont l'opulence lui permît de mener un train de roi, soit qu'il lui plût de rester dans ses terres, soit qu'il lui agréât d'aller de temps en temps passer quelques mois à la ville.

— Vous avez, mon ange, autant d'esprit que de beauté, autant de raison que de grâce.

— Ce n'est pas seulement le bonheur de M. de Valcreuse que je considère, c'est aussi le vôtre, Armantine. Quelle existence avez-vous au fond du château de vos pères ? Dans l'éclat de vos jours, vous vous étiolez tristement à l'ombre de vos tours et de vos créneaux. Que devenez-vous, par exemple, en l'absence de votre frère? Vous avez l'abbé qui vous tient compagnie. Autant que j'en ai pu juger par une première entrevue, M. l'abbé n'est pas divertissant.

— Divertissant, lui, l'abbé ! c'est l'ennui.

— C'est ce qu'il m'a semblé. Cependant, avec une belle-sœur taillée sur le patron que je viens de vous laisser voir, quelle existence enchantée ne serait pas la vôtre ! Que de mouvement autour de vous ! que d'animation ! quelles fêtes !

— Nous donnerions des tournois ! s'écria mademoiselle Armantine avec explosion.

— Des tournois, des carrousels, tout ce qui s'ensuit. Et quelle union touchante entre elle et vous ! comme vous vous entendriez l'une et l'autre ! Comme il enragerait, M. l'abbé ! quels jolis tours vous pourriez lui jouer à vous deux !

A ce petit tableau de genre, mademoiselle Armantine fit un effort sur elle-même pour ne pas inonder madame de Presmes de larmes d'attendrissement.

— Voilà, oui, voilà bien la belle-sœur que j'ai rêvée ! C'est trait pour trait la femme qui convient à mon frère Hector, s'écria la bonne demoiselle, parvenue au plus haut point de l'enthousiasme, et se contenant à grand'peine.

— A ce compte, vous comprenez qu'une jeune fille, simple, naïve, n'ayant jamais quitté la robe de sa mère, ne saurait réaliser aucun de vos rêves. M. de Valcreuse s'ennuierait bientôt d'une telle compagne ; pour vous, ce serait pis encore.

Voyez-vous, Armantine, si charmante qu'elle puisse être, une jeune fille est toujours quelque chose d'insignifiant.

— Ne me parlez pas des toutes jeunes filles, répondit mademoiselle Armantine avec un haut dédain ; je n'ai jamais compris, pour ma part, le goût qu'en général montrent les hommes pour ces petites sottes. Ce n'est qu'à notre âge que les femmes ont toute leur valeur.

— Assurément. Eh bien ! ma chère, ajouta madame de Presmes en riant, trouvez-moi le mari qu'il me faut, et je me charge de vous procurer la belle-sœur dont vous avez besoin.

Toutes deux se turent en apercevant M. de Valcreuse qui s'avançait vers elles. Il n'était pas besoin d'un mot de plus ; elles s'entendaient à merveille. Toutefois, comme M. de Valcreuse était encore assez loin pour leur permettre d'échanger en liberté une phrase ou deux :

— Peut-être ne serait-il pas inutile, dit à la hâte mademoiselle Armantine, que l'ange que vous destinez à mon cher Hector possédât préalablement quelques notions sur son caractère. Hector est un marin, étranger au monde, inhabile en amour. Il s'entend mieux à prendre une frégate qu'à subjuguer une jeune beauté. Il est homme à passer près du bonheur sans l'apercevoir, si le bonheur ne va droit à lui et ne le saisit par la main.

M. de Valcreuse n'était plus qu'à quelques pas.

Madame de Presmes alla droit à lui, prit son bras avec une grâce familière, et, sans plus tarder, se mit en devoir de pénétrer dans la place dont mademoiselle Armantine venait de lui livrer les clefs.

Elle ne manquait pas de cet esprit du monde qui n'est en réalité que la petite monnaie de l'esprit. J'ai dit qu'elle ressemblait à un oiseau, tant elle était vive et légère ; elle tenait aussi de la couleuvre par je ne sais quoi de souple et d'enlaçant. Comme elle joignait à la frivolité de son caractère une grande sécheresse de cœur et une absence complète de bonté, elle cachait sous sa légèreté de colibri une humeur moins facile, une volonté plus âpre qu'on n'aurait pu d'abord le supposer en la voyant. C'est en cela qu'elle différait de mademoiselle Armantine, douce créature, parfaitement inoffensive. En apprenant que M. de Valcreuse était de retour de ses campagnes, et qu'il songeait à se marier, la jeune veuve avait pensé aussitôt à le donner pour successeur au marquis de Presmes. Elle n'ignorait pas qu'une alliance avec les Valcreuse avait été de tout temps la secrète ambition de sa famille. Les Valcreuse n'étaient ni marquis, ni comtes, ni même chevaliers ; ils étaient Valcreuse, tout simplement, et c'était assez. J'aime les grands noms qui, pour s'élever, n'ont pas eu besoin de monter sur un titre. Ce n'était pas précisément ce qui séduisait madame de Presmes ; toutefois, étant née, ayant grandi dans le pays où les Valcreuse tenaient, comme on dit, le haut du pavé depuis plusieurs siècles, elle avait été frappée de bonne heure de l'antique éclat qui environnait leur maison. Ajoutez que l'unique et dernier héritier de cette noble race était beau, jeune encore, illustre déjà par lui-même, qu'à son retour de l'Inde, le roi l'avait embrassé devant toute la cour, et vous reconnaîtrez sans peine que la fantaisie de madame de Presmes n'avait rien qui dût étonner. Non que la jolie veuve eût un goût vif et prononcé pour Hector. Elle le trouvait un peu froid, un peu sérieux, un peu compassé; cependant il y avait dans sa gravité même quelque chose qui la piquait au jeu et ne lui déplaisait pas. En général, les femmes n'aiment pas les hommes supérieurs, qui, presque tous, les humilient sans le vouloir ou les ennuient sans s'en douter. Elles mettent pourtant leur gloire à se les attacher, et, comme les triomphateurs romains, veulent un roi captif à leur char. Satisfaction de vanité qu'elles payent par plus d'un mécompte : pas une d'elles n'en conviendra.

Ils allaient tous trois le long des charmilles, mademoiselle Armantine à côté de son frère, madame de Presmes suspendue comme une liane au bras d'Hector, ainsi placé entre les deux complices qui venaient de tramer sa perte ou son bonheur. Jamais la petite marquise n'avait été d'une grâce plus agaçante; jamais ses yeux n'avaient brillé d'un si vif éclat; jamais plus jolis riens n'étaient sortis de sa bouche charmante. M. de Valcreuse l'écoutait gravement; mademoiselle Armantine l'admirait en silence et ne doutait pas que son frère ne succombât à tant de séductions. Insensiblement, madame de Presmes en vint à rappeler qu'enfants ils avaient joué, elle et lui, dans le parc et sur les plates-formes du château de Valcreuse. Hector, qui s'en souvenait à peine, se défendit pourtant de l'avoir oublié.

— Vous étiez mon chevalier, ajouta madame de Presmes avec gaieté. Vous portiez mes couleurs, et déclariez à tout venant que vous n'auriez jamais d'autre dame.

Pour le coup, M. de Valcreuse répondit :

— Ma foi ! Madame, je ne m'en souviens pas.

Plus, de détour en détour, elle en arriva à l'entretenir de lui-même, de ses campagnes, de la mer qu'il aimait, de ses combats, de sa jeune gloire. Elle exigea d'une voix impérieuse et tendre que M. de Valcreuse racontât l'affaire de l'*Intrépide* et de l'*Invincible*. Hector raconta l'affaire en deux mots. Madame de Presmes chanta sur tous les tons tant de valeur unie à tant de modestie.

— Ah ! que je serais fière d'être votre sœur, disait-elle, et que vous êtes heureuse, Armantine ! Appréciez bien votre bonheur.

Enfin, elle lui parla avec une discrète sollicitude de ses projets, de ses espérances et de son avenir. Mademoiselle Armantine, qui s'extasiait à chaque parole de sa jeune amie, et dont le cœur s'exhalait tout bas en hymnes d'allégresse, mademoiselle Armantine pensait avec délices qu'après deux ou trois sommations du genre de celle-ci, Hector serait obligé d'amener son pavillon.

Cependant il se faisait tard : les soirées étaient courtes, et déjà le soleil commençait à descendre vers l'horizon. Hector fit observer à sa sœur qu'ils devaient se disposer à reprendre le chemin de

Valcreuse. Madame de Presmes, jalouse sans doute d'achever sa victime, voulut les retenir à souper; mais, peu désireux de prolonger cette journée, Hector, ayant objecté, à cause de sa sœur, la fraîcheur du soir, mademoiselle Armantine dut finir, bon gré mal gré, par se rendre aux raisons de son frère.

Après avoir embrassé mademoiselle Armantine, la marquise tendit sa main à Hector.

— Cette journée a passé comme une heure, lui dit-elle. Aux regrets que vous me laissez, mêlez du moins une espérance. Quand vous reverrai-je, Monsieur?

En cet instant, M. de Valcreuse aperçut, dans un rayon de soleil couchant, la pâle figure de Gabrielle et la blonde tête d'Irène qui, pour le voir s'éloigner, se penchaient curieusement à la même fenêtre. On eût dit un lis et une rose épanouis sur le même balcon.

Il porta froidement à ses lèvres la main de madame de Presmes, et répondit :

— Bientôt.

Si brève qu'elle fût, cette réponse remplit de joie le cœur des deux amies; l'une et l'autre n'en demandaient pas davantage.

Hector et sa sœur s'en allèrent comme ils étaient venus, lui à cheval, elle en voiture à bœufs, l'un rêveur et l'autre radieuse.

De même qu'en venant, M. de Valcreuse écoutait les concerts du vent et du feuillage; mais il ne pensait plus à la mer.

III

Jusqu'à ce jour, M. de Valcreuse avait dirigé toutes ses excursions du côté de la mer. Soit qu'il chassât, soit qu'il courût le pays à cheval, soit que tout simplement il sortît en compagnie de l'abbé, pour faire une promenade dans les environs, c'était toujours vers la côte qu'il se sentait irrésistiblement entraîné. Le murmure et l'éclat des vagues l'attiraient et le fascinaient. Que de fois, assis sur un des rochers qui bordent la grève, ne s'était-il pas oublié jusqu'au soir dans une muette extase, écoutant comme une musique céleste l'éternelle plainte dont l'Océan remplit ses rivages, aspirant avec ivresse les exhalaisons salines, suivant d'un œil jaloux les voiles fugitives qui blanchissaient à l'horizon comme des ailes de goëland ! D'autres fois, il se plaisait à lancer son cheval au galop, sur la plage, à le faire piétiner dans l'écume de la marée montante. Les goûts de notre héros étaient bien connus de ses gens, qui, lorsqu'ils le voyaient en selle et prêt à partir, ne manquaient jamais de dire entre eux : « Voici M. Hector qui s'en va faire les doux yeux à sa maîtresse ! » C'était, en effet, comme une maîtresse qu'il aimait la mer. Il l'aimait comme la confidente de ses rêves de jeunesse et de gloire ; il avait trente ans, et ne connaissait pas d'autre amour. Le bruit des flots résonnait à son cœur comme aux oreilles d'un destrier la voix des clairons et le fracas des armes.

Cependant, à compter de ce jour, les chasses, les courses à cheval, les promenades solitaires, prirent une autre direction ; il ne s'écoula pas une semaine sans que M. de Valcreuse allât au moins une fois au petit castel de madame de Presmes, qui serrait de plus en plus les mailles du filet dans lequel elle ne doutait pas que ce jeune homme ne fût pris déjà. Il est vrai que l'attitude d'Hector n'avait pas changé depuis le premier jour; il est encore vrai que M. de Valcreuse ne paraissait pas soupçonner les piéges que la marquise multipliait autour de lui avec une grâce toujours croissante; enfin il est très-vrai que, depuis trois semaines, les choses n'avaient pas fait un pas et que madame de Presmes, si l'on devait en juger par les apparences, courait grand risque d'en être pour ses frais d'appeau ; mais, connaissant le caractère réservé de cet étrange soupirant, loin de s'inquiéter de sa froideur et de son silence, elle y voyait le signe irrécusable d'une passion d'autant plus profonde qu'elle faisait moins de bruit et n'osait pas se déclarer. Mademoiselle Armantine l'encourageait et l'entretenait dans ces illusions. Les deux amies se visitaient fréquemment. Il n'est pas besoin d'insister sur le but de leurs entrevues et le sujet de leurs entretiens. Elles avaient quitté les voies tortueuses de l'allusion et de l'insinuation pour aborder la question franchement, et jouer, comme on dit, cartes sur table. Telle était leur confiance dans le succès de leur entreprise, qu'elles disposaient ensemble de l'avenir et composaient paisiblement le poëme de leur existence.

Il était décidé qu'elles passeraient tous les ans quatre mois d'hiver à Paris, et la belle saison à Valcreuse, qui deviendrait le point de ralliement de tout ce qu'il y avait alors de jeune, de beau parmi la noblesse des environs. Mademoiselle Armantine songeait sérieusement à ressusciter dans le domaine de son frère les jeux de la chevalerie. Elle ne rêvait que tournois, passes d'armes, joutes à lances courtoises, et s'occupait de choisir l'emplacement qui servirait de lice et de champ clos.

Déjà, par la pensée, madame de Presmes s'était emparée de son nouvel empire. En l'absence d'Hector, elle courait comme un furet dans les appartements du château, indiquant à mademoiselle Armantine, d'un ton où se trahissait l'ambition du commandement, les réparations à faire, les innovations à introduire, les meubles, les lambris, les tentures à renouveler. Ce qu'il y avait de vraiment plaisant dans tout ceci, c'était la figure de l'abbé, qui les observait toutes deux d'un air narquois. L'abbé paraissait ne rien comprendre et tout ignorer; seulement, il avait une façon de les regarder en silence qui les irritait au delà de toute expression, sans qu'elles pussent s'expliquer pourquoi. La petite marquise l'avait pris en grippe. Un jour elle demanda si le lendemain du mariage on ne le congédierait pas; mais ici, mademoiselle Armantine montra son bon naturel : elle répliqua assez vertement que son frère n'y consentirait jamais.

— Que voulez-vous, ma chère? dit-elle à madame de Presmes qui s'en étonnait; c'est une de ses faiblesses; et moi-même, vous l'avouerai-je? je suis tellement habituée à voir l'abbé Gervais rôder sous notre toit, je le sais si dévoué à notre maison, si attaché à mon frère Hector, que je pourrais bien le regretter, lorsqu'il ne serait plus là.

Un sourire de dédain presque imperceptible effleura les lèvres de la marquise, qui se promit tout bas de faire en sorte qu'au bout de six semaines mons l'abbé fût obligé de lever le pied et de déguerpir du logis. Elle avait dans l'esprit bien d'autres desseins que celui-là, non moins arrêtés, dont elle ne parlait pas, et qui eussent singulièrement surpris mademoiselle Armartine, si l'aimable demoiselle les eût seulement soupçonnés. Madame de Presmes l'accablait de protestations d'amitié, flattait ses travers, épousait ses ridicules, le tout uniquement pour arriver à ses fins. Dans son for intérieur, elle ne la ménageait guère, et lui réservait en secret une destinée moins brillante que les folles images qu'elle faisait passer devant ses yeux. Elle était bien décidée, par exemple, à ne pas l'emmener avec elle à Paris, et à la reléguer modestement sur le second plan de son existence. Il y avait en elle, je l'ai déjà dit, un égoïsme plus raisonné, une volonté moins complaisante que son plumage et son ramage ne l'auraient donné à penser.

Comme on pourrait, en fin de compte, se demander ce qu'allait faire M. de Valcreuse au pigeonnier de la marquise, voici, en peu de mots, à quoi se bornaient ses visites. Il entrait, saluait gravement madame de Presmes, s'inclinait avec respect devant les deux jeunes filles qu'il trouvait constamment, à quelque heure qu'il arrivât, assises et travaillant, comme le premier jour, dans la même embrasure de fenêtre. Jamais il ne leur adressait un mot ; à madame de Presmes, pas une question qui les concernât. Les noms de Gabrielle et d'Irène ne sortaient jamais de sa bouche. Il restait volontiers au salon jusqu'à ce que la marquise lui prit le bras et l'entraînât doucement dans le parc, où elle redisait, chaque fois avec de nouvelles variantes, toujours avec le même succès, la scène que nous lui avons vu jouer en présence de mademoiselle Armantine. Près d'Hector, le farouche Hippolyte n'était qu'un berger de l'*Astrée*, un héros de la *Polexandre*. M. de Valcreuse parlait de la pluie et du beau temps, de la chasse du lendemain ou de la chasse de la veille, et se retirait comme il était venu, après avoir baisé avec une froide politesse la main que lui tendait la jeune veuve, consternée et furieuse de voir qu'elle avait jeté encore une fois sa plus fine poudre aux mésanges. En vérité, les choses ne se passaient pas autrement.

Madame de Presmes avait, on le conçoit, ses heures de découragement et de dépit, de révolte et de désespoir. Elle s'en ouvrait à mademoiselle Armantine, qui, naturellement portée à voir tout en beau, lui disait :

— Vous n'êtes qu'une enfant et seule vous doutez du pouvoir de vos charmes. Allez, je connais mon frère, et sais mieux que vous ce qui s'agite en lui. Zénaïde, les feux les plus terribles ne sont pas ceux qui jettent le plus de flamme. Le véritable amour est timide, discret, silencieux. Voyez le chevalier de R... et le marquis de C... Ils ne laissaient rien paraître de l'incendie que j'avais allumé dans leur sein ; c'étaient deux volcans sans fumée et sans étincelles. Vous savez pourtant s'ils brûlaient !

— Mais, ma chère, répliquait Zénaïde d'un ton boudeur, monsieur votre frère est aussi par trop timide, silencieux et discret. Voilà plus d'un mois que je joue son rôle ; M. de Valcreuse ne paraît pas seulement s'en douter. Je ne sais pas comment s'y prenaient avec vous le chevalier de R... et le marquis de C... Ce que je tiens pour sûr, c'est que monsieur votre frère s'y prend avec moi d'une étrange sorte.

— Que cette jolie moue sied bien à vos lèvres de rose ! reprenait mademoiselle Armantine qui tremblait de voir ses rêves s'envoler. Voyons, apaisez-vous, ma charmante. Vous doutez des sentiments d'Hector : jugez de l'état de son cœur. Depuis un mois, Hector est distrait, rêveur, taciturne. L'abbé lui-même en est frappé, il s'en alarme ; tout à l'heure il m en parlait. Pourquoi distrait depuis un mois ? pourquoi depuis un mois taciturne et rêveur ? C'est à vous que je le demande. Vous n'ignorez pas son amour pour la mer ? Avant votre retour, il passait son temps sur la côte ; depuis un mois, pourquoi n'y va-t-il plus ? Il est d'humeur sauvage, et vit plus loin du monde dans son château que sur le pont de son navire. Cependant, combien de fois déjà a-t-il franchi le seuil de votre porte ? Qui l'attire chez vous, enfant, si ce n'est vous? Vous voyez donc bien qu'il vous aime ; mais, dame ! ce n'est pas un muguet.

Ces paroles, et d'autres encore, rendaient à madame de Presmes la confiance et l'espoir qui d'ailleurs, quoi qu'elle pût dire, ne l'abandonnaient jamais entièrement. Pour mademoiselle Armantine, elle était de très-bonne foi. Bien que la réserve et la discrétion ne fussent pas au nombre de ses qualités, comme elle savait, sinon par expérience, du moins pour l'avoir lu quelque part ou se l'être laissé conter, que l'amour est, de sa nature, bizarre, capricieux, toujours prêt à tourner à gauche pour peu qu'on veuille le pousser à droite, mademoiselle Armantine n'avait pas essayé d'agir sur le cœur de son frère et s'abstenait même de l'interroger ; seulement elle l'observait, et les symptômes qu'elle signalait à la marquise pour la rassurer, le témoin le plus désintéressé eût pu les signaler comme elle. Le fait est que, depuis quelque temps, M. de Valcreuse se montrait taciturne, distrait, rêveur. Que se passait-il en lui? Il est permis de l'ignorer, puisque lui-même l'ignorait.

L'automne touchait à sa fin. L'ajonc, ce genêt de l'hiver, était en fleurs sur le bord des sentiers. Les oiseaux voyageurs avaient achevé leur migration ; on n'apercevait plus que de loin en loin quelques bataillons de grues retardataires qui filaient lentement sous le bleu gris du ciel. Les corbeaux s'attroupaient et s'abattaient dans la lande ; le roitelet et le rouge-gorge voletaient avec inquiétude sur les haies, qui ne les cachaient plus. Cependant la saison était belle encore : comme une languissante et douce créature qui ne sait pas la mort si près, et dont la vie s'exhale dans un pâle sourire, la nature souriait sans défiance à Novembre qui s'approchait.

Un soir, en revenant de la chasse, comme il passait près du castel de la marquise, par hasard et sans intention de s'y arrêter, M. de Valcreuse crut reconnaître à la grille la voiture de mademoiselle Armantine. Ayant conclu de là que sa sœur était chez madame de Presmes, il entra. Il montait les marches du perron, quand tout à coup ses chiens, qu'il avait laissés sous la garde d'un piqueur, s'échappèrent, coururent à lui, prirent les devants, et, quoi qu'il pût faire pour les renvoyer, se précipitèrent follement dans le salon, dont la porte était entr'ouverte.

Ce fut pendant quelques instants un remue-ménage infernal, un épouvantable vacarme. Deux lévriers et six chiens courants se roulaient sur les fauteuils, gambadaient sur les canapés en aboyant à qui mieux mieux. Ce petit divertissement tenait tout ensemble du concert et du ballet. L'apparition et la voix du maître firent cesser les joyeux ébats. Danseurs et concertants s'esquivèrent l'oreille basse ; il ne resta que les deux lévriers, qui, en voyant paraître Hector, s'étaient réfugiés tout tremblants entre les pieds des deux cousines. Gabrielle et Irène se mirent à les caresser. M. de Valcreuse s'aperçut alors qu'il n'y avait au salon que les pupilles de madame de Presmes ; pour la première fois il se trouvait seul avec elles. La marquise était dans son appartement avec la supérieure des Ursulines. Quant au rustique équipage qu'il avait cru reconnaître à la grille, c'était tout simplement une voiture venue de Machecoul à l'unique fin d'emmener les jeunes filles au couvent. On était au premier novembre. Irène apprit tout cela à M. de Valcreuse, pendant que Gabrielle flattait de la main le museau effilé et couleur d'ardoise qu'un des lévriers allongeait sur ses genoux avec une craintive familiarité. Irène, en parlant, avait son petit cœur bien gros ; des larmes qu'elle s'efforçait en vain de retenir roulaient silencieusement le long de ses joues comme des gouttes de rosée sur les pétales d'un camélia. Gabrielle était plus résignée ; toutefois, à l'humide éclat de ses beaux yeux noirs, on voyait bien qu'elle avait pleuré. Retirées tristement dans l'embrasure de leur fenêtre, comme deux mouettes qui se pressent l'une contre l'autre pendant la tempête, elles attendaient l'heure de partir.

M. de Valcreuse s'assit résolûment entre les deux cousines, qui ne parurent ni surprises ni effarouchées. Pendant un mois et plus, les visites d'Hector avaient été les seuls événements de leur vie solitaire. Jamais il ne leur adressait la parole ; mais son regard, en s'abaissant sur elles, exprimait un sentiment d'intérêt si profond et si vrai, une bienveillance si loyale et si respectueuse, qu'elles avaient fini par le remarquer et en être touchées. Dans leur abandon et leur isolement, ces deux enfants comprenaient vaguement, sans chercher à s'en rendre compte, qu'il était pour elles un ami. Irène, qui, en raison de son âge et de son caractère, se préoccupait bien plus vivement que Gabrielle de tout ce qui venait du dehors, Irène surtout s'était prise pour lui d'une sorte d'affection instinctive. Elle aimait à le voir, reconnaissait, d'aussi loin que possible, le bruit de ses pas, et se mettait à la croisée pour le suivre des yeux, lorsqu'il s'éloignait. Ce manége innocent n'échappait pas à M. de Valcreuse, qui, près de disparaître au bout de l'avenue, manquait rarement de se retourner pour saluer encore une fois ce gracieux et charmant visage.

— Vous êtes triste, Mademoiselle ; vous êtes triste et vous pleurez, lui dit-il d'un ton de bonté fraternelle, je m'en afflige : la tristesse et les pleurs ne sont pas de votre âge.

— Ah ! Monsieur, répondit Irène en essuyant ses yeux, je n'ai pas sujet de rire ou de chanter. Il ne serait pas gai d'entrer aux Ursulines de Machecoul avec l'espoir d'en sortir au bout de huit jours ; pensez donc ce que ce doit être avec la perspective d'y rester. Car nous y resterons, Monsieur ! on nous y laissera, c'est trop sûr. Machecoul ! quel nom hideux! N'est-ce pas, monsieur de Valcreuse, que c'est une ville où il n'y a que des couvents ?

— Pauvre enfant ! il est triste, en effet, d'ensevelir dans un cloître tant de grâce et de jeunesse.

— A la bonne heure ! vous, du moins, Monsieur, vous en convenez ! Cela me console, dit Irène éclatant en sanglots.

— Cousine, au nom de Dieu ! calme-toi. Tu me brises le cœur, s'écria Gabrielle avec désespoir.

— Vous aussi, Mademoiselle, vous aussi vous

versez des larmes, dit Hector, s'adressant à mademoiselle de Presmes d'un ton de pitié plus timide et moins familier. Vous êtes comme votre jeune parente ; vous n'avez pas d'inclination pour la vie claustrale.

— Oh ! Monsieur, ce n'est pas de moi qu'il s'agit à cette heure, répliqua mademoiselle de Presmes en secouant la tête avec mélancolie. Moi, je suis faite à la douleur ; la vie ne m'a jamais souri, et le couvent ne m'effraye guère. Que voulez-vous, Monsieur ? je n'ai jamais été heureuse, et quoique trop jeune encore pour connaître beaucoup le monde, je le connais assez cependant pour pouvoir le quitter sans regret. Ce n'est donc pas moi que je plains. Mais voyez cette enfant : elle était née pour le bonheur ; l'espérance marchait devant elle ; la gaieté chantait dans son sein. Pauvre cousine ! sa destinée promettait d'être belle ; c'est sur elle qu'il faut pleurer.

— Ne le croyez pas, Monsieur, s'écria Irène. Gabrielle est pour son propre compte aussi malheureuse que moi. Elle paraît résignée sans effort ; il n'en est rien. Elle n'aime pas le monde, mais elle aime les bois, les champs, le grand air et la liberté. Voyez-vous, Monsieur, mettre Gabrielle au couvent, autant vaudrait loger une gazelle dans un cellier, une hirondelle dans une souricière.

— Je crois, en effet, reprit mademoiselle de Presmes, que Dieu ne m'avait pas créée pour vivre entre les murs d'un monastère. Mais combien d'autres destinées qui n'ont pas eu leur cours ici-bas !

— Je vois bien, Mesdemoiselles, que vous êtes également à plaindre toutes deux. Heureusement, vous vous aimez et l'on ne vous sépare pas.

A ces mots, par un mouvement instinctif, les deux jeunes filles se jetèrent dans les bras l'une de l'autre et se tinrent longtemps embrassées. M. de Valcreuse les regardait en silence, d'un air attendri.

— Ce que je ne m'explique pas, dit-il enfin, c'est que madame de Presmes vous envoie au couvent contre votre gré. Peut-être, Mesdemoiselles, ne lui avez-vous pas assez montré toute votre répugnance. Vos larmes l'auraient certainement touchée. S'il m'était permis d'intercéder pour vous auprès d'elle, j'y emploierais volontiers le peu d'éloquence que m'a départie le ciel.

— Monsieur, répondit Irène, vous perdriez du même coup votre éloquence et votre temps. Madame de Presmes n'est pas femme à se laisser toucher si aisément. Vous ne vous expliquez pas qu'elle nous envoie aux Ursulines contre notre gré; cela est pourtant facile à comprendre. Regardez ma cousine : elle est belle. Je sais bien qu'il y a des gens qui disent que non ; mais moi je la trouve belle, et je jurerais, Monsieur, que vous êtes de mon avis. On assure que de mon côté, avec deux ou trois printemps de plus, je pourrai bien n'être pas trop mal. Voilà la cause de nos infortunes : il n'y faut pas chercher d'autres raisons.

— Cousine, quelles folies ! Excusez-la, Monsieur, c'est une enfant, dit mademoiselle de Presmes, dont le pâle visage s'était coloré d'une vive rougeur.

— Bon ! bon ! reprit Irène en révolte ouverte ; que je sais bien ce que je dis ! Madame la marquise s'en va répétant partout que nous sommes laides et maussades. La preuve qu'elle n'en pense rien, c'est qu'elle nous met au couvent. Et au couvent de Machecoul encore ! à cent mille lieues de Paris. O mon cher Paris ! mes bien-aimés boulevards ! mes Tuileries ! mon Louvre ! suis-je donc destinée à ne plus vous revoir? vous ai-je perdus sans retour?

En cet instant, madame de Presmes entra. En apercevant M. de Valcreuse, qu'elle ne savait pas là, la petite marquise changea vivement le masque de son visage ; mais ce changement ne fut pas si rapide, qu'Hector n'eût été frappé de l'air sec et dur qu'elle avait en entrant.

— C'est vous, Monsieur, dit la sirène de sa plus douce voix, avec son plus joli sourire ; j'étais loin de me douter de mon bonheur. Mes chères filles, ajouta-t-elle, tout est prêt pour votre départ. Vos effets sont à la voiture ; madame la supérieure attend. Il ne me reste qu'à vous presser toutes deux sur mon cœur. Près de vous perdre, je sens que vous allez laisser un grand vide dans mon existence. Je vous regretterai plus d'une fois. Allons, mes chères enfants, disons-nous adieu ; venez embrasser votre mère.

Ici, éclata entre les deux cousines une scène de désolation, à laquelle la marquise ne prit aucune part et dont nulle parole humaine ne saurait donner une idée. Comme le condamné qui espère sa grâce au pied de l'échafaud, et qui l'espère encore sur la dernière marche du fatal escalier, Irène s'était flattée du fol espoir que ce moment n'arriverait jamais. Dans sa profonde horreur des couvents en général, et des Ursulines de Machecoul en particulier, elle avait compté sur les empêchements les plus improbables, sur les secours les plus extravagants, au besoin sur une intervention céleste. Chaque matin, à son réveil, elle s'attendait sérieusement à recevoir la nouvelle qu'un tremblement de terre avait détruit tous les cloîtres de la chrétienté, ou tout au moins qu'un incendie venait de consumer Machecoul jusqu'à la dernière pierre.

Quand elle se vit au pied du mur, face à face avec la réalité, lorsqu'elle comprit que tout lui manquait, le ciel et la terre, que l'heure était venue et qu'enfin il fallait partir, sentant son cœur faillir, ses jambes se dérober sous elle, Irène tomba dans les bras de Gabrielle, en criant ni plus ni moins que si le bourreau eût été à la porte et qu'il se fût agi de marcher à la mort. Ébranlée par le désespoir de sa cousine, mademoiselle de Presmes, qu'avait soutenue jusque-là le sentiment de sa dignité, se troubla, perdit contenance, et l'on n'entendit dans le salon que des pleurs, des cris et des sanglots.

— Vous le voyez, Monsieur, dit la marquise, depuis un mois c'est tous les jours la même chose: De grâce, Mesdemoiselles, ménagez mon cœur et mes nerfs. Il commence à se faire tard, et madame la supérieure attend.

— Eh ! Madame, s'écria brusquement Hector, chez qui le marin venait d'éclater sous l'enveloppe du gentilhomme, leur douleur ne vous touche-t-elle pas? Ces pleurs et ces sanglots ne vous disent-ils rien? Je suis ému, moi qui vous parle ; je le suis jusqu'au fond de l'âme. C'est une pitié, c'est un meurtre de disposer ainsi contre leur gré de la destinée de deux enfants qui n'ont que des larmes pour protester et se défendre. Madame, laissez-vous attendrir, ou je croirai que vous êtes cruelle.

— Mon cher Hector, dit en riant madame de Presmes, est-ce vous que je viens d'entendre? Moi qui pensais que l'abbé Gervais, comme un autre Chiron, vous avait nourri de la moelle des lions et des ours ! Réparation, beau chevalier ! Malheureusement, en cherchant ici la gloire d'Amadis, vous pourriez bien ne rencontrer que celle du héros de la Manche. Mesdemoiselles, ajouta-t-elle d'un ton bref et cassant, il est inutile de prolonger une scène aussi pénible pour moi que pour vous : finissons ces enfantillages.

— Viens ! dit mademoiselle de Presmes avec fermeté en saisissant la main d'Irène. Viens ! répéta-t-elle en relevant fièrement la tête.

Et toutes deux allèrent s'incliner froidement devant la marquise, qui les baisa l'une après l'autre au front.

— Je vous répète, mes chères enfants, dit la jolie veuve de sa voix câline, je suis heureuse de vous répéter que je n'ai rien négligé pour assurer au couvent votre bien-être et votre bonheur. Vous serez là comme deux petites reines, choyées, fêtées, caressées comme on ne l'est pas dans le monde. Nos saintes filles de Machecoul sont bien connues pour leur tolérance; la règle du monastère s'adoucirait au besoin pour vous. Madame la supérieure a mes instructions et j'ai sa parole. Un jour, j'en ai la conviction, vous apprécierez ce que j'ai fait, et vous me bénirez, je l'espère.

— Dès à présent, Madame, répliqua gravement mademoiselle de Presmes, dès à présent nous vous remercions de toutes vos bontés et vous prions de croire que notre cœur en gardera fidèlement le souvenir.

— C'est bien, Mesdemoiselles, allez ! ajouta la marquise qui avait hâte d'en finir.

Les jeunes filles se dirigèrent vers la porte en se tenant toutes deux par la main. Près de sortir du salon, Irène se retourna du côté d'Hector, qui se tenait debout, immobile, appuyé contre le marbre de la cheminée, dans une attitude pensive et réfléchie.

— Monsieur de Valcreuse, adieu ! dit-elle d'une voix plaintive.

A ces mots, Hector tressaillit, comme si on l'eût réveillé en sursaut.

— Un instant, Mesdemoiselles, un instant ! s'écria-t-il en marchant vers la porte qu'il ferma avec autorité. Peut-être est-il pour vous un moyen de ne pas aller au couvent.

— Dites, Monsieur, dites bien vite ! s'écria Irène éperdue.

— Mademoiselle, reprit M. de Valcreuse, s'adressant à mademoiselle de Presmes avec une brusquerie respectueuse, ma jeunesse s'est passée à la mer. Je n'aime pas le monde ; je n'en parle pas le langage. Je suis toutefois de bonne maison, et j'ose affirmer que si une femme me confiait le soin de son bonheur, je ne trahirais pas sa confiance. L'opulence n'est pas mon lot ; cependant mes revenus me permettent de faire autour de moi quelque bien. Le château de mes pères s'élève derrière ces bois dont vous apercevez d'ici la cime dépouillée ; c'est un gothique manoir qui ne manque ni de poésie ni de caractère. On y vit doucement, simplement, sans faste et sans parcimonie. Mon intérieur se compose de ma sœur et de l'abbé Gervais. Ma sœur est une bonne créature : l'abbé Gervais, qui m'a élevé, est un cœur aimable, un esprit indulgent. Ma félicité serait complète si j'avais une jeune compagne, qui la doublât en la partageant. Cette compagne, je la cherchais avant de vous connaître. Sans songer à me rendre compte de ce qui se passait en moi, je ne l'ai plus cherchée à partir du jour où je vous rencontrai pour la première fois. Maintenant que vous me connaissez, c'est à vous de voir, Mademoiselle, si vous m'estimez assez pour mettre votre main dans la mienne.

— Ah ! Monsieur, que je vous embrasse ! s'écria Irène en se jetant au cou d'Hector ; car vous m'emmenez avec vous, n'est-ce pas ? Vous ne me séparerez pas de ma cousine ; vous ne voudrez pas que j'aille toute seule au couvent.

— A Dieu ne plaise, Mademoiselle ! répondit en souriant le chevaleresque jeune homme. Je ne vous rendrai pas votre cher Paris : mais je suis sûr que vous vous entendrez à merveille avec mademoiselle Armantine. Vous serez la gaieté de notre foyer, et, si vous le voulez bien, je vous aimerai comme une jeune sœur.

— Si je le veux bien ? Oh ! je vous en prie. Moi, je vous aime déjà comme un frère. Quant à Paris, eh bien ! je me consolerai si je ne vais pas à Machecoul.

Plus pâle que la mort, comme si les paroles qu'elle venait d'entendre l'eussent frappée de stupeur et d'effroi, mademoiselle de Presmes se tenait immobile et ne répondait pas.

— Monsieur, dit-elle enfin d'une voix altérée, je vous connais, mais vous ne me connaissez pas. Êtes-vous sûr, Monsieur, que votre bonheur soit en moi ?

— N'en doutez pas, Monsieur, soyez-en sûr ! s'écria vivement Irène.

— Permettez-moi de l'espérer, répliqua M. de Valcreuse, je ne demande rien de plus.

Et comme Gabrielle hésitait encore, Irène prit sa main et la mit résolûment dans celle du gentilhomme. Mademoiselle de Presmes ne la retira pas.

— Monsieur de Valcreuse, dit-elle avec dignité, je ne réponds pas que vous trouviez en moi le bonheur que vous cherchez ; mais je vous promets de garder sans tache l'honneur du nom que vous m'aurez confié.

Pour toute réponse, Hector pressa de ses lèvres la main froide et tremblante qu'il tenait encore dans la sienne.

A ce dénoûment, qu'elle paraissait attendre avec

une sombre anxiété, la marquise ne put réprimer un mouvement d'horrible joie. Un éclair de triomphe sillonna son front chargé de tempêtes ; un sourire indéfinissable plissa sa bouche blanche de courroux. Ainsi doit sourire le génie du mal, lorsqu'il assiste à la perte d'une âme.

— Mon cher Hector, dit-elle en s'approchant du groupe que formaient M. de Valcreuse et les deux cousines, recevez mes compliments. Vous aussi, Mademoiselle, ajouta-t-elle avec une intention ironique en s'adressant à sa belle-fille, dont les joues se couvrirent aussitôt d'un vif incarnat ; je ne vois guère ce qui pourrait manquer désormais à votre félicité, si ce n'est mon consentement.

— Oh ! Madame, ne le refusez pas ! s'écria la pauvre Irène, qui crut voir les portes du cloître se rouvrir devant elle : pourvu que vous soyez débarrassée de nous, qu'est-ce que cela peut vous faire que nous n'allions pas au couvent ?

Hector voulut parler à son tour, mais la marquise l'interrompant avec hauteur :

— Rassurez-vous, Monsieur, nous ne jouons pas ici le *Barbier de Séville ;* vous n'avez point affaire à Bartholo. Mademoiselle de Presmes est libre. Tout mon regret est de ne pouvoir contempler plus longtemps le spectacle de votre joie, car je pars ce soir pour Paris.

— Madame, ajouta naïvement Hector, sans se douter de la portée de ses paroles, je n'oublierai jamais que c'est près de vous et sous votre toit que j'ai trouvé le bonheur de ma vie.

— La vie est longue, Monsieur, et le bonheur

est chose incertaine, repartit sèchement madame de Presmes, ne vous hâtez pas de me remercier.

Les choses une fois réglées, il était tout simple que M. de Valcreuse emmenât avec lui les deux jeunes personnes dont il devenait le soutien naturel, le légitime appui. Les adieux ne furent ni longs ni tendres. Il offrit un bras à Gabrielle, l'autre à Irène, et tous trois sortirent ainsi du salon.

Madame de Presmes se mit à la fenêtre, et, comme une vipère dressée sur le bout de sa queue, s'y tint aussi longtemps qu'elle put les apercevoir.

Hector s'entretenait avec les deux cousines, l'une grave et sérieuse, l'autre vive et légère ; les chiens en belle humeur gambadaient autour d'eux ; cette scène était éclairée par les rayons du soleil couchant.

Quand ils eurent disparu tous trois au bout de l'avenue, madame de Presmes ferma violemment la croisée et se prit à marcher avec agitation de long en large dans la chambre.

Sur ces entrefaites, un de ses gens entra.

— Madame, dit-il d'un air bête, c'est madame la supérieure du couvent des Ursulines de Machecoul, qui fait demander si ces demoiselles sont prêtes.

— Qu'elle aille au diable ! s'écria la marquise.

Puis, frappant le parquet de son joli pied :

— Ne fût-ce que pour l'exemple, dit-elle, je me vengerai.

IV

Près de trois ans avaient passé sur le mariage de M. de Valcreuse avec mademoiselle de Presmes ;

on touchait au printemps de 1791. La révolution grandissait et prenait chaque jour des proportions plus formidables. Le point noir que les clairvoyants seuls apercevaient à l'horizon, quand ce récit a commencé, s'était changé en un nuage livide qui avait envahi la moitié du ciel, et d'où s'échappaient de sinistres éclairs. Cependant, au fond de ces campagnes, où le lecteur nous a suivi peut-être, dans cette contrée qui devait, deux années plus tard, se soulever comme la mer, frapper de stupeur la république au sein de ses triomphes, et répondre par des coups de foudre aux tonnerres de la Convention, tout était calme encore ; le vent courait en paix sur la lande et dans les bruyères.

Les idées nouvelles avaient naturellement peu d'accès dans un pays qui, loin de souffrir de l'ordre de choses qu'il s'agissait alors de renverser, n'en connaissait que les bienfaits, et s'en était fait une longue et douce habitude. Le cri de : Guerre aux châteaux ! par exemple, quels échos, quelles sympathies pouvait-il éveiller sur une terre où les châteaux étaient la providence des chaumières? Dans cette partie de la France, les derniers vestiges de la féodalité ne ressemblaient à rien de ce qui se voyait ailleurs. Ce n'était pas là qu'il fallait chercher les exactions de l'aristocratie. La noblesse, qui, sur les autres points du royaume, avait assumé sur elle tant de haines, était là chérie et vénérée de tous. Le seigneur était le père de ses paysans ; il les visitait, s'inquiétait de leurs besoins, chassait avec eux le loup et le renard, allait à leurs noces, servait de parrain à leurs enfants, et s'asseyait familièrement à leur table. Un seul fait, rapporté dans les mémoires de madame de la Rochejaquelein, peut donner une idée de la familiarité des rapports qui existaient entre les grands propriétaires et leurs vassaux. M. de Marigny, celui-là même qui devait être un des chefs les plus brillants, les plus terribles de l'armée insurgée, et périr lâchement fusillé par les ordres du misérable Stofflet, M. de Marigny avait quelque connaissance de l'art vétérinaire ; tous les paysans de son canton ne manquaient pas de d'aller chercher dès qu'ils avaient quelques bestiaux malades. Paysans et seigneurs ne formaient, à proprement parler, qu'une seule et même famille.

De mœurs simples et pures, nés presque tous dans la province où ils exerçaient leur pieux ministère, les prêtres donnaient l'exemple de la charité, si bien que l'on confondait dans un même sentiment d'amour et de respect la cure du pasteur et le manoir du gentilhomme. Le dimanche, après vêpres, les métayers se réunissaient pour danser dans la cour du château ; la dame châtelaine se mêlait à la fête et dansait avec eux. Jamais les pauvres gens ne l'imploraient en vain : elle était l'ange qui console et guérit. Les serviteurs vieillissaient tranquillement et mouraient sous le toit du maître. Tout ce monde s'aimait, travaillait et vivait content. Qu'importaient, je le demande, aux paisibles habitants du Bocage, les mots d'affranchissement, de réforme et de liberté ? Aussi, quand la république, avec ses formes arrêtées et violentes, voulut les ployer sous sa règle de fer, se levèrent-ils comme un seul homme, et dès lors éclata cette guerre de géants qui étonna l'Europe et fit pâlir d'effroi la révolution dans son berceau sanglant.

Ils ne se levèrent pas, comme on l'a dit, comme on l'a cru, pour la restauration du trône. Sans doute on désigna ce but à leur ardeur ; mais ils eussent pris aussi bien les armes contre la monarchie, si la monarchie se fût avisée de porter atteinte aux franchises de leur vie patriarcale. Ils s'armèrent pour l'indépendance de leurs foyers et de leurs autels, et, en pleine république, l'insurrection vendéenne fut, dans son principe, le seul grand spectacle vraiment républicain que la France pût contempler. Ainsi, cette terre qu'on appelle encore aujourd'hui le sol du dévouement et de la fidélité, n'était en réalité que la patrie d'un peuple heureux et sage, qui se révolta comme la Suisse, et devint comme elle un peuple de héros, dès qu'il se sentit sérieusement frappé dans ses mœurs, dans ses habitudes, dans sa constitution, dans toutes les parties les plus sensibles de son être. C'est là ce qu'auraient dû comprendre quelques femmes et quelques enfants, têtes à l'évent, âmes chevaleresques, qui de nos jours ont soufflé sur ce glorieux foyer pour essayer d'en ranimer la flamme. Ils n'ont pas compris que les conditions n'étaient pas les mêmes; chose triste à dire, qu'il faut dire pourtant, ils ont appris à leurs dépens que l'héroïsme pur et désintéressé n'est le plus souvent qu'un beau rêve, et qu'il est imprudent de compter sur le dévouement des hommes quand leur propre intérêt ne les y porte pas.

Au commencement de 1791, nul orage n'avait troublé la paix de ces belles campagnes. La noblesse n'était pas inquiétée au fond de ses châteaux. Si les villes se remplissaient déjà de passions et de bruit, il n'en était pas de même des bourgs et des hameaux. Les paysans, qui ne s'étaient pas beaucoup plus occupés des premières agitations de Versailles et de Paris, que s'il se fût agi d'une révolution au Congo, continuaient de vivre paisiblement sous leurs toits de chaume. Ils avaient reçu, sans y rien comprendre, l'ordre d'enlever les bancs seigneuriaux des églises et s'étaient empressés de laisser les bancs à leur place. La plupart des paroisses avaient gardé leurs prêtres. Voté par l'Assemblée constituante, sanctionné par Louis XVI, le décret qui prononçait la révocation et le remplacement des ecclésiastiques, pour refus de serment civique, n'était pas encore en pleine exécution dans cette partie des provinces de l'Ouest. Le remplacement s'effectuait partout avec lenteur; sur plusieurs points il ne s'effectuait pas.

En réalité, les troubles ne commencèrent qu'avec les rigueurs contre le clergé, la guerre civile ne fit explosion qu'au 10 mars 1793, jour fixé pour la levée de trois cent mille hommes, décrétée par la Convention. Ce fut à Machecoul et dans les environs qu'elle éclata ; c'est là qu'elle devait éclater en premier lieu, les marches de Poitou et de Bretagne, où ce pays est assis, étant exemptes d'impôts et de milices, aux termes d'un édit de Jean, duc de Bretagne. Tout était calme à l'heure dont nous parlons ; le mécontentement s'amassait goutte à goutte et silencieusement dans les cœurs.

Quant à l'émigration, bien qu'elle prît de jour en jour un caractère plus décidé et plus alarmant, ce n'était encore qu'une façon de protester sans périls, une affaire de dévouement mal entendu et dont la cour elle-même se défiait, une promenade hors de saison sur les bords du Rhin. En mettant les choses au pis, on était bien loin de prévoir le dénoûment que recélaient les flancs de l'avenir.

L'émigration, d'ailleurs, n'était pas générale ; si le haut Poitou émigrait par bandes, la plupart des grandes familles du Bocage n'avaient pas quitté le pays ; les absents, au contraire, rentraient en foule dans leurs terres, comme les oiseaux dans leurs nids, à l'approche de l'ouragan. Quoiqu'il y eût dans les esprits un sombre pressentiment, un sourd malaise, le train des existences n'était pas sensiblement changé ; l'appréhension du danger commun n'avait fait que resserrer les relations d'amitié et de voisinage. On se réunissait plus fréquemment que par le passé ; il était même assez rare qu'on négligeât les occasions de fête et de plaisir, soit qu'on éprouvât le besoin de se concerter, soit tout simplement qu'on se hâtât de vivre et de jouir des derniers beaux jours.

Or, voici ce qui se passait au château de Valcreuse, par une matinée d'avril :

Attelé de deux petits chevaux bas-bretons qui n'avaient pas trop mauvais air sous leurs harnais bien propres et bien luisants, un berlingot, qui, depuis le mariage d'Hector, avait remplacé la voiture à bœufs de mademoiselle Armantine, stationnait au milieu de la cour et témoignait assez que les maîtres du lieu se préparaient à quelque excursion dans les environs.

Attroupés à la porte, pieds nus et cheveux en broussailles, les enfants du village admiraient le luxe et l'élégance du somptueux équipage qui ferait rougir aujourd'hui le plus mince bourgeois. Le cocher, ancien valet de ferme, se tenait sur son siége, aussi radieux et fier qu'un vainqueur aux jeux Olympiques.

A l'intérieur, le vieux manoir, ordinairement si paisible, bourdonnait comme une ruche d'abeilles. Tous les serviteurs étaient sur pied ; on ne rencontrait le long des corridors que femmes de chambre se croisant d'un air affairé. Si l'on veut savoir la cause de tant de mouvement et de bruit, nous pouvons la dire en trois mots : mademoiselle Armantine était à sa toilette. Il n'en fallait pas davantage pour mettre sens dessus dessous tout le domaine de ses pères.

Dans le salon nous retrouvons trois personnes de notre connaissance.

Accoudée sur l'appui d'une croisée ouverte, une jeune femme, en costume de matin, laissait son regard distrait courir à travers le paysage. Rien qu'à cette attitude rêveuse, on a déjà reconnu Gabrielle. Les trois années qui venaient de s'écouler ne l'avaient pas changée ; seulement le front et les paupières paraissaient chargés de plus de tristesse et d'ennui. Elle était belle, de cette beauté pâle et mystérieuse près de laquelle passent, sans s'arrêter, le caprice et la fantaisie.

Les deux mains appuyées sur ses genoux, assis sous le manteau de la cheminée, où pétillait un feu de fagots, les matinées étant encore fraîches, l'abbé Gervais l'observait avec une ineffable expression de tendresse alarmée et d'inquiète mélancolie, tandis qu'à l'autre extrémité du salon, debout devant une glace de Venise, une jeune et jolie personne donnait à sa parure un coup d'œil complaisant.

C'était Irène, singulièrement embellie. Qu'on choisisse dans les portraits du dix-huitième siècle le plus fin regard et le plus frais sourire, les plus blanches épaules, le sein le plus charmant, la taille la plus souple et la plus flexible; qu'on rassemble par la pensée tous ces trésors sur une même toile, l'image sera loin du modèle que nous avons sous les yeux. C'est pour Irène qu'il eût été permis de rajeunir la comparaison un peu fanée déjà des roses et des lis. On eût dit qu'en passant sur cette blonde tête, chaque printemps y avait laissé tour à tour quelque chose de sa grâce, de son parfum, de ses enchantements. Elle était mise avec recherche et pourtant avec goût. Une robe de taffetas gris à passements de soie enveloppait les contours de son corps élégant. Des perles ruisselaient sur l'or de ses cheveux; des bracelets de toutes formes se tordaient autour de l'ivoire de son bras; mais ce qu'elle avait surtout d'éblouissant, c'était ce beau diamant qui manque à plus d'un écrin, et qui s'appelle la jeunesse.

Après avoir achevé de s'examiner avec un sentiment de satisfaction trop légitime pour n'être pas bien excusable, Irène s'approcha de l'âtre, et, présentant à la flamme un de ses petits pieds chaussés de satin :

— Monsieur l'abbé, dit-elle, comment me trouvez-vous ?

L'abbé leva les yeux, et ne répondit que par un sourire indulgent.

— Et toi ? demanda la jeune fille qui était allée s'appuyer coquettement sur l'épaule de sa cousine.

— Belle comme ce beau jour d'avril, répliqua Gabrielle en l'embrassant avec effusion. Regarde ce doux ciel : l'azur en est moins bleu que le bleu de tes yeux. Vois ces pêchers en fleurs : les fleurs en sont moins roses que l'éclat de tes joues.

— Tout à l'heure, ce miroir était presque de ton avis, dit en riant la folle Irène ; cependant, j'ai peine à comprendre que je puisse en même temps être belle et te ressembler si peu. Qu'en pensez-vous, monsieur l'abbé ? Vous ne dites rien, là-bas, dans votre coin. C'est qu'en vérité je ne suis pas belle du tout. Mes yeux bleus m'ennuient, mes joues roses m'irritent et parfois m'exaspèrent ; j'envie tes grands yeux de velours brun, et voudrais être pâle comme toi. Pas vrai, monsieur l'abbé, que les yeux de Gabrielle sont plus beaux que les miens ? Vous êtes muet. Décidément, cousine, tu ne viens pas à cette fête ?

— Non, cousine, non, décidément.

— Toute la noblesse du pays doit s'y rendre.

Songe qu'il s'agit d'une noce, et que, pour sûr, il y aura des violons.

— Eh bien ! cousine, on dansera sans moi. Personne, en te voyant, ne remarquera mon absence.

— Dussé-je être seule à m'en apercevoir, ce serait, si tu m'aimais, un motif suffisant pour te décider à venir. Ne sais-tu pas que, sans toi, il n'est fête ni bal où je n'arrive moins disposée d'abord à rire qu'à pleurer ? Il est vrai qu'aux premiers coups d'archet, tristesse, adieu ! mon cœur entre en danse; cependant, je te cherche, et tu manques à ma joie. Pourquoi vivre, ainsi que tu le fais, dans une retraite absolue, et repousser obstinément les trop rares distractions qui nous sont offertes ? Penses-tu qu'Hector t'approuvât ; moi, je pense tout le contraire. Mademoiselle Armantine prétend que c'est de ta part pure affectation. Je n'en crois rien ; d'autres pourraient le croire. Allons, cousine, un gai mouvement ! ce sont les bons, ceux-là. Avant que mademoiselle Armantine soit prête, tu as le temps de t'habiller sept fois. Je te coifferai ; en un tour de main, tu seras charmante. Dites donc quelque chose, monsieur l'abbé. Avez-vous juré, comme saint Laurent, de vous rôtir les jambes sans qu'on puisse vous arracher un mot ? Engagez Gabrielle à nous accompagner, ou je serai convaincue que c'est vous qui la retenez ici captive.

— Moi, Mademoiselle ! répondit en souriant l'abbé Gervais : je ferais un triste geôlier. Notre chère Gabrielle est libre, et n'a, sous ce toit, d'autre gardien que son propre cœur. Je ne sache pas qu'il me soit jamais arrivé de contrarier ses goûts et ses instincts; seulement, je dois ajouter que je parlerais contre ma conscience en engageant madame de Valcreuse à vous accompagner.

— J'en étais sûre! s'écria vivement Irène ; c'est vous qui l'empêchez de venir à la fête.

— Non, répliqua l'abbé avec bonté; mais je lui sais bon gré de ne pas y aller.

— C'est absolument la même chose.

— Pas précisément.

— Mon Dieu, si! A vous entendre, on serait damné pour un air de violon, et hors de l'ennui il n'y aurait pas de salut possible.

— Je ne dis pas cela.

— Vous le pensez. Voilà longtemps que je vous soupçonne d'aspirer à la tyrannie.

— C'est M. de Mirabeau. Je le croyais mort, dit l'abbé en hochant doucement la tête.

— Allons, Irène, allons! dit Gabrielle à son tour, d'un ton de réprimande maternelle : comment ne vois-tu pas que notre cher abbé a raison? Prends la peine de réfléchir : le simple bon sens te dira qu'en l'absence de M. de Valcreuse, ma place n'est pas dans le monde.

— Mais, cousine, reprit Irène en jetant à l'abbé un regard de biche en courroux, puisque Hector n'a pas voulu nous laisser mettre aux Ursulines, c'est qu'apparemment il n'entendait pas que son château nous servît de couvent?

— Non, sans doute, dit en riant Gabrielle ; aussi n'as-tu pas à te plaindre de la règle du monastère. Mademoiselle Armantine est une abbesse qui n'a rien de bien terrible, notre cher abbé un directeur qui n'a rien de bien effrayant. Va, mon enfant, amuse-toi. Ce soir, tu viendras me trouver dans ma chambre ; je jouirai de tes succès et de tes plaisirs, en te les entendant raconter.

Obligée de se rendre aux raisons de sa cousine, Irène se préparait évidemment à se venger sur l'abbé Gervais, et à le relancer sous le manteau de la cheminée, où il se tenait blotti, quand tout à coup la porte, s'ouvrant avec fracas et à deux battants, livra passage à une trombe de gaze et de soie, de mouches et de poudre, de guipures et de dentelles, qui se précipita dans le salon, et, tournoyant sur elle-même, s'offrit sur tous les points à l'admiration de la trop peu nombreuse assistance. Au bruit qu'elle avait fait en entrant, l'abbé lui-même, épouvanté, était sorti à moitié de son antre. C'était mademoiselle Armantine en plein été de la Saint-Martin : trois années de plus l'avaient rajeunie de dix ans. Nous l'avons quittée jeune fille, nous la retrouvons enfant. Elle était vraiment magnifique ! Pour la peindre, il nous manque l'espace et le loisir. La coiffure seule demanderait tout un poëme. Certainement, de nos jours, l'obélisque a coûté moins de peine à dresser sur son piédestal, que ne dut en coûter l'édifice de cette étonnante coiffure. Les coiffeurs étaient alors de grands architectes ; à bien examiner la plupart des constructions modernes, on serait tenté de croire que c'est le contraire qui se voit aujourd'hui. Le costume de l'aimable demoiselle était à l'avenant ; à quelques modifications près, devenues nécessaires dans l'ajustement du corsage, c'était celui qu'elle avait le jour de sa présentation à la cour.

— Oh ! mademoiselle Armantine, que vous êtes belle ! mon Dieu, que vous êtes donc belle, mademoiselle Armantine ! s'écria naïvement Irène en joignant les deux mains avec enthousiasme

— Vous trouvez, petite ? Mais vous-même, il me semble, vous n'êtes pas trop mal, dit mademoiselle Armantine en examinant avec un soin scrupuleux la toilette de la jeune fille. Ciel ! que vois-je ? ajouta-t-elle avec stupeur : pas une mouche ! pas un œil de poudre ! On n'a pas tenu compte de mes observations !

— Mademoiselle, répondit hardiment la perfide Irène, c'est M. l'abbé qui prétend que la poudre et les mouches ne sont pas de mon âge.

— Moi ! s'écria l'abbé en bondissant sur son siége.

— Vous en êtes capable ! répliqua mademoiselle Armantine, lui lançant un regard foudroyant. Vous êtes un philosophe ; voilà longtemps que je vous soupçonne de donner dans la révolution.

— Tout à l'heure, on me soupçonnait d'aspirer à la tyrannie, dit l'abbé d'un air résigné.

— On verra, reprit mademoiselle Armantine, on verra, sans mouches ni poudre, où vous mènerez la France ! Venez, petite. Il est trop tard à présent pour réparer l'incongruité de votre parure. Nous n'avons que le temps d'arriver ; je réclamerai pour vous l'indulgence.

A ces mots, elle sortit majestueusement, suivie d'Irène, qui ne tenait plus au parquet.

— Sans rancune, monsieur l'abbé, dit en passant près de la cheminée la rieuse et jolie créature.

— Allez, folle tête, allez ! dit le vieillard ; moins prévoyante que le brin d'herbe qui préssent l'orage, ajouta-t-il avec mélancolie, plus étourdie que la fauvette qui s'abrite et se tait avant que la foudre ait grondé sur son nid !

Irène était déjà bien loin.

— Qu'elle est jeune, qu'elle est heureuse, et que la vie lui est légère ! dit en soupirant Gabrielle, qui l'avait suivie des yeux.

— Jeune comme elle, mon enfant, êtes-vous moins heureuse qu'elle ? demanda d'un ton de doux reproche l'abbé, qui n'avait pas cessé de l'observer avec une ardente sollicitude. La vie est-elle pour vous un fardeau si lourd à porter ?

— Ne croyez pas cela, mon ami, répondit en rougissant la jeune femme. Je suis heureuse ; comment ne le serais-je pas ? Il faudrait que je fusse ingrate.

— Le bonheur ne se commande pas, dit l'abbé. Peut-être désiriez-vous aller à cette fête ? Peut-être eussé-je dû vous engager à vous y rendre ! Vous êtes triste, mon enfant. Tout à l'heure je vous observais : j'ai surpris une larme sous votre paupière.

— Je ne suis pas triste, mon ami. Pourquoi serais-je triste ? En vérité, je ne le suis pas. Le monde ne m'a jamais attirée, et de tout temps mes plus belles fêtes se sont données dans la solitude.

— Je ne sais, mais parfois je m'alarme, et je crains que vous ne soyez mécontente de votre destinée. Il faut bien reconnaître que la vie que vous menez ici est peu faite pour vous distraire.

— Vous vous calomniez, mon ami, vous et les êtres excellents qui m'entourent. Je n'ai jamais connu, je n'ai jamais souhaité une existence plus heureuse. Sans doute, mademoiselle Armantine s'entend mieux et plus volontiers avec Irène qu'avec moi ; mais n'ai-je pas trouvé en vous l'âme la plus tendre et la plus adorable où la mienne pût se réfugier ?

— Pour un jeune cœur comme le vôtre, c'est là, mon enfant, un assez pauvre refuge, repartit l'abbé en secouant tristement la tête. Cependant, si vous dites vrai, d'où vient donc le silence où vous vous renfermez ? Ma fille, parlez-moi, ayez confiance en moi ; car vous êtes ma fille, ma fille bien-aimée, du jour où je vous vis pour la première fois.

— Mais, mon ami, dit la jeune femme en s'efforçant de sourire, voilà bien longtemps que je n'ai plus rien à vous confier, à vous apprendre ; aussi bien que moi vous savez ma vie tout entière. Si j'avais des secrets...

— Vous en avez, Gabrielle, répliqua l'abbé avec sévérité. Enfant, ajouta-t-il d'une voix caressante en prenant les mains de madame de Valcreuse, ce n'est pas mon cœur que l'on peut abuser. Il y a dans votre vie un secret que j'ignore et qui vous oppresse ; vous êtes consumée par un mal que vous me cachez.

— Mon ami, soyez sûr...

— N'essayez pas de me tromper. Depuis longtemps je vous observe ; ce n'est pas d'aujourd'hui que je vous vois pleurer.

— Vous savez que je ne suis pas naturellement

gaie. Bien souvent il m'est arrivé de pleurer sans savoir pourquoi ; je tiens cela de ma mère ou de Dieu.

— Oui, je vous connais, dit l'abbé, vous êtes une de ces âmes que le ciel attire et que le monde ne satisfait pas. Cette tristesse innée, cette mélancolie naturelle sont des signes certains de notre céleste origine ; Dieu les a mises dans notre sein pour nous avertir, pour nous rappeler sans cesse que la terre n'est pas notre patrie. Mais, ma fille, depuis plusieurs mois, ce n'est plus cette tristesse divine, cette sainte mélancolie que je remarque en vous. Votre pensée est sur la terre, votre inquiétude est de ce monde.

— Mon ami, répondit Gabrielle avec embarras, vous vous méprenez sur ce qui se passe en moi ; votre tendresse vous entraîne trop loin.

— Non, ma fille, je ne me méprends pas. Vous étiez calme, vous paraissiez heureuse ; tout à coup un orage invisible est venu troubler la sérénité de vos jours. Que s'est-il passé ? qu'avez-vous ? Sans doute vous souffrez de l'absence d'Hector : dans le secret de votre conscience, vous vous plaignez de lui, peut-être ?

— Non, mon ami, non, je vous le jure. Si je souffre de l'absence de M. de Valcreuse, je ne me plains pas de lui. Moi, me plaindre de M. de Valcreuse ? vous n'y pensez pas, mon ami. Mais, venez, ajouta la jeune femme, comme pour briser là le fil de l'entretien, ou pour échapper au regard inquisiteur que l'abbé attachait impitoyablement sur elle ; venez, la journée est belle, et voilà nos fêtes, à nous, dit-elle en montrant les champs et les guérets qui verdoyaient sous les fenêtres du château.

A ces mots, Gabrielle prit le bras de son vieil ami, et tandis que le berlingot conduisait à la noce mademoiselle Armantine et sa jeune compagne, madame de Valcreuse et l'abbé cheminaient lentement le long des aubépines et de genêts fleuris.

V

Laissons mademoiselle Armantine se rendre à la fête avec Irène, madame de Valcreuse s'entretenir avec l'abbé le long des haies en fleurs, et voyons, à vol d'oiseau, sans descendre au fond des choses, ce qui s'est passé au château, depuis le soir d'automne, qu'on n'a pas oublié sans doute, où M. de Valcreuse rentra chez lui accompagné des deux cousines. Précisément, ce même soir, à la même heure, en attendant le retour d'Hector, mademoiselle Armantine, qui croyait toucher à la réalisation de ses rêves et au but de ses espérances, prenait un malin plaisir à déchirer devant l'abbé le voile dont elle s'imaginait les avoir enveloppées jusqu'alors. Ils étaient assis tous deux au coin du feu, l'abbé à sa place ordinaire, silencieux comme d'habitude, mademoiselle Armantine dans une vaste bergère, et faisant tous les frais de l'entretien avec d'autant plus de complaisance qu'elle ne doutait pas que chacune de ses paroles ne fût un coup d'épingle dans les chairs de son muet compagnon.

Elle parlait de la passion d'Hector pour madame de Presmes comme d'une chose au soleil, de son mariage avec la jolie veuve comme d'un fait accompli auquel il ne manquait plus que le sacrement. L'abbé la laissait dire et promenait en silence ses deux mains sur ses bas de soie. Plus clairvoyant que M. de Valcreuse, il n'avait pas été longtemps à pénétrer les desseins des deux belles complices; la trame mystérieuse commençait à peine à s'ourdir qu'il en tenait déjà tous les fils. Toutefois, bien qu'il ignorât ce qui se passait dans le cœur d'Hector, l'abbé ne s'était pas inquiété autrement des manœuvres de la marquise, tant il avait confiance en la droiture et la rectitude des sentiments de son élève. Encore à cette heure, il était plein de sécurité, quoi que pût affirmer mademoiselle Armantine, qui faisait défiler devant lui, avec une joie perfide, tout le cortége de ses illusions.

— Quel beau jour pour vous, cher abbé, disait-elle, que le jour où vous bénirez ces amants dans la chapelle du château !

Elle en était là de son discours, lorsqu'au milieu du salon, éclairé seulement par la flamme de l'âtre, parut M. de Valcreuse avec Irène à l'un de ses bras et mademoiselle de Presmes à l'autre. Il prit Gabrielle par la main et la conduisit à mademoiselle Armantine, qui refusait d'en croire ses yeux et s'était levée d'un air effaré.

— Ma sœur, lui dit-il gravement, je vous présente madame de Valcreuse.

Puis, s'adressant à sa fiancée :

— Mademoiselle, embrassez votre sœur. Nous

sommes ici chez vous, ajouta-t-il avec respect.

Enfin, il se tourna vers l'abbé, et d'une voix où perçait un sentiment de satisfaction orgueilleuse :

— Mon ami, dit-il, c'est ma femme, c'est mademoiselle de Presmes qui daigne accepter mon cœur et mon nom. Voici sa jeune cousine, reprit-il gaiement en montrant Irène, qui veut bien consentir, pour vivre avec nous, à ne pas aller au couvent.

Et M. de Valcreuse raconta simplement, en peu de mots, ce qui venait de se passer au castel de la marquise.

Nous nous reposons sur l'intelligence du lecteur, qui s'en acquittera mieux que nous, du soin d'achever cette scène que nous n'avons fait qu'indiquer. On peut aisément s'imaginer la stupéfaction de mademoiselle Armantine; il serait moins facile de la peindre et de l'exprimer. Mademoiselle Armantine aimait son frère, et respectait en lui l'héritier de sa race, le chef de sa maison. Aussi, tout en regrettant ses illusions perdues, tout en déplorant dans son cœur le choix que son frère avait fait, dut-elle garder le secret de ses réflexions, et se montrer vis-à-vis de Gabrielle, sinon très-tendre ou fort empressée, du moins parfaitement convenable. D'ailleurs, en apercevant derrière cette jeune personne, dont la beauté grave et sévère l'étonnait et l'effarouchait, la blonde tête d'Irène qui la regardait en souriant, elle avait compris aussitôt que c'était un dédommagement des trahisons du sort, une fiche de consolation que lui envoyait le ciel. Elle s'était, sans plus tarder, emparée de la belle enfant, tandis qu'attirés déjà l'un vers l'autre, mademoiselle de Presmes et l'abbé conversaient affectueusement. Ainsi les sympathies se déclarèrent dès ce même soir, les partis se dessinèrent, les fraternités s'établirent, et le château, à compter de ce jour, fut divisé en deux groupes distincts.

M. de Valcreuse apprit plus tard quelles espérances avait fondées sur lui sa sœur, de concert avec la marquise ; il confessa ingénument n'en avoir eu aucun soupçon. Ces révélations expliquaient suffisamment le départ précipité de madame de Presmes et son attitude vis-à-vis d'Hector, pendant leur dernière entrevue ; Hector ne put s'empêcher de rire. Mademoiselle Armantine ne riait pas ; mais elle eût pleuré que les choses n'en eussent pas moins suivi leur cours. Quant à l'abbé, tout en s'applaudissant du dénoûment de l'aventure, il ne put se défendre d'un vague sentiment d'effroi. Il avait observé la marquise ; sous le plumage de l'oiseau, il avait deviné la vipère.

Le mariage se fit six semaines après, sans éclat et sans bruit. La saison était dure : d'accord avec sa jeune épouse, M. de Valcreuse remit à ses paysans six mois de redevances, et, si l'on ne dansa pas à leurs noces, nul indigent, dans leurs domaines, n'eut à souffrir du froid ou de la faim.

Sans réaliser les folles espérances de mademoiselle Armantine, le mariage de M. de Valcreuse avait donné au château une vie nouvelle. Gabrielle représentait la poésie de l'antique manoir ; Irène, ainsi qu'Hector l'avait prévu, était la gaieté du foyer. Ces deux figures répandaient autour d'elles le parfum de leur grâce et de leur jeunesse. L'hiver s'écoula doucement, du moins en apparence : si le fond du lac fut troublé, limpide et claire comme une glace, la surface n'en laissa rien voir. On arriva sans incidents jusqu'à l'automne. M. de Valcreuse se disposait à se retirer officiellement du service ; il était sur le point d'envoyer sa démission au roi, lorsqu'il reçut sa nomination au grade de capitaine de frégate, le commandement de l'*Invincible,* cette même frégate anglaise qu'il avait prise dans la dernière guerre, alors qu'il n'était que simple officier de marine, et l'ordre de partir sans délai pour aller rejoindre la division que commandait dans l'Inde M. de Saint-Félix. La lettre du ministre était pressante et se terminait par ces paroles qu'aurait dites le roi en signant le brevet : « Qu'il y avait un vide dans les cadres de sa marine quand un Valcreuse ne tenait pas la mer. »

Hector se croyait oublié. Depuis sa dernière campagne, il était resté à l'écart, boudant la cour et le ministère dont il n'avait pas à se louer. Modeste autant que brave, ayant assez l'expérience des hommes pour savoir que, sous le gouvernement le plus équitable, on n'obtient que ce qu'on demande, et qu'on ne l'obtient le plus souvent qu'à force d'importunités, il s'étonna d'une faveur qu'il n'avait pas sollicitée et qui venait le chercher au fond de ses domaines, à plus de cent lieues de Paris. Avec l'abbé, qui s'en alarmait, il convint volontiers, en toute humilité, que le cas était étrange. Et pourtant son parti fut pris sur-le-champ. La tentation était-elle trop vive pour qu'il y résistât? Ses ardeurs assoupies venaient-elles de se réveiller? Ses instincts comprimés avaient-ils repris le dessus? Était-ce pour lui comme les armes offertes au jeune Achille chez les filles de Nicomède? Enfin, avait-il sur les devoirs d'un gentilhomme des idées arrêtées qui ne lui permettaient pas d'hésiter à se rendre où le roi lui disait d'aller? Hésita-t-il d'autant moins qu'à cette heure l'autorité royale était mise en question et se voyait en butte à de rudes assauts? Toujours est-il qu'il n'hésita pas. Ni les remontrances de l'abbé, ni les prières de sa sœur, ni les larmes d'Irène qui le chérissait comme un frère ne purent le retenir. Madame de Valcreuse aurait pu seule l'empêcher de partir ; elle fut la seule qui ne chercha pas à l'en détourner.

Troublée par le départ de M. de Valcreuse, la vie du château reprit peu à peu son train accoutumé. Les sympathies qui avaient éclaté à première vue entre Gabrielle et l'abbé Gervais s'étaient condensées, pour ainsi parler, en une tendre et sérieuse affection. En l'absence d'Hector, ces deux âmes, faites pour s'entendre, achevèrent de se rapprocher. Gabrielle devint la fille chérie du vieillard. Tous deux avaient les mêmes goûts, le même amour des champs et de la solitude, le même tour d'esprit poétique et rêveur. Ils lisaient, étudiaient, se promenaient ensemble, ne se lassaient pas d'échanger leurs idées et leurs sentiments. L'abbé se plaisait à diriger l'essor de cette vive intelligence, à répandre sur cette jeune tête, déjà grave et pensive, les trésors qu'il avait amassés durant toute une existence d'abnégation et d'isolement. C'était une joie pour eux de s'échapper ensemble du logis et d'errer en causant à travers les campagnes. Comme tous les êtres qui ont vécu dans la chasteté, l'abbé avait gardé cette grâce de cœur, cette fraîcheur d'imagination, ce facile enthousiasme qu'on ne rencontre guère qu'au matin de la vie. La contemplation des beautés de la nature, les entretiens sans cesse renaissants, le long des sentiers du Bocage, telles étaient, Gabrielle nous l'a dit elle-même, leurs fêtes et leurs distractions.

Cependant, mademoiselle Armantine, qui ne pardonnait pas à l'abbé Gervais et à sa belle-sœur le plaisir qu'ils montraient à se trouver ensemble, se consolait auprès d'Irène des cruels mécomptes qu'elle avait essuyés. Irène achevait de grandir ; mademoiselle Armantine l'aimait comme un second printemps dans sa vie, comme un miroir enchanté dans lequel elle voyait passer à toute heure l'image souriante de ses belles années. Ainsi que Gabrielle et l'abbé, toutes deux avaient les mêmes goûts, le même amour des distractions mondaines, le même tour d'esprit frivole et dissipé ; seulement, ce qui n'était plus de saison chez l'une avait chez l'autre la grâce et l'à-propos des folles brises par un beau jour de mai. Irène riait bien un peu sous cape des travers de sa *jeune* compagne ; mais, comme elle en profilait, la fine créature les choyait et les caressait. La meilleure partie de leurs journées se passait en soins de toilette. Toutes deux avaient l'une dans l'autre un public assidu, toujours bienveillant. La sœur d'Hector se sentait renaître. L'histoire de sa présentation à la cour, celle du chevalier de R... et du marquis de C..., toutes ces vieilles histoires que la bonne demoiselle ne savait plus à qui raconter, tout ce répertoire usé jusqu'à la corde et qui, depuis longtemps, n'attirait plus personne, Irène en faisait ses délices. Ce n'est pas tout : la jolie fille, en grandissant, était devenue entre les mains de mademoiselle Armantine un merveilleux prétexte pour courir les réunions, rechercher le monde, appeler au château les gentilshommes de la ville et les hobereaux des environs. Irène avait près de dix-huit ans ; puisque sa jeunesse et sa beauté représentaient le plus clair de son opulence, si l'on voulait marier Irène, il était temps de la produire. Produire Irène était le grand cheval de bataille de mademoiselle Armantine, son argument vainqueur, sa réponse à tout, quand l'abbé, en sa qualité de mentor, hasardait une remontrance. Il fallait produire Irène ! Chef et gardien, en l'absence du maître de la petite colonie, l'abbé Gervais, par prudence et par caractère, était peu partisan de ce système de dissipation ; mais il fallait produire Irène ! Pour être franc, tout cela se bornait à quatre ou cinq gentillâtres plus ou moins laids, plus ou moins ennuyeux, qu'on recevait de loin en loin, à quelques fêtes patronales, à quelques bals ou retours de noces, par-ci, par-là, dans un château voisin.

Les choses ainsi posées, on peut se faire une idée de la façon dont vivaient ces quatre personnages réunis sous le même toit. A force de douceur et de condescendance, madame de Valcreuse était parvenue, sinon à se concilier les bonnes grâces de sa belle-sœur, du moins à préserver leurs rapports de toute lutte fâcheuse, de toute collision apparente. Le lendemain de son mariage, Gabrielle avait déclaré que, loin de vouloir porter atteinte aux droits de personne, elle entendait que le sceptre de l'administration domestique restât aux mains qui le tenaient déjà. Mademoiselle Armantine ne s'était pas montrée insensible à cette abdication volontaire, faite en sa faveur sur les marches du trône; ç'avait été comme un rayon de miel dans la coupe amère de ses déceptions. Bref, si, de part et d'autre, les sympathies, depuis le premier jour, n'avaient pas fait un pas, nul symptôme d'hostilité n'avait éclaté entre les deux sœurs : il en était de leur intimité comme de ces températures un peu froides que n'échauffe pas le soleil, mais que ne trouble aucun orage. Obligée de s'observer vis-à-vis de madame de Valcreuse, mademoiselle Armantine se dédommageait d'une réserve dont tout lui faisait une loi, sur l'abbé qu'elle accusait en secret d'avoir déjoué ses plans et poussé son frère à épouser mademoiselle de Presmes. Le malheureux abbé passait souvent de mauvais quarts d'heure, surtout lorsque Irène, qui ne voyait en lui qu'un Argus, se mettait de la partie, ce qu'elle manquait rarement de faire. Il est vrai que l'abbé n'avait pas assisté sans une sorte d'effroi au développement de tant de grâce et de beauté, comme s'il eût entrevu les malheurs que devait attirer autour d'elle cette folle et charmante tête. Quant aux deux cousines, malgré le contraste de leurs goûts et l'opposition de leurs caractères, elles s'aimaient d'une tendresse passionnée. Irène, en vue de plaire à Gabrielle, se serait abstenue d'aller au bal ; Gabrielle y serait allée pour ne pas en priver Irène. En résumé, ils menaient tous quatre une aimable existence où n'arrivaient qu'en échos affaiblis les grandes rumeurs qui remplissaient le reste de la France.

Le temps coulait ; c'était toujours le même flot lent et paisible, lorsqu'il s'opéra tout à coup dans la personne de madame de Valcreuse un changement qu'Irène et mademoiselle Armantine remarquèrent à peine, mais qui frappa sur-le-champ l'abbé. Cette jeune femme qu'on avait vue jusqu'alors sans vive gaieté, mais sans mélancolie sombre, fut saisie d'une tristesse inattendue qu'elle s'efforça vainement de dérober à la clairvoyance de son vieil ami. Ses yeux se cernèrent ; le limpide éclat de son beau regard s'altéra. Les occasions de se distraire qu'elle n'avait jamais recherchées, mais qu'elle avait acceptées pourtant, elle les fuyait maintenant comme un danger, avec une sorte d'épouvante. L'abbé lui-même l'effarouchait : elle paraissait vouloir se dérober à sa curiosité. L'abbé l'épiait avec inquiétude. Il avait pensé d'abord que c'était l'absence d'Hector qui la troublait ainsi; cependant Gabrielle ne parlait de son mari qu'avec une affection sereine; ce n'était point là le langage de l'amour souffrant et blessé. Que se passait-il dans ce cœur si calme jusque-là ? Après l'avoir interrogée inutilement, le bon abbé finit par conclure qu'il en est des âmes les plus pures comme des sources les plus claires : on ne sait jamais bien ce qui se cache au fond.

Les choses en étaient là, le jour où mademoiselle Armantine se rendit à la noce en berlingot avec Irène. Le soir du même jour, madame de Valcreuse, soit qu'elle se sentit fatiguée de sa promenade à travers champs, soit qu'elle eût besoin de solitude, s'était retirée de bonne heure dans son appartement.

Elle resta longtemps au balcon, écoutant les mélodies confuses qui s'élèvent dans les campagnes aux approches de la nuit. Elle vit le soleil s'abîmer dans un océan de verdure, les étoiles s'allumer une à une au ciel, la lune monter lentement derrière les grands bois.

Triste, inquiète, agitée, on eût dit qu'elle pressentait quelque chose d'étrange et de fatal près d'éclater dans sa destinée.

Au bout d'une heure de contemplation, elle se jeta sur son lit et s'abandonna au courant d'une rêverie silencieuse. Vers quelles régions se dirigeaient ces rêves? quel rivage les attirait? L'abbé lui-même, si clairvoyant, n'avait pu découvrir leurs traces mystérieuses.

Gabrielle fut doucement ramenée sur la terre par deux bras caressants; c'étaient les bras d'Irène qui revenait de la fête, encore émue et toute palpitante du plaisir qu'elle avait goûté.

VI

— C'est Irène ! c'est toi ! s'écria la jeune femme dans une effusion de tendresse où perçait un sentiment de délivrance, comme si la présence de sa cousine l'eût arrachée à de dangereuses images. Assieds-toi là, près de moi, et causons. Que de choses ne dois-tu pas avoir à me dire !

— J'ai d'abord à te dire que je t'aime, répliqua la jeune fille en lui jetant ses bras autour du cou. Cela n'est pas nouveau ; cependant je crois t'aimer ce soir plus tendrement que je n'ai jamais fait. Ne m'en remercie pas, car ce soir j'aime tout le monde. Je viens d'embrasser l'abbé, que j'ai rencontré dans la cour. Allez, jeune folle ! m'a-t-il dit. Je me suis échappée en riant, et me voici.

— Heureuse enfant, reste longtemps ainsi; la gaieté est la sagesse de ton âge. Mais parle-moi de cette fête, ajouta Gabrielle avec empressement, moins par curiosité que pour dissiper les fantômes qui l'obsédaient. Raconte-moi tes triomphes, dis-moi les louanges que tu as recueillies : dis-moi tout, je veux tout savoir.

— Si j'ai recueilli des louanges, je ne m'en souviens plus, et pourtant je ne pense pas être jamais revenue d'une fête avec un cœur si content, si joyeux. Pourquoi? Peut-être pourras-tu me l'apprendre.

— A quoi bon, cousine? Si ton cœur est joyeux,

n'en demande pas davantage. Il n'est de joie sans mélange que celles qu'on ressent et qu'on n'explique pas. Le bonheur est une ombre craintive qui s'enfuit lorsqu'on l'observe de trop près. Mais parle, parle-moi, n'omets aucun détail : je ne hais plus les bruits du monde, quand c'est ta douce voix qui les apporte à mon chevet.

— C'est tout un roman, dit Irène.

— Tant mieux, dit Gabrielle, j'aime les romans.

Irène ne se fit pas plus longtemps prier.

Assise sur le bord du lit, près de madame de Valcreuse, elle était encore en toilette de bal, telle absolument que nous l'avons vue le matin ; seulement, l'émotion du plaisir enflammait son visage d'un lumineux reflet. L'azur de ses yeux était plus chaud, sa beauté brillait d'un plus vif éclat. Elle avait sur ses joues et dans son regard l'ardeur virginale et l'animation d'une Diane chasseresse. Gabrielle l'écoutait avec complaisance, et, tout en l'écoutant, s'amusait à dénouer ses cheveux, tressés avec des perles. Cette scène était éclairée par la douce lueur d'une lampe d'albâtre, suspendue au plafond. Ainsi posées, les deux cousines formaient un groupe charmant qui se détachait à merveille sur le fond de l'ameublement, tout à la fois élégant et sévère. La tenture était de lampas rouge grenat, quelques meubles de Boule étincelaient dans la pénombre. Le marbre de la cheminée n'avait pour ornement que deux vases de vieux japon, remplis de fleurs et de bruyères. Enfin une bibliothèque de chêne sculpté donnait un caractère de recueillement studieux à cette retraite que Gabrielle, après le départ de son mari, s'était arrangée dans la partie la plus reculée du château, afin de suivre en paix ses goûts de rêverie, de solitude et de liberté.

— La belle journée! dit Irène. Troublée par la pensée que j'allais me distraire et m'amuser sans toi, en te quittant j'ai voulu d'abord être triste; mais après un quart d'heure au moins d'inutiles efforts, désespérant d'y réussir, j'ai fini par m'abandonner sans résistance au sentiment de joie qui m'inondait dans tous les replis de mon être. Que veux-tu? Jusque-là je n'avais jamais senti si vivement le prix de l'existence. Le parfum des haies, le vent frais du matin, le printemps partout, en moi, autour de moi, mieux encore la perspective des violons, tout m'enivrait, tout me ravissait; les oiseaux chantaient des airs de menuet et les arbres dansaient sur le bord du chemin. Il n'y avait sous le ciel qu'une créature plus heureuse que moi, c'était mademoiselle Armantine; seulement, la crainte qu'un choc imprévu ne dérangeât l'économie de sa coiffure altérait un peu la sérénité de son âme. A cela près, elle était radieuse et me représentait le bonheur se prélassant sur les coussins d'un berlingot. Exaltée par sa robe de damas de Gênes qui lui rappelait de trop chers souvenirs, elle ne tarda pas à entamer un récit bien connu; tandis qu'elle parlait, j'écoutais avec ivresse je ne sais quelles voix confuses et charmantes qui gazouillaient doucement dans mon sein. Cependant, il était l'heure de midi : ardent comme en un jour de juin, le soleil embrasait le sentier que les chênes tardifs n'abritent pas encore. Chargé d'aromes énervants, l'air m'arrivait par chaudes bouffées ; la voiture roulait sans bruit sur le gazon, et mademoiselle Armantine racontait toujours ses histoires. Si bien que moi, la folle Irène, qui ne rêve jamais que la nuit, je tombai peu à peu dans une rêverie profonde. Insensiblement mes yeux se fermèrent ; ma tête se pencha sur mon épaule, et la main qui jouait avec mon éventail tomba languissamment sur le velours de la portière.

— Allons, sois franche, dit Gabrielle, tu t'es endormie ?

— Entre nous, reprit Irène, ce que j'éprouvais n'était pas sans quelques rapports humiliants avec ce doux état qu'on nomme le sommeil. Je fus tirée de là par un cahot épouvantable, juste au moment où le chevalier de R... et le marquis de C... venaient d'être emportés par le même boulet. Le saisissement et la confusion que je laissai voir passèrent heureusement pour l'effet de l'émotion. Je me frottai les yeux ; mademoiselle Armantine, qui s'en aperçut, pensa que j'essuyais une larme : elle m'en sut gré. Ce qui te paraîtra moins plaisant, c'est qu'au bout d'une heure, je découvris que mon éventail s'était échappé de mes doigts pendant que je sommeillais : je m'assurai qu'il n'était pas dans la voiture. Juge de mon chagrin. J'aimais cet éventail. C'était une merveille, un vrai bijou, un présent d'Hector. Je voulus faire arrêter les chevaux, aller à la recherche de mon trésor perdu, et j'y serais allée, les pieds dans la rosée, la tête sous le soleil, si mademoiselle Armantine, qui brûlait d'arriver à la fête, n'eût jeté les hauts cris et déclaré tout net qu'il était insensé de vouloir retrouver un objet si menu dans une lieue d'ajoncs et de genêts. Dès lors, ce fut fini pour moi de tout plaisir, car cet éventail, disais-je en pleurant, c'est mon frère Hector qui me l'avait donné.

— Va, tu es une aimable fille, aussi bonne que belle, dit la jeune femme en l'attirant brusquement sur son cœur.

— Le fait est que je pleurais, poursuivait Irène en se dégageant des bras qui l'enlaçaient. Mademoiselle Armantine avait beau me promettre, pour le jour de mes noces, son plus bel éventail, chef-d'œuvre de Lancret, cela ne me consolait guère. Je pleurais, je maudissais la fête, quand tout à coup parut à la portière un jeune cavalier qui retenait d'une main l'ardeur de sa monture et de l'autre me présentait le cher éventail que je n'espérais plus revoir. Je n'eus que le temps de m'en saisir avec un cri de joie; le cavalier était déjà loin, quand je songeai à le remercier. — Oh! Mademoiselle, m'écriai-je, avez-vous vu le beau jeune homme? — Bien qu'il eût passé comme un éclair, mademoiselle Armantine avait été frappée, comme moi, de son grand air et de sa bonne grâce. Certes, l'aventure n'avait rien d'étrange et pouvait s'expliquer sans efforts de réflexion; pourtant mademoiselle Armantine, dont tu connais l'imagination vive et tendre, n'hésita pas à voir dans cet incident si simple, le premier chapitre de quelque merveilleuse histoire. Moi-même, faut-il te l'avouer? je n'étais pas éloignée de partager son avis, et, pendant le reste de la route, nous nous perdîmes en conjectures pour deviner qui pouvait être ce mystérieux étranger.

— Eh bien ! demanda Gabrielle, qu'as-tu deviné ?

— Rien, répondit Irène, sinon qu'il était jeune et beau, et de noble race à coup sûr. Quelque chose me disait qu'il se rendait à la fête où nous allions. J'avais cessé de maudire cette fête en retrouvant mon éventail. Enfin, au bout d'une longue avenue de peupliers, nous aperçûmes un joli château dont les tourelles, les clochetons et les campaniles se découpaient sur le bleu vif du ciel. C'était là ! nos cœurs s'épanouirent. Je regardai mademoiselle Armantine : elle était belle, elle avait vingt ans. A mesure que nous approchions, je croyais entendre le son des instruments ; à travers le rideau des feuilles nouvelles, je croyais voir errer des groupes d'ombres souriantes. Notre berlingot s'arrêta fièrement au pied du perron, et les maîtres du lieu, accourus pour nous recevoir, nous introduisirent dans la salle de bal, où l'on ne dansait pas encore, mais où se trouvait réunie la noblesse des environs. Au nom de mademoiselle de Valcreuse, la foule s'ouvrit avec respect, et la sœur d'Hector fit une entrée si solennelle, si majestueuse, si royale en un mot, qu'on eût dit la reine de France visitant un de ses grands vassaux. Je la suivais comme une yole dans le sillage d'un navire à trois ponts. Je pris place auprès d'elle, et j'observai les physionomies en attendant le signal de la danse. Je n'eus pas de peine à remarquer que la réunion avait un caractère étrange. Les hommes s'entretenaient avec chaleur. Une ardente préoccupation, qui n'était pas celle du plaisir, se trahissait sur tous les visages ; une sombre inquiétude se révélait dans tous les discours.

— On parlait des affaires publiques. Que disait-on ? demanda Gabrielle.

— Décidément, cousine, il se passe là-bas de vilaines choses, et l'on ne s'amuse guère à la cour. On disait, par exemple, que le roi n'est plus maître chez lui ; on parlait d'une coalition de trente mille gentilshommes angevins et poitevins tout prêts à marcher sur Paris. On parlait surtout du parti de l'émigration, que blâment les uns, que les autres approuvent. On parlait aussi de la mort de M. de Mirabeau, de la constitution civile du clergé, de bien d'autres choses encore ; seulement, on ne parlait pas de danser. Hélas ! j'ai le pressentiment que la danse sera tuée par la politique. L'ennui, comme une pluie fine et glacée, commençait à me pénétrer jusqu'aux os, quand je découvris, à l'autre extrémité du salon, mon jeune cavalier, que je ne cherchais plus, et que j'avais, ingrate, à peu près oublié. Je le reconnus, c'était lui. Isolé dans la foule, il se tenait debout dans l'embrasure d'une fenêtre, et promenait sur l'assemblée un regard distrait et rêveur. Il paraissait ne connaître personne ; on eût dit que personne ne le connaissait. Il était là triste et beau, noble et fier, tel que je l'avais deviné.

— Ah ! cousine, cousine ! s'écria Gabrielle en

souriant ; voilà, je le crains bien, un cœur perdu pour un éventail retrouvé.

— Quelle folie ! répondit Irène. Je l'examinais avec un sentiment de curiosité où se mêlait naturellement un peu de reconnaissance, quand son regard rencontra le mien. Il sourit, hésita, fit vers moi quelques pas ; mais, en cet instant, violons, flûtes et flageolets mirent la politique en déroute ; un brusque mouvement s'opéra dans la salle, et mon jeune inconnu disparut encore une fois. Seulement j'entendis le vieux marquis de S... qui lui disait en essayant de le retenir : — Gustave, vous ne dansez pas ? La danse est pourtant de votre âge.

— Gustave ! s'écria Gabrielle avec un tressaillement presque imperceptible de surprise et d'effroi ; tu dis qu'il se nomme Gustave ?

— Je devais le croire, répliqua la jeune fille, puisqu'on venait de le nommer ainsi.

— Mais, mon enfant, ajouta madame de Valcreuse, se passionnant tout à coup pour ce récit qu'elle avait écouté jusque-là avec assez d'indifférence ; tu ne m'as pas fait son portrait ?

— Grand, mince, élancé, dit Irène ; le front pâle, les lèvres fines, le nez des races royales ; le costume élégant et simple ; dans toute sa personne, une grâce souffrante et voilée.

— Et tu dis qu'il se nomme Gustave ? répéta Gabrielle de plus en plus troublée.

— Sans doute ; que vois-tu d'étonnant à cela ? demanda la belle enfant avec ingénuité. Ajoute que sa voix est douce comme la tienne.

— Il t'a parlé ? tu sais le nom de sa famille ? demanda madame de Valcreuse avec une anxiété croissante.

— Conviens, cousine, que mon petit roman t'intéresse. Un peu de patience ; à ton tour, tu vas tout savoir. Le bal touchait à sa fin ; mademoiselle Armantine se préparait à le fermer par un de ces menuets imposants qui prouvent suffisamment que la danse est un passe-temps moins frivole que la calomnie ne se plaît à le faire croire. La chaleur était accablante ; j'entr'ouvris discrètement une fenêtre qui donnait de plain-pied sur la terrasse, et, profitant, pour m'esquiver, du moment où mademoiselle Armantine captivait l'attention générale, j'allai respirer l'air du soir. Le ciel était clair, la terrasse déserte...

— Abrége, dit Gabrielle l'interrompant; ne te perds pas dans les détails. Te voilà sur la terrasse ; la terrasse est déserte; pourtant, si déserte qu'elle soit, tu rencontres le jeune étranger.

— Oui, reprit Irène, et je ne saurais dire comment la chose advint, en nous abordant, nous étions amis déjà. C'est à peine s'il fut question de mon éventail qu'il avait trouvé, comme un papillon blessé et les ailes ouvertes, sur une touffe de genêts. Il m'apprit qu'arrivé de Paris depuis quelques jours seulement pour recueillir un héritage, il ne connaissait que le marquis de S..., qui l'avait amené à cette fête malgré lui. Je lui demandai s'il avait l'intention de se fixer dans le Bocage. Il répondit qu'ayant assisté à la ruine de ses plus chères espérances, il ne formait plus de projets; que d'ailleurs, dans ces mauvais jours, nul ne pouvait prévoir où l'entraînerait le vent déchaîné sur la France. Je trouvais un grand charme à ce qu'il disait, et je crois bien que, de son côté, il prenait plaisir à m'entendre. Tout en causant, nous nous étions assis l'un près de l'autre sur un mur d'appui tapissé de lierre. Les étoiles brillaient au-dessus de nos têtes, et la lune, qui se levait...

— Laisse la lune se lever, mon enfant. Le nom de sa famille, enfin, te l'a-t-il dit?

— Oh! rassure-toi, répondit Irène, se méprenant complétement sur l'inquiétude de Gabrielle. Je ne m'étais pas trompée; il est de bonne maison. Sa tante, qui vient de mourir en lui léguant ses biens, avait une charge à la cour; son père était le comte de Kernis. Les terres et le château dont il a hérité sont situés dans le Marais : il est presque notre voisin. Admire les coups du sort ! M. de Kernis a une lettre pour mademoiselle Armantine. Il était résolu d'abord à l'envoyer. Il a changé d'avis, il viendra, et je crois pouvoir affirmer, sans trop d'orgueil et de vanité, que je suis pour quelque chose dans sa nouvelle résolution.

— Il viendra! répéta madame de Valcreuse, dont le front s'était couvert d'une pâleur mortelle.

— Demain, il l'a promis. Avais-je raison tout à l'heure, et n'est-ce pas en effet un roman? Le bal était fini; nous nous dîmes adieu, et je rentrai dans la salle, où mon absence n'avait pas été remarquée. Une heure après, le berlingot roulait le long des haies, nous emportant vers Valcreuse, mademoiselle Armantine et moi : elle, encore toute frémissante de son dernier menuet; moi, tout émue d'un bonheur sans nom, fraîchement éclos dans mon âme. Soudain, à la portière où j'étais accoudée, j'aperçus M. de Kernis, qui revenait par le même chemin. Il ralentit le pas de sa monture et se tint à côté de moi. Pas un mot ne fut échangé; mais nos regards se rencontraient et nos cœurs se parlaient tout bas. Mademoiselle Armantine dormait; nous étions quittes. Ce que je ne comprends déjà plus, c'est le profond oubli de toutes choses dans lequel je passai ainsi près d'une heure. Il me semblait que nous devions aller de la sorte jusqu'au bout du monde, et que la vie n'était qu'un long voyage, avec un beau jeune homme chevauchant à la portière. Cependant la route devenait tellement étroite, que j'entendais le bruit de la roue rasant l'acier de l'étrier. Il y avait des moments où M. de Kernis était si près de moi, que j'aurais pu caresser l'encolure de son cheval, bel animal à la robe d'ébène que la lune argentait. Te l'avouerai-je? j'en eus la fantaisie. Je résistai d'abord, enfin, je succombai; mais, comme j'avançais timidement une main furtive, M. de Kernis la saisit, la baisa, et, ce qu'il y a de plus triste à dire, c'est que cela ne me fit pas de peine. En cet instant, mademoiselle Armantine se réveilla, et M. de Kernis disparut comme une ombre au détour du sentier. Mais qu'as-tu donc, Gabrielle? Tu parais distraite; tu souffres; tu ne m'écoutes pas.

— Non, mon enfant, non, je ne souffre pas; je t'écoute.

— C'est donc que mon babil te fatigue et t'ennuic? Tu m'avais recommandé de n'omettre aucun détail : je n'ai rien omis, j'ai tout dit.

— Tu m'as intéressée plus vivement que je ne saurais l'exprimer et que tu ne pourrais le croire; mais l'air est embrasé et l'on étouffe ici. On dirait une nuit d'orage.

— Vois au contraire quelle nuit enchantée ! s'écria la jeune fille entraînant sa compagne sur le balcon. Vois que le ciel est pur, que les champs sont paisibles ! Quel calme ! quel silence ! quelle sérénité ! Tu avais raison, l'autre jour : oui, mon Dieu, la nature est bonne. Tiens, si j'ai bien saisi les indications de M. de Kernis, c'est là-bas qu'il habite, où finit le Bocage, où le Marais commence. Il doit être rentré, car son cheval allait comme le vent. Demain, s'il ne s'égare pas, il débouchera par ce petit sentier que la lune blanchit, et qui court si gaiement à travers la verdure. J'ai toujours aimé ce sentier. La brise est fraîche et souffle du côté du levant; demain, comme aujourd'hui, la journée sera belle. Cela ne te contrarie pas, au moins, que j'aie attiré ce jeune homme au château? Dans la solitude et la monotonie où notre vie s'endort, il sera pour nous une distraction. L'abbé n'est pas tous les jours amusant; mademoiselle Armantine aurait besoin de quelques histoires de rechange. M. de Kernis arrive de Paris ; il nous donnera des nouvelles. J'ai l'idée qu'il te plaira. J'oubliais de te dire que la renommée de M. de Valcreuse est allée jusqu'à lui. Il le savait absent; il ne le savait pas marié...

— Tu lui as parlé de moi ! s'écria la jeune femme avec un redoublement de terreur.

— J'ai dit tout simplement que j'étais ta cousine ; que je t'aimais, que nous vivions avec mademoiselle Armantine comme trois sœurs sous le même toit. Ai-je eu tort? A ton tour, parle-moi : qu'as-tu fait de ces heures si charmantes, si rapides pour moi ?

— Toutes les heures de ma vie se ressemblent, et je n'ai rien à raconter.

— Quand je suis entrée, tu rêvais, tu pensais à notre cher Hector. Pourquoi ne revient-il pas? pourquoi l'as-tu laissé partir? Va, tu n'es pas seule à pleurer son absence. Il est si bon ! c'est un si noble cœur ! Je comprends que tu l'aimes avec adoration. Sans lui, où serions-nous? dans une étroite cellule, aux Ursulines de Machecoul. Tout à l'heure, en apercevant à la lueur des étoiles l'ancienne habitation de madame de Presmes, juste au moment où mademoiselle Armantine venait, en s'éveillant, de faire envoler M. de Kernis, je me suis rappelé tous les détails de notre délivrance. Que le bonheur se plaît au souvenir de la douleur passée ! qu'il est doux de revoir, le sourire sur les lèvres, les lieux où l'on a souffert, de suivre en chantant le chemin qu'on a longtemps mouillé de ses larmes ! J'aurais voulu pouvoir descendre de voiture, ouvrir la grille, monter les degrés du perron, aller m'asseoir dans notre embrasure de fenêtre ; enfin j'aurais voulu m'égarer dans ce parc où nous avons promené tant d'ennuis, d'où nous sommes sorties un soir si joyeuses et si légères. Ah ! quel jour de printemps, si ce n'est celui-ci, valut jamais pour moi ce doux soir de novembre ! Tous les incidents de cette soirée me revenaient en mémoire. L'arrivée d'Hector précédé de ses chiens, son attitude, celle de la marquise, le revirement de notre destinée, notre départ, le trajet fait à pied, la carriole du monastère qui s'en retournait comme une cage vide, la jolie révérence que je tirai à madame la supérieure en me rangeant pour la laisser passer, je revoyais, je retrouvais tout : et mon âme s'exhalait vers Hector en hymnes de reconnaissance. C'est à lui, disais-je avec ivresse, c'est à lui que je dois ma chère liberté !

Irène parla longtemps sans être interrompue ; madame de Valcreuse n'écoutait plus son frais ramage. Irène, de son côté, remarquait à peine le trouble de sa cousine, tant est déjà profond l'égoïsme d'un jeune cœur qui vient de s'entr'ouvrir à l'amour, tant il suffit à remplir le monde, cet amour qui ne fait que de naître et ne se connaît pas encore !

Cependant la nuit avait franchi depuis près de trois heures la moitié de sa course. L'horizon achevait de ronger le disque bruni de la lune ; l'haleine du matin agitait la cime des arbres ; déjà, dans les fermes prochaines, les coqs avaient averti le jour.

— Mon enfant, dit enfin madame de Valcreuse, il faut nous séparer ; l'aube va poindre et tu dois avoir besoin de repos.

— L'aube ! s'écria la jeune fille dans un vif

transport d'allégresse ; déjà l'aube ! déjà le jour !
Ainsi, nous sommes à demain ; ainsi, demain c'est
aujourd'hui !

— Va te reposer, mon enfant, ajouta madame
de Valcreuse ; je vais moi-même essayer de dormir.
Décidément, je ne suis pas bien ; tu ne te trompais pas tout à l'heure.

— Tu souffres ; j'en étais sûre. Mais, cousine,
tes mains sont glacées, et tu as sur les joues la
pâleur de la mort ! reprit avec sollicitude Irène,
qui, en s'approchant de Gabrielle pour l'embrasser, avait été frappée de l'altération de ses
traits.

— Ce n'est rien ; un peu de malaise causé par le
retour du printemps. Va, mon enfant, et que Dieu
t'envoie de doux songes !

A ces mots, les deux cousines s'embrassèrent,
et Irène gagna d'un pied léger son appartement.
Elle se déshabilla lentement, en souriant avec délices à sa gracieuse image qui se reflétait dans la
glace d'une toilette à la duchesse : à voir ses naïfs
enchantements et son trouble ingénu, on eût dit
qu'elle assistait à la première révélation de sa
jeunesse et de sa beauté. Elle s'endormit aux bruits
du matin, fraîches rumeurs, confuses mélodies,
qui semblaient répondre aux voix mystérieuses
nouvellement éveillées dans son sein.

Que faisait cependant madame de Valcreuse ?

Assise sur le bord de son lit, blanche, froide,
immobile, les bras croisés sur sa poitrine, on aurait pu la prendre pour une statue représentant
tout à la fois la stupeur et le désespoir.

Elle resta longtemps ainsi.

— Gustave de Kernis ! murmura-t-elle enfin.

A ce nom, prononcé d'une voix mourante, tout son corps frissonna.

— M. de Kernis ! reprit-elle ; ici.... dans quelques heures.... chez mon mari ! chez moi !

Et, par un brusque mouvement d'épouvante, elle cacha sa tête entre ses mains.

L'aube blanchit le ciel ; les étoiles pâlirent ; le soleil se leva.

Madame de Valcreuse était encore à la même place.

VII

M. de Kernis avait grandi dans la dernière période du dix-huitième siècle. Il appartenait à cette jeune génération qui, sans posséder, comme la nôtre, l'intelligence de la liberté, sans avoir deviné la mélancolie qui était déjà pour l'Allemagne, et devait être plus tard pour l'Angleterre, un fonds si riche de poésie, prenait cependant au sérieux la passion et la liberté, semblait pressentir toutes les idées, tous les instincts, toutes les conquêtes politiques du siècle suivant, et s'efforçait d'effacer, par la gravité de ses mœurs, par l'austérité de son langage, la conduite licencieuse, les propos impies de la génération qui l'avait précédée. A cette époque, les vrais enfants étaient les vieillards ; les hommes vraiment dignes de ce nom ne se rencontraient guère que dans les rangs de la jeunesse. Montesquieu avait retrouvé les titres égarés de l'humanité; Jean-Jacques avait retrouvé l'amour enfoui sous le fumier de la Régence. A ces deux sources vives, les fils avaient lavé la souillure imprimée sur leurs fronts par la débauche et l'incrédulité de leurs pères ; c'avait été pour eux un baptême régénérateur. Ces deux grands génies avaient suscité toute une légion d'esprits élevés, de cœurs généreux, pénétrés de leurs principes, animés de leur ambition, dévoués comme eux à la sainte cause de la justice. La *Nouvelle Héloïse*, surtout, comptait presque autant de prosélytes que de lecteurs. On relisait, on méditait les pages brûlantes ou austères de cette immortelle correspondance, comme les versets d'un nouvel évangile ; on s'étudiait à modeler sa conduite, sa pensée, sa parole sur l'amant de Julie.

M. de Kernis avait vingt-trois ans, mademoiselle de Presmes en avait seize, lorsqu'ils se rencontrèrent pour la première fois. Ils paraissaient formés l'un pour l'autre. Par l'élévation naturelle de son cœur et de son esprit, mademoiselle de Presmes appartenait, elle aussi, à cette génération d'élite digne de naître en des temps meilleurs, et qui fut entre le passé et l'avenir, entre le siècle près de finir et l'ère nouvelle près de commencer, comme un anneau brisé, comme un pont rompu emporté en un jour d'orage. Plus grave, plus sérieuse à seize ans que ne l'étaient alors, que ne le sont encore aujourd'hui la plupart des femmes à tout âge, Gabrielle avait étudié de bonne heure à une école qui, pour ne relever d'aucune université, n'en est pas moins féconde en enseignements de tout genre. Elle sortait à peine de l'enfance lorsqu'elle avait perdu sa mère. Un an plus tard, elle avait vu son père presque sexagénaire, sans respect pour les cendres à peine refroidies, choisir une seconde femme dont le caractère n'excusait pas une pareille témérité. On connaît madame de Presmes; on se souvient de l'avoir vue à l'œuvre; on peut se faire aisément une idée de ce que dut être près d'elle l'existence de Gabrielle. Il est bien rare qu'entre une jeune fille et une belle-mère presque aussi jeune qu'elle, la vie puisse être longtemps calme et paisible, et cette fois madame de Presmes, par la sécheresse de son cœur, rendit la vie commune encore plus difficile.

Séparée de son père, qu'une folle passion absorbait tout entier, Gabrielle avait achevé de grandir dans la solitude. Livrée à elle-même, au lieu de semer ses pensées dans les conversations oisives, elle avait amassé des trésors de réflexion et contracté cette habitude de réserve et de silence qui devait exercer sur sa destinée une action si funeste. Ses sentiments, refoulés sur eux-mêmes, ne trouvant pas à s'épancher, avaient développé en elle une disposition romanesque, un attendrissement sans objet; obligée d'appeler l'imagination au secours de la réalité, elle avait fréquenté le monde des chimères; sans le chercher, elle avait entrevu le sentier de la rêverie, aujourd'hui si frayé, si battu, alors ignoré du vulgaire, où Jean-Jacques seul avait laissé l'empreinte de ses pas. Elle était, à seize ans, dans l'épanouissement de sa jeunesse et de sa beauté : jeunesse ardente et contenue tout à la fois ; beauté sévère, je l'ai déjà dit, qui ne répondait pas au goût de l'époque, mais qui s'accordait merveilleusement avec les principes de M. de Kernis.

Noble et fier, réunissant en lui toutes les ardeurs de son âge, tempérées par cette sorte de gravité américaine qu'affectait alors la jeune noblesse de France ; trop intelligent, trop épris des idées nouvelles pour croire à l'éternelle durée des institutions au milieu desquelles il avait été élevé ; trop généreux, trop richement doué pour voir sans dédain, sans dégoût, ce qui s'était appelé passion sous le règne de Louis XV ; disciple fervent de Jean-Jacques Rousseau, poussant jusqu'au culte le respect de la femme, jusqu'au fanatisme le culte de l'amour ; cœur enthousiaste, âme sincère et tourmentée, à la recherche d'une Julie d'Étanges : tel était M. de Kernis, quand le hasard l'introduisit dans le cercle où vivait le marquis de Presmes. C'est ainsi que M. de Kernis et Gabrielle se rencontrèrent.

Ils s'aimèrent : comment eût-il pu en être autrement ? Jeunes et beaux tous deux, égarés, solitaires dans une société frivole et corrompue, ils pressentirent l'un dans l'autre le type idéal qu'ils avaient rêvé ; ils devinèrent l'un dans l'autre tous les nobles instincts, toutes les chastes ambitions dont ils avaient nourri leurs pensées. Ainsi deux flammes inquiètes, dégagées d'un marais impur, se cherchent pour se confondre ; ainsi deux cygnes voyageurs se reconnaissent aussitôt à la blancheur de leurs ailes, et tendent à se rapprocher pour aller s'abattre ensemble sur un rivage préféré. Ils s'aimèrent : comment auraient-ils pu ne pas s'aimer ? Ils avaient poursuivi les mêmes rêves, caressé les mêmes espérances ; ils brûlaient du même feu ; la même soif dévorait leurs lèvres. Tous deux croyaient également à l'amour, au bonheur, à la durée des promesses, à l'inviolable sainteté des serments. Comment donc, en effet, ne se fussent-ils pas aimés ? Ils s'aimèrent, fatalement, irrésistiblement attirés.

Entre les cœurs sincères, les débuts de la passion se ressemblent toujours. C'est éternellement le même poëme mystérieux et charmant, chanté par des voix nouvelles ; l'accent varie, mais le sens divin de la mélodie ne saurait varier. A quoi bon raconter comment mademoiselle de Presmes et M. de Kernis, après s'être sentis attirés l'un vers l'autre, s'avouèrent enfin qu'ils s'aimaient ? Ceux qui ont vécu consulteront leur mémoire : plus heureux cent fois ceux qui n'ont pas encore de souvenirs !

Ces deux enfants en étaient encore aux préludes de la passion, premiers enchantements de l'âme qui s'éveille et des sens qui s'ignorent ; ils n'avaient pas même songé à se demander ce qu'ils espéraient, ce qu'ils voulaient, ce que la destinée réservait à leur tendresse, lorsque madame de Presmes surprit le secret de leur mutuel entraînement. Jusque-là madame de Presmes n'avait vu dans sa belle-fille qu'un devoir importun à remplir ; dès lors, elle comprit qu'elle avait une rivale à redouter. Soit que le spectacle de l'amour pur et désintéressé l'irritât en l'obligeant à faire un retour humiliant sur elle-même, soit qu'elle sentît au fond de son cœur pour M. de Kernis un goût que le vieux marquis n'était guère en mesure de combattre victorieusement, soit enfin qu'elle devinât dans l'amant de Gabrielle un homme capable de contrarier ses projets sur la fortune de son mari, elle résolut de briser à tout prix ce bonheur naissant. Elle réussit sans peine à présenter à M. de Presmes les relations de ces deux jeunes gens sous le jour qui devait servir son dépit ou ses intérêts. Le fait est que le jeune vicomte, en hostilité ouverte avec son père, à cause de ses opinions, qui passaient alors pour téméraires, était pauvre, et ne pouvait offrir à Gabrielle, pendant de longues années, qu'un avenir incertain ; le marquis, pour lui fermer sa porte, n'en demanda pas davantage ; toutefois, avant de se séparer, M. de Kernis et Gabrielle trouvèrent moyen de se revoir. Dans cette dernière entrevue, ils se jurèrent une fidélité mutuelle, et se promirent d'attendre avec résignation des jours meilleurs. Hélas ! les jours meilleurs, quand donc arrivent-ils ? La vie se passe à les attendre.

Le véritable amour croît dans la douleur, et se fortifie dans l'absence ; les larmes qu'il répand sont la rosée céleste qui entretient son éclat et sa vie : c'est du moins ce qui se passa chez Gabrielle. Retombée dans l'isolement, Gabrielle remplit sa solitude de l'image adorée. Dans son désespoir, M. de Kernis avait quitté Paris et la France. Pour comble d'infortune, moins prévoyants que Saint-Preux et Julie, ces deux enfants n'avaient pas songé, dans le trouble des derniers adieux, à se ménager la suprême consolation des amants séparés par le sort. M. de Kernis écrivit pourtant ; mais, interceptées par la vigilance de la marquise, ses lettres restèrent naturellement sans réponse. Qu'importait à mademoiselle de Presmes le silence de son amant ? Sa passion se suffisait à elle-même ; elle brûlait de sa propre flamme et n'avait pas besoin d'aliment. Les lettres de M. de Kernis, Gabrielle les lisait dans son cœur. Elle était jeune, elle avait la foi, cette compagne inséparable du premier amour, qui s'éteint et meurt avec lui, mais qui ne renaît pas, comme lui, de ses cendres. Elle croyait en M. de Kernis ; elle croyait en lui comme en Dieu ; elle eût vieilli loin de sa présence sans douter un instant de sa fidélité. Heureuse confiance de la jeunesse ! âge charmant, trop vite envolé ! Les joies et les plaisirs que nous goûtons plus tard, pâlissent et s'effacent au souvenir de tes souffrances.

Cependant, le marquis mourut. Près d'expirer, ses yeux se dessillèrent. Il comprit, mais trop tard, à quelles erreurs l'avait entraîné l'extravagance de sa passion : il avait dépouillé sa fille d'une façon irréparable. C'était peu de temps avant sa mort que M. de Presmes, plein de contradictions, avait recueilli sa nièce, orpheline, et déshéritée. Irène n'était alors qu'une enfant, trop jeune encore pour recevoir les confidences de sa cousine ; d'ailleurs, le caractère de Gabrielle se prêtait peu aux épanchements. Irène put ainsi ignorer l'existence et le nom de M. de Kernis, jusqu'au jour où elle le rencontra pour la première fois.

Madame de Presmes atteignait enfin le but de son ambition. Elle avait empêché le mariage de Gabrielle, tant que ce mariage pouvait nuire à ses intérêts. La mort la délivrait de son mari, la faisait riche et libre ; il ne lui restait plus qu'à se débarrasser de sa belle-fille et d'Irène. Ce fut alors que la marquise pensa aux Ursulines de Machecoul. Gabrielle résista d'abord ; elle ne résista plus quand madame de Presmes lui annonça le mariage de M. de Kernis et lui fournit les preuves qui devaient la convaincre. Et pourtant, Gabrielle doutait encore ! Elle demanda un an de répit. L'année s'écoula, rien ne vint réveiller la foi dans son cœur foudroyé.

Ainsi, le doute n'était plus permis, tout venait à l'appui des preuves accablantes produites par madame de Presmes. M. de Kernis était marié ! Au mépris des serments échangés à la face du ciel, il avait disposé d'un cœur et d'une main qui ne lui appartenaient plus ; le nom qu'il avait promis à Gabrielle, une autre femme le portait. Gabrielle avait mis en M. de Kernis tout son espoir et sa vie tout entière ; elle avait personnifié en lui l'honneur, la loyauté, toutes les nobles vertus qui font de l'homme l'image de Dieu sur la terre. Que lui importait désormais de vivre au sein du monde ou dans la solitude ? Pour elle désormais, la solitude était partout. Pas un reproche ne sortit de son sein, pas une plainte de ses lèvres. Tous ses rêves étaient brisés, toutes ses illusions détruites. Morte à toutes choses, trop pure et trop fière pour essayer de bâtir sur les ruines, il ne lui restait plus qu'à s'ensevelir vivante dans sa douleur.

Eh bien ! elle doutait encore ; sous la certitude qui l'écrasait de toutes parts, l'infortunée se débattait encore !

— O mon amour ! ô ma vie ! disait-elle, est-il donc vrai que vous m'ayez trompée !

Elle se rappelait les dernières paroles de M. de Kernis ; la foi agonisante refusait de mourir dans son cœur.

— Un jour ! encore un jour ! disait-elle à madame de Presmes qui pressait son départ ; un jour encore ! je partirai demain.

Tous les bruits du dehors la faisaient tressaillir. Appuyée dès le matin sur le balcon de sa fenêtre, elle plongeait dans la foule un regard avide ; elle croyait, dans chaque cavalier, reconnaître M. de Kernis ; à chaque instant il lui semblait qu'elle allait le voir paraître, se précipiter à ses pieds, embrasser ses genoux en lui donnant les noms les plus tendres. Chaque matin, en s'éveillant, il lui paraissait impossible que la journée pût s'achever sans ramener M. de Kernis, sans le ramener libre et triomphant.

Cependant, les semaines s'écoulaient sans amener aucun changement dans sa destinée. Victime résignée, n'attendant plus rien ici-bas, Gabrielle se mit à la disposition de sa belle-mère. Le cloître ne l'effrayait pas ; seulement elle s'en effrayait pour Irène.

VIII

On peut s'expliquer maintenant l'hésitation que Gabrielle laissa paraître, quand M. de Valcreuse lui offrit son nom ; on peut comprendre quel trouble, quel effroi dut jeter en elle cette offre inattendue. Elle savait M. de Kernis infidèle et marié ; mais, chez elle, cette conviction, tout en brisant la vie, n'avait pas tué l'amour. Si la passion n'existait qu'à titre d'échange, si nous n'aimions qu'à la condition d'être aimés, aimer serait trop doux et trop facile. Elle savait M. de Kernis infidèle, mais elle ne se croyait pas dispensée pour cela de rester fidèle à son désespoir. Pouvait-elle d'ailleurs accepter sans rougir la main de M. de Valcreuse ? Placée en face d'un homme loyal et généreux, pouvait-elle, sans mourir de confusion, abuser un cœur qui se donnait à elle tout entier ? Et cependant, quand Irène prit sa main et la mit dans celle d'Hector, Gabrielle ne la retira pas : elle se sacrifia pour Irène.

Trop jeune encore, trop vivace pour se résigner aisément à l'éternelle solitude, se laissa-t-elle entraîner à son insu vers de nouvelles espérances ? A son insu, pour excuser sa faiblesse, s'abrita-t-elle derrière une pensée compatissante ? Bien que les natures les plus droites et les plus honnêtes soient pleines de mystères et de détours, il vaut mieux croire que le sacrifice fut complet et sincère.

Gabrielle avait pour Irène une amitié peu commune ; incapable d'aimer à demi, elle s'était prise pour cette enfant d'une tendresse passionnée. Elle l'avait reçue des mains de sa mère mourante ; elle avait promis solennellement de veiller sur elle et de la protéger. Ce n'est pas tout : cédant à cette loi qui nous attire vers les dons que nous ne possédons pas nous-mêmes, elle l'aimait d'autant plus qu'elle lui ressemblait moins. Depuis plus d'un an qu'il était question pour elle d'entrer au couvent, elle avait vu la douleur de sa cousine, ses larmes, son effroi, son aversion profonde pour la vie monastique. Gabrielle se dit que si elle refusait le nom de M. de Valcreuse, Irène était perdue sans retour pour le monde, pour le bonheur ; le remords s'apaisa dans l'orgueil du dévouement.

Si elle eût aimé M. de Valcreuse, elle eût été peut-être arrêtée par la conscience de son infidélité ; mais, en lui donnant sa main, elle restait fidèle à son premier et à son unique amour. Enfin, ne croyant pas à la passion d'Hector, persuadée qu'il n'obéissait qu'à un mouvement de chevaleresque pitié, mademoiselle de Presmes put se dire, pour achever de se rassurer, qu'elle serait toujours en mesure de rendre l'affection qu'elle recevrait.

Dans l'ivresse du sacrifice, Gabrielle avait trop présumé de ses forces. Le lendemain, en se réveillant sous le toit de l'homme qu'elle avait accepté pour époux, aux prises avec la réalité, face à face avec sa position, elle fut frappée de stupeur. Le courage qui l'avait animée la veille s'affaissa ; malgré son amitié pour Irène, elle oublia le but de son dévouement pour ne plus songer qu'à sa détresse. Elle vit son amour se dresser devant elle comme un fantôme courroucé ; elle sentit profondément ce qu'elle n'avait fait qu'entrevoir dans le trouble des premières heures, c'est que, parjure deux fois en même temps, elle allait justifier l'abandon de M. de Kernis et trahir la confiance de M. de Valcreuse, c'est qu'elle allait les tromper tous deux. Que résoudre, pourtant ? Reculer, il était trop tard. Pour rendre à sa conscience un peu de calme et de sécurité, Gabrielle prit avec elle-même l'engagement de tout révéler à M. de Valcreuse, avant de l'épouser, et de le faire juge de l'état de son cœur. De pareils aveux semblent faciles quand on a devant soi plusieurs jours de répit ; mais l'heure venue, la force manque, la résolution faiblit, la parole s'arrête sur les lèvres, et l'on ajourne encore une fois ce que l'on s'était promis d'accomplir. Décidée à la franchise, n'ayant plus à rougir à ses propres yeux, réhabilitée vis-à-vis d'elle-même, grâce au parti qu'elle venait de prendre, mademoiselle de Presmes s'abusa peu à peu sur le péril de son étrange situation. Chaque matin elle s'éveillait avec la ferme intention de tout dire ; chaque soir elle s'endormait sans avoir rien avoué. C'est ainsi que, de délai en délai, elle arriva au terme fatal. Quel aveu faire désormais ? L'aveu le plus complet, le plus franc, le plus absolu, pouvait-il réparer sa faiblesse et son imprudence ? Et lors même qu'elle eût parlé sans réserve, lors même qu'elle eût ouvert son cœur, que pouvait-elle espérer ? Elle eût inutilement troublé le repos de l'homme qui venait de l'associer à sa destinée. En profitant si longtemps de son erreur, elle avait perdu le droit de le détromper.

Les premières semaines du mariage, bien que paisibles en apparence, furent pleines de trouble et d'agitation. Gabrielle comprenait trop tard qu'elle était engagée dans un dédale sans issue. Elle avait donné sa main, ne pouvant plus donner son cœur. Pourtant, malgré la profondeur de ses regrets, malgré la sincérité de ses remords, elle eût fini sans doute par aimer M. de Valcreuse ; s'il eût interrogé avec courage cette âme qui s'obstinait à demeurer muette, un jour sans doute Gabrielle eût laissé son secret s'échapper de son sein. M. de Valcreuse, sûr enfin de l'ennemi qu'il avait à combattre, voyant face à face l'ombre qui se plaçait entre sa femme et lui, eût réussi à s'emparer de ce cœur tourmenté. Si dévouée qu'elle fût au souvenir de M. de Kernis, si absorbée qu'elle pût être dans la contemplation de son image, comment eût-elle résisté à tant de noblesse et de loyauté ? S'il eût osé montrer tous les trésors de sa riche nature, à coup sûr elle l'eût aimé.

Malheureusement, tandis qu'elle s'éloignait de lui par pudeur, par confusion, il s'éloignait d'elle par abnégation, par générosité. En s'obstinant à se faire aimer, il eût craint de réclamer le prix de ses bienfaits. Il contenait son ardeur ; il attendait l'affection de Gabrielle ; il ne voulait pas la solliciter. Ainsi, cette double méprise, cette mutuelle défiance creusait chaque jour entre les deux époux un abîme de plus en plus profond. Gabrielle croyait fermement que M. de Valcreuse l'avait épousée par pitié, et M. de Valcreuse pensait que Gabrielle ne l'avait épousé que pour échapper au couvent.

Cette lutte silencieuse durait encore, lorsque M. de Valcreuse reçut le brevet qui lui donnait le commandement de l'*Invincible,* avec ordre de partir pour les mers de l'Inde. Il sentait qu'il n'était pas aimé ; il croyait comprendre que sa présence était importune. Cette conviction devait le décider à partir. Est-il besoin de le dire d'ailleurs ? Lors même qu'il se fût senti aimé, la passion de la mer, la passion du danger, l'orgueil du commandement eussent peut-être suffi pour l'entraîner. Cependant, d'un seul mot, Gabrielle pouvait le retenir ; peut-être Hector n'attendait-il que ce mot pour rester. Mais c'étaient deux âmes également timides et fières. Gabrielle n'osa pas solliciter un sacrifice que l'amour seul pouvait inspirer, et M. de Valcreuse, de son côté, n'osa pas offrir un sacrifice que l'amour seul pouvait accepter.

Il partit ; sa femme et l'abbé l'accompagnèrent jusqu'à Brest. Gabrielle visita l'*Invincible ;* elle y fut reçue comme une jeune reine. Elle examina tout, et se fit tout montrer avec une curieuse sollicitude. Elle flatta de sa main la croupe luisante des canons, présida à l'arrangement de la chambre du capitaine, et voulut rester à bord jusqu'au moment de l'appareillage. Le spectacle de la mer, l'agitation et le bruit du port, les apprêts du départ, cette frégate qui lui parlait de la gloire de son noble époux, l'attitude même d'Hector qui s'était comme transfiguré en posant le pied sur le pont d'un navire, tout frappa vivement son imagination et ses sens exaltés.

A l'heure des adieux, quand l'*Invincible* eut déployé ses ailes, soit pressentiment de sa destinée, soit qu'à cette heure solennelle elle oubliât de réprimer les élans de son âme, Gabrielle, par un mouvement passionné, se jeta dans les bras d'Hector, et, se pressant contre lui avec un sentiment d'effroi, le supplia de ne point partir. Jamais M. de Valcreuse ne l'avait vue si belle, si touchante ; il la serra sur son cœur, qu'il n'avait jamais senti si troublé. Hélas ! en cet instant suprême, ils eurent l'un et l'autre comme une confuse révélation qu'ils disaient adieu au bonheur. Il n'était plus temps ; l'ancre était levée, le vent enflait les voiles, et, comme un cheval impatient du frein, la frégate piaffait dans la vague.

Après le départ de M. de Valcreuse, il se fit chez Gabrielle un travail étrange, mystérieux, enchanté. Ses remords, que n'aiguillonnait plus la présence d'Hector, s'apaisèrent ; le silence des champs, la paix du foyer domestique descendirent insensiblement dans son âme. La parole affectueuse et grave de l'abbé acheva de lui rendre le calme et le repos qu'elle n'espérait plus retrouver sur la terre. Si le passé se réveillait encore et grondait à son chevet, ce n'était plus que le bruit sourd de la tempête qui s'éloigne ; s'il restait encore sur son front quelque nuage, ce n'était plus que la blanche vapeur qui voile, sans l'altérer, la sérénité du ciel. Si de loin en loin des pleurs coulaient encore de ses yeux, ces pleurs étaient sans amertume, pareils à la pluie tiède et bienfaisante qui succède au tumulte des éléments. Il n'est pas d'éternels regrets, non plus que de joies éternelles. Peu à peu l'image de M. de Kernis pâlissait dans son sein. Gabrielle se disait que M. de Kernis, en se mariant, l'avait dégagée; qu'en disposant d'elle-même, elle n'avait manqué à aucun de ses serments. Devait-elle, par respect pour une promesse qu'il avait violée le premier, se sacrifier, se condamner à un veuvage sans fin? Sa conscience une fois affranchie, son cœur, désormais plus léger, se laissa soulever par de nouvelles espérances. Présent, M. de Valcreuse n'était pour elle qu'un reproche vivant; absent, ce fut vers lui que se tournèrent toutes ses pensées, tous ses rêves. Cette bonté dont les témoignages l'avaient humiliée, elle en aimait maintenant, elle en caressait le souvenir avec complaisance; elle s'accusait de l'avoir méconnue, de l'avoir découragée peut-être. Elle sentait poindre en elle une affection moins vive, moins poétique, moins exaltée sans doute, mais plus sérieuse, plus profonde, plus solide que sa passion pour M. de Kernis. Ainsi cette jeune femme reprenait à la vie et préparait à M. de Valcreuse des joies inespérées pour son retour, quand l'édifice naissant de son bonheur fut renversé de fond en comble par un coup de vent inattendu.

Moins d'un an s'était écoulé depuis le départ de M. de Valcreuse, lorsque Gabrielle reçut une lettre de madame de Presmes.

Qu'on juge de son épouvante.

« MA CHÈRE FILLE,

« J'avais calomnié M. de Kernis ; je lui dois une réparation que je m'empresse de lui accorder. Je le croyais marié, je devais le croire ; les informations que j'avais recueillies ne me permettaient aucun doute à cet égard. On m'avait trompée, et je vous ai trompée moi-même sans le vouloir. M. de Kernis est libre ; cette nouvelle est aujourd'hui sans danger pour vous et ne saurait éveiller aucun regret dans votre cœur. Vous êtes heureuse, je le sais ; vous aimez votre mari. Je puis donc vous parler de M. de Kernis sans troubler la paix de vos jours. M. de Kernis est libre, et j'ai tout lieu de penser que son affection pour vous ne s'est pas attiédie. Tant qu'a vécu M. de Presmes, qui s'opposait à votre union, je n'ai pas dû laisser arriver jusqu'à ma fille bien-aimée les lettres de M. de Kernis, où sans doute il vous peignait toute la vivacité de sa passion. Plus tard, le croyant marié, je les ai gardées dans la crainte de nourrir votre désespoir. Maintenant que vous êtes protégée par votre bonheur même contre toutes les séductions, je ne veux pas prolonger l'erreur dans laquelle je vous ai jetée malgré moi ; je dois réhabiliter à vos yeux la loyauté de M. de Kernis. Je vous envoie ses lettres qui ne peuvent manquer de vous réconcilier avec son souvenir. Il vous sera doux d'apprendre qu'il n'a pas manqué aux serments que vous aviez reçus, que son cœur vous est resté fidèle, que jamais aucune femme n'a effacé dans sa mémoire le charme de votre image.

« Adieu, ma chère fille ; agréez les vœux sincères que j'adresse au ciel pour la durée de votre bonheur.

« Marquise DE PRESMES. »

La foudre, éclatant dans un ciel azuré, et tombant aux pieds de Gabrielle, ne l'eût pas frappée d'une terreur plus profonde. Ainsi donc, ce n'était pas M. de Kernis, c'était elle-même qui avait mérité le reproche d'infidélité ; ce n'était pas lui, c'était elle qui avait failli à la foi jurée ; ce n'était pas lui, c'était elle qui avait perdu courage et désespéré de l'avenir. Les rôles étaient intervertis ; à elle seule appartenait toute la honte de l'abandon, à lui seul toute la gloire du martyre. Quand elle se croyait délaissée, elle puisait dans cette pensée même la force de se relever. Pure aux yeux de sa conscience, elle pouvait se réfugier, elle se réfugiait dans un nouvel amour ; M. de Kernis avait pris soin d'avance de l'absoudre et de la justifier. Maintenant, tout changeait de face ; le remords la rejetait bien loin de M. de Valcreuse, et la ramenait fatalement vers l'homme qu'elle avait méconnu.

Ce fut alors qu'elle laissa voir cet ennui soudain, cette morne tristesse que l'abbé ne s'expliquait pas. Hélas ! ce n'était pas seulement le remords, c'était le regret du bonheur perdu qui la consumait. A la lettre de madame de Presmes étaient jointes les lettres de M. de Kernis, lettres brûlantes et sincères comme celles qu'on écrit à vingt ans quand on aime ; chaque ligne respirait le dévouement le plus absolu, l'espérance la plus confiante, l'ardeur la plus sainte, la tendresse la plus exaltée. En lisant ces pages où M. de Kernis avait mis son âme tout entière, en les lisant, seule, au fond des bois, dans le creux des vallées, en les couvrant de larmes et de baisers, Gabrielle sentit se rallumer sa première passion, passion pareille à ces feux mal éteints qui, ranimés par un souffle imprudent, éclatent avec une furie nouvelle. Ce n'étaient pas les lettres d'Hector qui pouvaient combattre l'action enivrante de ces dangereuses lectures.

Elle lutta longtemps, vaillamment, avec énergie; longtemps elle appela le ciel et M. de Valcreuse à son aide. Le trait lancé par madame de Presmes avait pénétré dans les derniers replis de son âme; en s'efforçant de l'arracher, elle ne faisait que l'enfoncer plus avant. Lasse de lutter, reconnaissant son impuissance, elle trouva bientôt une excuse dans sa faiblesse; sans le vouloir, elle avait outragé M. de Kernis; elle se reprit à l'aimer, et ne vit dans son amour qu'une légitime expiation, tant le cœur est ingénieux à concilier ses penchants et ses devoirs! Qu'avait-elle, d'ailleurs, à redouter de ce sentiment? Elle était perdue pour M. de Kernis; M. de Kernis était perdu pour elle : ils ne devaient jamais se revoir.

Gabrielle s'abandonnait donc sans défiance à sa passion renaissante, quand tout à coup elle apprend que M. de Kernis est en Bretagne, à quelques pas d'elle, qu'il va venir, que demain, aujourd'hui, dans une heure, ils seront tous deux, elle et lui, sous le même toit.

IX

Séparé violemment de Gabrielle, M. de Kernis avait quitté la France. Les voyages ont été de tout temps le refuge des amants malheureux. Mais est-il malheureux, le jeune homme qui aime, qui se sent aimé et qui promène sa souffrance au milieu de pays enchantés ? Est-il à plaindre, celui qui marche escorté de l'amour et de la jeunesse ? Il y a d'ailleurs, dans les premiers désespoirs de la passion, une exaltation, une ivresse qui nous grandit à nos propres yeux : on est fier de sa première douleur comme on le serait d'une première victoire ; on est fier comme un enfant qui revêt la robe virile. M. de Kernis parcourut la Suisse et l'Italie ; l'image de Gabrielle le suivit partout.

Rappelé en France par la mort de son père, après avoir recueilli son patrimoine, en possession désormais d'une fortune indépendante, il se présenta chez M. de Presmes. Malgré le silence de Gabrielle, malgré ses lettres demeurées sans réponse, il n'avait pas douté d'elle un seul instant ; car il avait, lui aussi, cette confiance à toute épreuve, apanage constant des jeunes âmes. Il se croyait attendu ; il accourait plein d'amour et de joie : il allait retrouver Gabrielle telle qu'il l'avait laissée.

Madame de Presmes le reçut avec un sourire de compassion hypocrite et lui annonça du même coup la mort du marquis et le mariage de sa fille. M. de Kernis accueillit cette nouvelle comme il convenait à un galant homme ; il ne proféra pas une plainte, ne demanda aucun éclaircissement, se leva, salua et sortit.

Son désespoir fut profond et terrible. Il crut sentir la terre manquer sous ses pas. Il nia l'amour et blasphéma la Providence.

Cependant, on le sait, les hommes ont pour s'étourdir sur leurs chagrins, bien des ressources que la destinée a refusées aux femmes. Leur vie n'est pas tout entière enfermée dans le cercle des affections. Pour échapper aux angoisses du cœur, ils ont le mouvement, le bruit, les voyages, les intérêts publics. La femme, attachée au foyer, est forcée de vivre avec sa douleur dans un éternel tête-à-tête ; rien ne la distrait, rien ne la dérobe à elle-même. Heureuse encore, lorsqu'elle peut donner un libre cours à ses larmes, et n'est pas obligée de sourire avec la mort au fond de son âme !

Trahi dans ses espérances de bonheur, M. de Kernis se jeta avec emportement dans la vie politique. Il prit part à toutes les délibérations de cette jeune noblesse qui avait salué avec enthousiasme l'avénement des idées nouvelles, qui avait accueilli les premières pensées de la révolution avec ferveur, mais qui se retourna contre la révolution dès qu'elle vit le trône en péril. Par ses lumières, en effet, par son esprit de justice, de désintéressement et d'impartialité, cette génération appartenait à la démocratie ; par les traditions de ses aïeux, par son dévouement chevaleresque, elle appartenait à la monarchie, corps et âme. Elle comprenait toutes les fautes de la royauté, toutes ses défaillances, toutes ses témérités : elle était la première à lui adresser de sévères remontrances, et pourtant elle était prête à verser son sang pour le roi. Si la royauté avait pu être sauvée, si ses imprudences n'eussent creusé un abîme sans fond où elle devait s'engloutir, à coup sûr elle eût été sauvée par cette jeune aristocratie qui lui tendait la main tout en lui signalant le danger. Connaissant toute la puissance de l'opinion, toute la futilité, toute la faiblesse des préjugés du cour, M. de Kernis ne pouvait hésiter longtemps à se prononcer contre la réaction tentée par des courtisans imbéciles ; il comprit, dès le premier jour, comme tous les hommes de bon sens, que le seul moyen de gouverner le mouvement était de s'y associer. Grâce au nombre, à l'activité de ses relations politiques, il avait réussi, sinon à oublier, du moins à tromper sa douleur, lorsque la mort d'une de ses tantes dont il héritait l'obligea de partir pour le bas Poitou.

Instruite du prochain départ de M. de Kernis, madame de Presmes, qui ne l'avait pas perdu de vue, qui avait épié toutes ses démarches, sachant qu'il ne connaissait personne dans cette partie du Bocage, lui fit offrir des lettres de recommandation qu'il accepta, sans deviner l'intérêt que madame de Presmes prenait à sa destinée, sans entrevoir le rôle qu'elle jouait dans sa vie. Parmi ces lettres, il s'en trouvait une adressée à mademoiselle Armantine de Valcreuse par un vieil amiral sous qui Hector avait fait ses premières armes.

Nous savons comment, par une journée d'avril, M. de Kernis rencontra Irène ; sans ressentir pour elle une passion soudaine, il ne put, en la voyant, se défendre d'une douce émotion. Dans la jeunesse, nous sommes tous ainsi. Nous croyons à l'éternité de nos regrets, nous disons adieu au bonheur, nous ne voulons pas être consolés, et quand on nous parle d'illusions renaissantes, de jours plus calmes et plus sereins, nous repoussons cette espérance comme une mortelle injure ; mais qu'une femme inconnue, jeune et belle, nous sourie en passant, voilà que nous oublions, voilà que nous reprenons à la vie.

Étranger dans le pays, M. de Kernis se sentit attiré malgré lui par ce jeune et gracieux visage. Au moment de son arrivée, il comptait envoyer à mademoiselle Armantine la lettre du vieil amiral ; comme il n'avait que peu de temps à passer dans le Bocage, toute réflexion faite, il avait résolu de vivre dans la solitude. En voyant Irène, il changea d'avis. Le lendemain de la fête, par une de ces matinées resplendissantes où le sentiment de l'existence suffit à notre bonheur, il partit et se dirigea vers Valcreuse. Son cheval portait fièrement la tête et courait sur l'herbe des sentiers avec l'agilité d'un faon ; les arbres secouaient sur son front les perles de la rosée ; sur son passage, les oiseaux chantaient et se poursuivaient dans les haies. Enivré de l'âpre senteur des genêts, il allait, doucement bercé par une pensée mystérieuse, vague, indéfinie, mais charmante. Certes, si le bonheur existe quelque part, c'est dans le cœur du jeune homme qui se sent emporté par un cheval rapide, au milieu de l'air frais du matin, vers un château où l'attend une jeune fille entrevue la veille.

La jeunesse a cela d'adorable, qu'elle appelle la bienveillance. Elle n'a qu'à se montrer pour gagner tous les cœurs. On s'empresse autour d'elle; les esprits les plus défiants ne pensent pas à lui résister; les âmes les plus rebelles se laissent prendre au charme; elle apprivoise les caractères les plus ombrageux. M. de Kernis n'était pas encore descendu de cheval, qu'il avait déjà séduit par sa bonne grâce les serviteurs rangés autour de lui. Depuis longtemps on n'avait vu si brillant cavalier dans la cour du château.

L'abbé, qui le reçut au pied du perron, fut touché d'abord de la déférence que lui témoignait ce beau jeune homme. Debout sur le balcon d'une fenêtre, Irène le salua de son plus frais sourire; mademoiselle Armantine, prévenue de son arrivée et déjà sous les armes, l'attendait au salon, dans une toilette éblouissante.

Cependant, Gabrielle, le front collé contre une vitre, à demi cachée par le rideau, contemplait d'un œil effaré, le sein oppressé, les lèvres entr'ouvertes, cette scène qui ne devait pas la surprendre, et qui pourtant la glaçait d'effroi.

— Viens, s'écria Irène d'une voix émue en se précipitant dans sa chambre; viens... le voilà ! c'est lui !... je te l'avais bien dit, qu'il viendrait. Tu l'as vu, n'est-ce pas ? Avoue qu'il est charmant.

— Tu sais que je ne suis pas bien, mon enfant;

tu m'as quittée souffrante, répondit Gabrielle d'une voix qu'elle s'efforçait de rendre calme. Mademoiselle Armantine recevra notre hôte, et tu m'excuseras auprès de lui.

— Oh! viens, reprit Irène, oh! viens, je t'en supplie. Si tu ne venais pas, M. de Kernis pourrait croire qu'il est de trop parmi nous.

— Non, mon enfant, non, repartit Gabrielle; tu t'abuses, M. de Kernis ne saurait s'offenser de mon absence. La sœur de M. de Valcreuse lui fera mieux que moi les honneurs du château.

— Viens, répéta Irène avec une nouvelle insistance; quand tu le connaîtras, nous pourrons parler de lui, et tu me comprendras mieux.

— Regarde-moi, mon enfant, regarde-moi, reprit madame de Valcreuse, et décide toi-même si je puis descendre au salon.

A ces mots, Irène leva les yeux sur Gabrielle et la trouva si changée qu'elle n'insista pas davantage. Elle était d'ailleurs si impatiente de revoir M. de Kernis qu'elle regrettait les moments passés loin de lui.

Pendant cette petite scène, M. de Kernis, introduit par l'abbé, présentait à mademoiselle Armantine la lettre du vieil amiral. Cette lettre fit merveille : le vieil amiral, sans s'effrayer de la fin tragique du chevalier de R... et du marquis de C..., avait brûlé pour mademoiselle Armantine d'une flamme discrète et patiente; seulement, plus sage qu'eux, il s'était résigné à vieillir et se promettait encore de longs jours. Mademoiselle Armantine, bonne et indulgente créature, lui pardonnait sa longévité, pour l'amour d'Hector, qui avait fait sous lui ses premières armes, et lui devait son premier avancement. En lisant cette lettre, elle se crut revenue aux plus belles journées de sa jeunesse. Comment aurait-elle pu lire sans attendrissement ce style galant et fleuri, dont le secret commençait à se perdre déjà, et qui contrastait d'une façon si frappante avec les évènements au milieu desquels se développe notre récit ? Là revivaient tous ces héros, tous ces dieux et demi-dieux de la mythologie païenne, dont on parle aujourd'hui avec un dédain si superbe, mais qui jouissaient encore, il y a cinquante ans, de quelque crédit. L'amiral, élevé dans les traditions des ruelles, parlait avec une grâce touchante des ailes de Cupidon, des lèvres de Cypris, de l'écharpe d'Iris, de la ceinture de Vénus, et, par un mélange ingénieux dont les poètes de profession ne se fussent pas avisés, il assaisonnait ses souvenirs mythologiques d'images empruntées à sa vie nautique. Mademoiselle Armantine, rajeunie et transfigurée par ce style enivrant, accueillit M. de Kernis comme elle eût accueilli l'amiral vingt ans plus tôt. D'ailleurs, n'avait-elle pas devant elle le héros de la veille, celui même qui avait ramassé sur le bord du sentier l'éventail d'Irène, et ce romanesque épisode ne couronnait-il pas d'une auréole poétique le front de M. de Kernis? Enfin ce jeune homme avait les meilleures de toutes les lettres de créance : la grâce, l'élégance et la beauté.

La conversation s'engagea vite ; M. de Kernis,

qui venait de Paris, se vit aussitôt assailli de questions. Il parla des affaires, des nouvelles du jour. Avec la sagacité familière à tous ceux qui veulent se faire aimer, il avait deviné sur-le-champ toutes les faiblesses de mademoiselle Armantine, tous les goûts et toutes les prédilections de l'abbé. Tour à tour grave et frivole, il s'était déjà concilié les sympathies de ces deux natures si opposées, lorsque Irène vint excuser madame de Valcreuse et se mêler à l'entretien. En apprenant que sa belle-sœur ne paraîtrait pas, mademoiselle Armantine se sentit délivrée de la seule inquiétude qui pût troubler sa joie : elle allait régner sans partage. M. de Kernis dîna au château et ne partit que le soir. La journée s'acheva comme par enchantement. Quand vint l'heure de quitter le château, mademoiselle Armantine, Irène et l'abbé voulurent l'accompagner. La bride sur le cou le cheval suivait, tondant les pousses nouvelles. Ils causaient familièrement ; on eût dit qu'ils se connaissaient depuis longues années. Les caprices du terrain, les détours du sentier les réunissaient, les séparaient, les rapprochaient d'une façon inattendue. Parfois, M. de Kernis n'avait d'autre interlocuteur que mademoiselle Armantine ; alors on l'eût pris pour un gentilhomme de la cour de Louis XV, tant il se montrait futile, tant il mettait de grâce à dire des riens, tant il prodiguait les paroles et ménageait les pensées. Parfois le hasard le mettait aux prises avec l'abbé ; alors on l'eût pris pour une de ces figures tout à la fois jeunes et austères de la Constituante, tant son langage avait d'élévation et de grandeur, tant il y avait dans son accent d'éloquence et de conviction. Parfois, enfin, il se trouvait seul près d'Irène; alors ils se taisaient tous deux, mais leurs regards se rencontraient; et, si le sentier venait à se resserrer, ils sentaient leurs mains se toucher et leurs haleines se confondre.

Tandis qu'ils allaient ainsi, calmes, heureux, souriants, Gabrielle, assise à sa fenêtre, les suivait d'un regard fiévreux, à travers le paysage qu'inondaient encore les feux du couchant. Tantôt elle voyait M. de Kernis disparaître avec mademoiselle Armantine : alors le trouble de son cœur semblait s'apaiser; tantôt elle le voyait reparaître avec Irène : alors une douleur inconnue lui déchirait le sein. L'infortunée! Qui pourrait dire ce qu'elle souffrit durant cette soirée? C'était bien lui, c'était bien M. de Kernis! Elle reconnaissait ses gestes, son attitude, sa démarche qui, tant de fois, l'avaient remplie de joie. Lui qu'elle comptait ne jamais revoir, qu'elle aimait parce qu'elle croyait pouvoir l'aimer sans danger, c'était lui, il était là! Quand elle les eut perdus de vue, elle s'abîma dans un chaos de pensées tumultueuses. Qu'allait-il se passer? M. de Kernis reviendrait-il? S'il revenait, pouvait-elle espérer éviter sa présence? Et pourtant, malgré son effroi, elle sentait le besoin de le voir, de lui parler, de se justifier; elle voulait lui dire comment elle avait manqué, sans le savoir, à la foi jurée, comment elle s'était mariée, le croyant marié lui-même ; dans l'égarement de sa raison, elle voulait lui dire qu'elle l'aimait encore.

Gabrielle était réservée à d'autres épreuves.

M. de Kernis revint. Sans être entraîné vers Irène par un sentiment profond et sérieux, il se laissait aller au plaisir de la voir, de l'entendre, de vivre auprès d'elle. La première expérience qu'il avait faite de la passion avait si cruellement ébranlé sa foi, qu'il était décidé à ne plus chercher dans l'amour qu'une distraction. A parler franc, il revint sans trop s'expliquer pourquoi. Irène avait dix-huit ans, elle était jolie, il était jeune, inoccupé, dans un pays où il ne connaissait personne. En fallait-il davantage pour le ramener au château ? Et puis, comment n'y fût-il pas revenu ? Tout le monde lui faisait fête, tous les visages lui souriaient. Personne ne doutait que ce ne fût un mari pour Irène. En le voyant paraître, mademoiselle Armantine s'épanouissait ; l'abbé lui prenait les mains, et paraissait éprouver pour lui quelque chose de l'affection qu'il avait pour Hector. Les serviteurs eux-mêmes s'empressaient à sa rencontre. Bientôt il ne fut plus question au château que de M. de Kernis. On ne jurait que par lui ; on le citait à tout propos ; ses moindres paroles étaient rappelées, commentées avec complaisance. Gabrielle, qui s'obstinait à l'éviter, n'entendait prononcer que son nom. Mademoiselle Armantine l'entretenait sans cesse de sa grâce, de son élégance, du tour piquant qu'il savait donner aux moindres choses. L'abbé vantait sa raison, ses lumières, la noblesse de son âme, la loyauté de son caractère. Quant à Irène, elle ne tarissait pas. Dès qu'il était parti, elle accourait, et, sans remarquer le trouble croissant de sa cousine, elle lui racontait sans pitié, minute par minute, toutes les heures qu'elle venait de passer près de lui. Gabrielle redoutait ces récits, et n'avait pourtant pas le courage de les interrompre. A chaque parole, elle sentait sa blessure s'élargir et se creuser; et pourtant elle y trouvait une volupté cruelle et n'osait lui fermer la bouche.

Trop heureuse encore, si le démon de la jalousie ne se fût emparé de son cœur! Mais la passion est clairvoyante; elle a des instincts qui la trompent rarement. A travers les enfantillages d'Irène, Gabrielle n'avait pas tardé à deviner ce qu'Irène ignorait encore : elle avait compris que ces deux jeunes gens s'aimaient, qu'ils étaient attirés l'un vers l'autre. En se rappelant que c'était pour cette enfant qu'elle avait sacrifié sa liberté, elle ne pouvait se défendre d'un sourd mouvement de colère. Elle s'était immolée pour elle, et le trésor qu'elle avait à jamais perdu pour la sauver, c'était Irène qui le recueillait aujourd'hui. La tendresse presque maternelle qu'elle avait eue jusque-là pour sa cousine s'altérait à son insu, et menaçait parfois de se changer en haine. Il y avait des instants où la présence d'Irène l'irritait; puis tout à coup, honteuse d'elle-même, elle l'appelait dans ses bras, la couvrait de baisers et paraissait lui demander grâce.

Que faire cependant? quel parti prendre? Éloigner M. de Kernis? le devait-elle? S'ils s'aimaient, en effet, lui était-il permis de briser leur bonheur? La situation se compliquait de jour en jour. Elle avait pu d'abord, sans étonner personne, se dispenser de paraître au salon. Chacun connaissait son goût pour la retraite, son amour pour la solitude; mais bientôt mademoiselle Armantine exprima tout haut son mécontentement. L'abbé, qui d'abord s'était plaint doucement, commençait à rôder autour d'elle avec un redoublement d'inquiétude. Il recueillait avidement ses moindres paroles : il épiait son silence, il essayait de lire dans ses yeux ce qui se passait au fond de son cœur. Plus d'une fois déjà, elle avait tressailli en rencontrant son regard curieux et sévère.

Que devenir? Lors même qu'elle eût voulu maintenant affronter la présence de M. de Kernis, le pouvait-elle? Chaque jour, à toute heure, elle entendait prononcer son nom, et pourtant elle n'avait avoué à personne qu'elle le connaissait. Comment expliquer son silence?

L'abbé seul aurait pu conjurer le danger. Il était bon; il aimait tendrement Gabrielle. Il aurait reçu ses aveux avec indulgence; il l'aurait aidée à se relever, il l'aurait sauvée de M. de Kernis et d'elle-même; mais, cette fois encore, Gabrielle avait trop longtemps attendu.

X

Cette étrange situation durait depuis trois semaines. M. de Kernis lui-même commençait à s'étonner de ne pas voir madame de Valcreuse. On s'expliquera sans peine comment il avait pu ignorer jusque-là qu'il fût si près de la femme qu'il avait aimée. Le nom de madame de Presmes n'était jamais prononcé au château : ce nom rappelait à mademoiselle Armantine un échec diplomatique dont elle ne pouvait se consoler, aux deux cousines des souvenirs qui n'avaient rien de bien attrayant, à l'abbé un complot contre le bonheur de son cher Hector. M. de Kernis, averti par un instinct secret, devinant vaguement que madame de Presmes avait joué dans sa vie le rôle d'un mauvais génie, éprouvait pour elle une sorte d'éloignement. Il ne savait pas, d'ailleurs, que la lettre du vieil amiral lui vînt de madame de Presmes ; la marquise était trop fine, trop habile, pour laisser voir la main qui menait toute cette intrigue.

Cependant la persistance de madame de Valcreuse à ne pas paraître avait fini par éveiller la curiosité de M. de Kernis. Il s'était d'abord alarmé dans sa délicatesse. Il s'était demandé avec inquiétude si sa présence ne serait pas indiscrète ; mais la curiosité avait bientôt pris le dessus. Madame de Valcreuse était jeune et belle. Irène le lui avait dit ; le mystère dont elle s'enveloppait ajoutait encore à l'effet de cette révélation. Quelques paroles échappées à l'abbé sur le caractère de cette jeune femme, quelques réflexions demi-railleuses de mademoiselle Armantine sur les goûts de sa belle-sœur l'avaient jeté dans un trouble dont il cherchait vainement à se rendre compte.

Un jour, en arrivant, il avait vu se dessiner, derrière le rideau d'une fenêtre, une forme vague, indécise ; involontairement, il s'était arrêté à la contempler. A quelque temps de là, un soir, comme il s'éloignait au pas allongé de son cheval, en se retournant pour envoyer de la main un dernier adieu à Irène, il revit à la même croisée la forme qui déjà lui était apparue, et, ce soir-là, il rentra chez lui, inquiet, préoccupé, rêveur. Pourquoi ? lui-même n'aurait pu le dire. Plus d'une fois déjà, dans les conversations du château, il avait tressailli au nom de Gabrielle, sans oser interroger ses hôtes. Chaque fois, la force lui avait manqué ; chaque fois, un sentiment de réserve et de discrétion avait retenu sur ses lèvres les questions prêtes à s'échapper. Il sentait confusément s'agiter, dans sa destinée, quelque chose d'inconnu ; l'air qu'il respirait lui semblait chargé d'orages ; Irène n'était pas le seul charme qui l'attirât.

Un jour qu'il avait plu toute la matinée, mademoiselle Armantine, l'abbé, Irène et M. de Kernis étaient réunis au salon. L'herbe des sentiers était encore humide : le ciel menaçant, les branches trempées de pluie ne permettaient pas de songer à la promenade. Les fenêtres entr'ouvertes laissaient arriver l'odeur saine et pénétrante de la terre et des bois mouillés. On entendait le bruit monotone des gouttes d'eau tombant de feuille en feuille. Mademoiselle Armantine et l'abbé faisaient une partie de trictrac ; assis l'un près de l'autre sur un sofa, Irène et M. de Kernis causaient à voix basse. C'était la première fois qu'ils se parlaient avec autant de liberté. De temps en temps, l'abbé tournait la tête à la dérobée, par un instinct de surveillance ; mademoiselle Armantine les regardait avec complaisance, comme deux amants de la *Clélie*, comme deux bergers de l'*Astrée*. Son œil radieux, sa bouche épanouie racontaient assez clairement ce qui se passait en elle. Elle revenait, elle était revenue au matin de sa vie ; elle regrettait seulement que M. de Kernis ne fût pas plus tendre, qu'Irène ne fût pas plus troublée. Ces retours enchantés amenaient nécessairement plus d'une distraction ; l'abbé, attentif à son jeu, hasardait alors quelques plaintes timides, et la bonne demoiselle, réveillée en sursaut, reprenait en soupirant le cornet et les dés.

— Qu'iriez-vous faire à Paris ? disait Irène. S'il est vrai, comme on vous l'écrit, comme vous le disiez hier, que tout s'agite, que la noblesse et le trône soient en danger, pourquoi ne pas rester près de nous ? Voyez la paix de nos campagnes ; c'est ici qu'il faut vivre, c'est ici qu'est le bonheur.

— Est-ce ici que vous êtes née ? répondait M. de Kernis ; est-ce ici que vous avez grandi ? Avant de vous rencontrer, j'étais loin de me douter que tant de grâce et de beauté se cachassent au fond de ces bois.

— Ainsi, vous vous croyiez égaré au milieu de quelque peuplade sauvage, sur des bords inhospitaliers ? La surprise vous a rendu indulgent. Et pourtant vous n'aviez pas tout à fait tort, car ce n'est pas ici que je suis née ; ce n'est pas ici que j'ai grandi.

— Je croyais en effet qu'une fleur si charmante

ne pouvait éclore qu'à la cour ou dans les salons de Paris.

— Vraiment ? Eh bien ! rassurez-vous ; cette fois-ci encore votre clairvoyance n'est pas en défaut. Je n'ai jamais respiré l'air de la cour ; je ne sais pas quelles fleurs y peuvent éclore. Pourtant ne vous étonnez pas davantage : c'est à Paris que je suis née.

— Vous n'êtes jamais allée à la cour ?

— Mon Dieu ! non ; mais j'en ai beaucoup entendu parler par mademoiselle Armantine. C'est à cela sans doute, c'est à ses merveilleux récits que je dois les belles manières que vous admirez en moi.

— Vous raillez ?

— A Dieu ne plaise ! Mais que diriez-vous donc de ma cousine ? Vous comprendriez, en la voyant, que la cour n'a pas le privilége de la grâce et de l'élégance.

— Vous avez été élevées ensemble ?

— Nos familles étaient divisées ; la mort de ma mère nous a réunies, et depuis, nous ne nous sommes jamais quittées.

— Vous vous aimez comme deux sœurs, vous me l'avez dit.

— Comment ne l'aimerais-je pas ?

— Comment ne seriez-vous pas aimée d'elle ?

— C'est un si noble cœur, c'est une âme si tendre ! Elle a pour moi une affection si dévouée !

— Vous l'aimez ; qui ne serait heureux de se dévouer à ce prix ?

— Elle est pour moi plus qu'une sœur, elle m'a

rendu ma mère. Si vous saviez de quels soins touchants elle a entouré, elle entoure encore ma jeunesse!

— Tout ce que vous dites augmente mes regrets. Pourquoi semble-t-elle m'éviter? Je m'en afflige; parfois je m'en inquiète.

— Oh! vous avez bien tort. Je puis vous assurer que vous n'êtes pour rien dans son humeur sauvage. Elle est souffrante, et, depuis le départ de son mari, elle fuit toute distraction.

— Est-ce que madame de Valcreuse a toujours été ainsi? A-t-elle toujours eu ces goûts de solitude?

— Toujours. Je l'ai toujours connue ainsi. Jeune fille, elle ne se plaisait que dans la retraite ; elle demeurait seule, dans sa chambre, des journées entières.

— Seule? dans sa chambre? des journées entières?

— J'en souffrais bien un peu; je ne l'en aimais pas moins.

— De pareils goûts chez une jeune fille...

— Oh! vous ne la connaissez pas. C'est un esprit sérieux; elle n'est pas folle comme moi. Bien souvent, je l'ai surprise le front penché sur un livre dont une seule page m'eût fait peur. Elle n'avait pas seize ans que déjà elle était pensive et recueillie. Au clavecin, elle ne chantait que la musique de Gluck. Bien que son père eût une des maisons les plus fréquentées de Paris, il fallait la gronder pour qu'elle parût au salon. Mais qu'avez-vous donc? Vous m'écoutez d'un air étrange.

— Je vous écoute aujourd'hui comme toujours;

je vous écoute et je me sens charmé. Vous disiez donc que madame de Valcreuse, dès l'âge de seize ans...

— Vous prenez un bien vif intérêt à tout ce qui regarde ma cousine.

— Ne m'avez-vous pas dit que vous l'aimez comme une sœur? Vous entendre parler des personnes que vous aimez, n'est-ce pas apprendre à vous plaire? Ainsi, dès l'âge de seize ans, madame de Valcreuse était pensive et recueillie?

— Vous-même, à quoi donc rêvez-vous?

— Voulez-vous le savoir?

— Sans doute.

— Eh bien, je me demande si vous différez de beauté comme de caractère.

— Voyons, devinez. Comment vous la figurez-vous?

— Madame de Valcreuse ne saurait être belle sans vous ressembler un peu.

— Prenez garde, vous croyez me flatter et vous calomniez ma cousine.

— Ses yeux sont bleus comme les vôtres?

— Vous vous trompez; ses yeux sont noirs.

— Ses cheveux sont blonds comme l'or des épis?

— Vous vous trompez: ils ont la couleur de l'ébène.

— Ses joues ont la fraîcheur des roses?

— Vous vous trompez: ses joues ont la blancheur des lis.

— Puisque décidément vous différez en tout, madame de Valcreuse est petite?

— Vous avez du malheur : Gabrielle est grande comme moi.

— Gabrielle ! C'est le nom de madame de Valcreuse ?

— Vous ne le saviez pas ?

— Je l'ignorais.

— Convenez que c'est un joli nom.

— J'en conviens.

— Et qu'il vous plaît mieux que le nom d'Irène?

— Je ne dis pas cela.

— Je jurerais que si.

— A votre tour, vous pourriez vous tromper.

En ce moment, mademoiselle Armantine, qui, depuis quelque temps, contenait à grand'peine une sourde colère, irritée à la fois des doléances et du bonheur obstiné de l'abbé qui venait de gagner trois parties, se leva, en jetant d'une main furieuse le cornet et les dés.

— Jamais, s'écria-t-elle, jamais pareille chose ne m'est arrivée à la cour !

— Pardonnez-moi, Mademoiselle, répondit humblement l'abbé ; je n'ai pas la chance aujourd'hui. Pardonnez-moi ; une autre fois je serai plus heureux, je l'espère.

— C'est qu'aussi avec vous, repartit aigrement mademoiselle Armantine, le jeu n'est plus une distraction, c'est une affaire. On ne peut pas tourner la tête, on n'a pas un moment à soi. Quand je faisais la partie du prince de R..., les choses se passaient plus gaiement : mais c'était un beau joueur, et qui ne craignait pas de perdre.

—Pardonnez-moi, Mademoiselle, répéta l'abbé

redoublant d'humilité ; une autre fois, je jouerai mieux.

Cet intermède inattendu détourna brusquement l'attention d'Irène et l'empêcha de remarquer le trouble profond qui s'était emparé de M. de Kernis. Elle étouffa de son mieux un frais éclat de rire prêt à s'échapper, comme une fusée, de ses lèvres, tandis que M. de Kernis, retiré dans l'embrasure d'une fenêtre, se remettait de l'émotion violente qu'il venait d'éprouver.

Quand le dépit de mademoiselle Armantine se fut un peu calmé, grâce à son bon naturel, grâce surtout à la prudence de l'abbé qui avait quitté la place, M. de Kernis se disposa, sans plus tarder, à prendre congé. Vainement mademoiselle de Valcreuse insista pour le retenir; vainement Irène le supplia de son plus doux regard. Il partit ; il avait besoin d'être seul.

Une fois dans la plaine, dès qu'il ne fut plus en vue du château, il ralentit le pas de sa monture et se livra tout entier aux pensées qui s'agitaient en lui.

Le ciel s'était éclairci ; le vent avait balayé les nuages. La nuit descendait des coteaux : les étoiles s'allumaient dans l'azur ; mais ce n'était pas le spectacle de cette belle soirée qui le tenait ainsi rêveur. Ce n'était pas pour contempler l'horizon encore empourpré qu'il laissait flotter la bride sur le cou de son cheval ; c'était en lui-même qu'il regardait d'un œil avide. Ce n'était pas le murmure de la brise passant sur la bruyère qu'il écoutait d'une oreille inquiète ; c'était le bruit de la tempête qui grondait au fond de son cœur.

C'était elle, c'était Gabrielle, c'était mademoiselle de Presmes ! il n'en pouvait douter. Toutes les paroles échappées à Irène portaient la conviction dans son âme ; tous les traits qu'elle avait tracés ne pouvaient convenir qu'à un seul modèle. Et d'ailleurs, était-il besoin de rassembler, de commenter, de rapprocher, pour les éclairer l'un par l'autre, tous les mots qui s'étaient dits devant lui ? le trouble de ses sens ne parlait-il pas assez haut ? ne lui criait-il pas que c'était elle, que c'était Gabrielle, que c'était mademoiselle de Presmes ? Comment ne l'avait-il pas deviné depuis longtemps ? Comment n'avait-il pas compris dès les premiers jours que cette femme qui le fuyait si obstinément avait un motif impérieux pour le fuir ? Elle se cachait parce qu'elle l'avait trahi ; elle se cachait parce qu'elle avait honte d'elle-même ; elle se cachait parce qu'elle n'aurait pu soutenir son regard. C'était elle, c'était elle en effet ! D'où serait venue l'émotion profonde qu'il avait ressentie en voyant cette forme indécise derrière les rideaux d'une fenêtre ? D'où seraient venus cette vague inquiétude, ce sourd malaise qui pesaient sur lui ?

— Oui, c'est toi ; oui, c'est bien toi ! s'écria-t-il enfin en enfonçant ses éperons dans les flancs de son cheval. C'est toi, je te reconnais à l'épouvante de mon âme ! C'est toi qui as ruiné toutes mes espérances ; c'est toi qui as brisé en moi toute croyance, toute conviction ! c'est toi qui m'as réduit à ne chercher dans l'amour qu'un passe-temps, une distraction, un plaisir frivole ! c'est toi qui m'as perdu, qui m'as flétri sans retour ! c'est toi qui as desséché la fleur de ma jeunesse ! c'est toi qui m'as poussé dans les sentiers arides de l'ambition ! Tandis que j'errais loin de toi, loin de la patrie, loin de ma famille, promenant ma douleur, ne vivant qu'en toi, retrouvant partout ton image, tu me trahissais, tu te raillais de tous nos serments, tu foulais aux pieds mon amour ! Quand je revenais plein d'espoir et d'ivresse, sûr de toi comme de moi-même, plein de confiance et de sécurité, quand je revenais triomphant, heureux de mettre à tes genoux cette richesse après laquelle j'avais tant soupiré, déjà tu étais parjure ! déjà tu étais dans les bras d'un autre ! Eh ! que me font à moi toutes ces idées, toutes ces questions, tous ces principes d'égalité, de justice, de liberté, pour lesquels on dépense là-bas tant de paroles ? Ce que je voulais, ce que je rêvais, c'était un coin obscur où passer ma vie près de toi. Ce n'était pas la gloire qui me tentait, c'était le bonheur. Adieu donc, adieu pour toujours ! Non, je ne te verrai pas. Je ne veux pas t'infliger le supplice de ma présence; je ne veux pas respirer un instant de plus l'air que tu respires ; mes pieds ne toucheront plus le seuil que tes pieds ont touché.

Il allait, emporté par un galop rapide, prenant pour de la haine, pour de la colère, son amour qui se réveillait. Il allait, rouvrant, élargissant, creusant sa blessure, et ne comprenant pas que ses imprécations n'étaient que des cris de détresse.

Décidé à partir sur-le-champ, sans perdre une

heure, à peine arrivé chez lui, il demanda des chevaux de poste.

Ses affaires étaient réglées depuis plusieurs jours ; rien ne le retenait plus : il était resté sans savoir pourquoi. Il n'avait pas touché sérieusement le cœur d'Irène ; ce n'avait été, de part et d'autre, qu'une impression fugitive et qui devait s'effacer bientôt. Il pouvait donc partir sans remords.

Cependant il ne voulut pas s'éloigner sans s'acquitter envers ses hôtes, sans remercier mademoiselle Armantine et l'abbé, surtout sans adresser à Irène l'expression de sa reconnaissance.

« Je pars, lui disait-il, mais je n'oublierai jamais les moments que j'ai passés près de vous. J'étais triste, et vous m'avez souri ; j'étais désespéré, vous avez relevé mon courage. Soyez bénie, pour les douces journées que je vous dois. Vous aurez traversé ma vie comme une ombre charmante ; vous serez la joie de mes rêves. Soyez heureuse. Puissiez-vous trouver un cœur digne du vôtre, et qui soit à vous tout entier ! Puissiez-vous trouver un cœur qui ait en lui le bonheur pour vous le donner ! Soyez-lui fidèle ; ne vous jouez pas de son amour. L'amour est une chose grave ; la confiance ne fleurit qu'une fois ; toute âme sincère est sacrée. Adieu, aimable enfant ; adieu, frais rameau sous lequel je me suis un instant abrité. »

« Mon ami, disait-il à l'abbé, vous avez été bon pour moi. Je suis fier de la confiance que vous m'avez témoignée. Je vais défendre les principes qui nous sont chers à tous deux. Vous êtes au port, et moi je vais affronter l'orage. Qui sait ce que l'avenir nous réserve ? Quoi qu'il arrive, loin de vous comme près de vous, je me rappellerai toujours nos entretiens ; absent ou présent, vous serez toujours pour moi un guide et un conseil. »

« Je m'éloigne, disait-il à mademoiselle Armantine, je pars sans vous avoir baisé la main. C'est une faute, que dis-je ? c'est un crime que je ne me pardonnerais de ma vie, si une cause toute-puissante ne me rappelait à Paris. Votre accueil bienveillant, la grâce exquise de vos manières ne s'effaceront jamais de ma mémoire. J'avais cru jusqu'ici que la cour était à Versailles, vous m'avez détrompé. »

Il était prêt ; tous ses ordres étaient donnés ; il ne lui restait plus qu'à partir.

Les chevaux demandés à Machecoul étaient arrivés et piaffaient dans la cour ; la berline était attelée ; on entendait claquer le fouet des postillons.

Il dit adieu à ses serviteurs, qui le connaissaient à peine, et qui déjà s'étaient pris d'affection pour lui.

Il descendit les marches du perron entre une double haie de flambeaux. Le marchepied était abaissé ; encore quelques instants, et Gabrielle était sauvée. M. de Kernis allait monter en voiture, quand tout à coup il se sentit tiré par le pan de son manteau.

Il se retourna brusquement et vit devant lui un enfant, une petite fille qui comptait à peine dix ans, pieds nus, les cheveux flottants, la jupe de serge à mi-jambe.

Il se souvint aussitôt de l'avoir vue rôder à Valcreuse.

C'était une pauvre orpheline que Gabrielle avait recueillie et qui remplissait à la ferme les humbles fonctions de pastoure. Elle avait l'œil fin, la bouche discrète; toute sa physionomie, comme celle d'un chat sauvage, exprimait un mélange de ruse et de curiosité. Elle avait pour madame de Valcreuse une affection fanatique et se serait jetée au feu pour elle.

On la nommait Rosette.

Avant d'avoir été recueillie par Gabrielle, elle n'avait ni toit ni abri, et vivait de la charité des paysans. Elle dormait tantôt dans une grange, tantôt dans une étable. Elle allait de ferme en ferme, et, quoiqu'elle ne fût bonne à rien, elle obtenait sans peine le morceau de pain qui suffisait aux besoins de chaque jour. Gabrielle s'était intéressée au sort de la pauvre orpheline; elle s'était sentie tout d'abord attirée par ce qu'il y avait d'étrange dans la figure de cette petite bohémienne. Elle avait voulu la fixer, la vêtir, lui apprendre à lire; tous ses efforts avaient échoué contre l'humeur sauvage et vagabonde de Rosette. Rosette, cependant, avait été touchée de l'intérêt que lui témoignait madame de Valcreuse; tout en repoussant les bienfaits, elle s'était prise d'une tendresse instinctive pour sa bienfaitrice. Sa plus grande joie, son unique bonheur était de la regarder, de la suivre sans être aperçue, de se cacher derrière les haies pour la voir passer.

Elle tira de sa gorgerette une lettre qu'elle remit à M. de Kernis, et, comme un furet, disparut aussitôt.

M. de Kernis brisa violemment le cachet et lut à la lueur des flambeaux :

« Mon ami,

« Depuis trois semaines vous êtes près de moi ; vous êtes près de moi, et je vous fuis, je vous évite. Je ne veux pas, je ne peux pas vous fuir plus longtemps. Vous me savez mariée, et vous croyez que je vous ai trahi. Bien que je ne mérite pas vos reproches, je ne veux pas m'y exposer davantage.

« J'ai dans les mains la preuve de mon innocence, et je vous l'envoie. Vous verrez par la lettre de madame de Presmes, qu'elle nous a trompés tous deux. Plus tard, vous saurez tout ce que j'ai souffert, toutes les larmes que j'ai versées. Je vous croyais perdu pour moi, et pourtant, Dieu m'est témoin que je n'ai pas un seul jour maudit votre mémoire, que je n'ai jamais blasphémé votre nom. Oublions le passé, puisqu'il est irréparable ; oublions jusqu'au souvenir du bonheur que nous avions rêvé. Oublions les serments que nous avions échangés : aucun de nous n'est parjure.

« Vous êtes jeune, vous êtes libre. Irène vous aime et vous l'aimez. L'avenir vous promet encore d'heureux jours. Irène est digne de votre affection ; qu'elle devienne votre compagne. Qu'elle vous donne toutes les joies que vous méritez ! Je la bénirai de votre bonheur. Qu'elle vous aime comme j'aime M. de Valcreuse; qu'elle répare envers vous ce que je ne puis moi-même réparer.

« Calme, sereine, justifiée, je puis maintenant paraître devant vous sans honte et sans effroi. Seulement, n'oubliez pas, en me voyant, que vous ne m'avez jamais connue, et que je suis morte pour vous.

« GABRIELLE. »

— Qu'on renvoie les chevaux, dit M. de Kernis après avoir lu cette lettre ; je reste, je ne partirai pas.

XI

Par une de ces belles soirées, si rares dans nos climats, si communes sous le ciel de l'Inde, la frégate *l'Invincible* était à l'ancre. M. de Valcreuse se promenait sur le pont de son navire ; il attendait avec anxiété le courrier de France. Les dernières nouvelles qu'il avait reçues étaient d'une nature tellement alarmante qu'un retard de quelques jours suffisait pour le troubler. Que devait son pays? que devenait sa famille? Depuis trois ans, les événements les plus imprévus se succédaient avec tant de rapidité que, sur le théâtre même où ces événements s'accomplissaient, l'esprit le plus clairvoyant aurait eu peine à deviner le lendemain. Que devait-il donc se passer dans l'âme de ceux qui, placés, comme M. de Valcreuse, à quelques mille lieues de la mère patrie, tournaient vers elle leur pensée haletante et ne recevaient que des nouvelles déjà vieilles de plusieurs mois?

On n'a pas oublié dans quels sentiments Hector avait quitté la France. Désespérant d'amener à lui le cœur de Gabrielle, il avait cherché dans les voyages, dans les dangers, dans la gloire, une diversion aux ennuis qui le minaient. Ces délices de la famille que sa sœur et l'abbé lui avaient vantées si souvent, il n'avait guère eu le temps de les connaître ; les goûts aventureux qui avaient rempli sa jeunesse n'avaient pas eu le temps de s'éteindre dans l'atmosphère de la vie domestique : une étincelle avait suffi pour les rallumer. Mais le danger, mais la gloire n'étaient pas venus. Il avait rêvé des combats, et, sur cette frégate qu'il avait foudroyée et prise à l'abordage, il ne trouvait que l'oisiveté. Obligé de se replier sur lui-même, il interrogeait sévèrement son passé : il se demandait avec inquiétude, presque avec effroi, s'il n'avait pas désespéré trop tôt du bonheur, s'il avait fait, pour gagner le cœur de sa femme, tout ce qu'il devait faire. Il se rappelait l'émotion de Gabrielle au moment de l'appareillage ; il se rappelait son œil belliqueux, son front illuminé, quand de sa main elle caressait les canons de la frégate ; il se rappelait sa douleur, son étreinte convulsive à l'heure des derniers adieux. Qu'elle était belle alors ! qu'elle était touchante ! N'y avait-il pas dans son égarement, dans ses prières éplorées, une promesse, un encouragement qu'il n'avait pas su comprendre ? Elle le suppliait de rester ; pourquoi était-il parti ? Dans ce cri échappé de son âme, n'y avait-il pas toute la tendresse dont il avait douté jusque-là ? Le spectacle de la mer, la joie du commandement avaient d'abord assoupi ses regrets ; mais bientôt l'inaction les avait réveillés plus vifs, plus cuisants. Les dangers fuyaient devant lui ; la gloire se dérobait à son impatience. Son cœur se réfugiait tout entier dans la famille qu'il avait quittée. Parfois il était le jouet d'un mirage étrange, enivrant. Ce qu'il voyait à l'horizon, ce n'étaient pas des villes enchantées, des coupoles éblouissantes, des oasis embaumées ; c'étaient les tours héréditaires de son château, c'était la fumée de son foyer, c'était un groupe charmant : sa sœur, l'abbé, Irène, Gabrielle, qui lui souriaient, qui l'appelaient, qui lui tendaient les bras.

Il y avait déjà plusieurs mois que M. de Valcreuse était sans nouvelles. Il avait envoyé son canot à la ville ; il en attendait le retour avec d'autant plus d'impatience qu'il espérait, par ce courrier, recevoir ses lettres de rappel. Enfin il le vit paraître ; les matelots faisaient force de rames. Appuyé sur le bastingage, entouré de son équipage, Hector le contemplait avec avidité, l'attirait du regard : cette frêle embarcation, c'était la patrie, la famille, qui venaient le visiter. Le canot accosta le navire, un enseigne s'élança sur le pont et remit au capitaine un paquet de dépêches.

Il faut avoir vécu loin de son pays pour comprendre tout ce que la vue seule d'une lettre peut éveiller de bonheur et d'effroi. Que va-t-elle nous apprendre ? quelle tête chérie aurons-nous à pleurer ? pour quel vœu exaucé aurons-nous à remercier la Providence ? Notre jeune sœur est-elle mariée? Reverrons-nous encore notre vieux père? Hector saisit avidement les dépêches et s'enferma dans sa chambre. Resté seul, il brisa le cachet, et, parmi les lettres qui s'échappèrent, reconnut aussitôt l'écriture tracée par des mains aimées. Le trésor était complet : Irène, mademoiselle Armantine, l'abbé, madame de Valcreuse, aucun de ces êtres adorés n'avait manqué à l'appel de son cœur. Il prit tour à tour chacune de ces lettres, se demandant laquelle il lirait la première, par laquelle des quatre il devait commencer. Enfin, par un sentiment que chacun de nous comprendra, il mit à part la lettre de Gabrielle, se réservant de la lire après les trois autres.

« CHATEAU DE VALCREUSE, septembre 1791.

« Depuis ma dernière lettre, cher Hector, notre existence a pris une face nouvelle. Je laisse à l'abbé le soin de vous entretenir des affaires publiques. Seulement, soyez en garde contre ses prophéties, car il voit tout en noir. Dès que le roi le voudra, il saura bien mettre à la raison les brouillons dont tout le monde parle aujourd'hui et dont personne peut-être ne se souviendra dans un mois. Croyez-moi, cher Hector, jamais la France n'a été plus heureuse : jamais l'avenir ne s'est annoncé sous des couleurs plus séduisantes. Je ne veux vous entretenir aujourd'hui que de votre famille. Depuis que vous êtes parti, le château n'avait pas encore été aussi gai. Nous avons ici un hôte charmant, M. Gustave de Kernis, qui nous est arrivé avec une lettre de recommandation de notre vieil et cher amiral. Madame de Valcreuse a d'abord refusé de le voir; mais enfin elle a consenti, et dès lors, rien n'a plus manqué à l'agrément de nos réunions. Par sa grâce, par son élégance, par la gaieté de sa conversation, M. de Kernis devait avoir raison de l'humeur sauvage de Gabrielle. Je ne pense pas, mon frère, avoir jamais rencontré à la cour un gentilhomme plus accompli. En l'écoutant, en lui donnant le bras, en parcourant avec lui nos paisibles campagnes, je songe malgré moi au chevalier de R... et au marquis de C... Bien qu'étranger à Versailles, il semble avoir passé toute sa vie à l'Œil-de-Bœuf ou au petit lever, tant il a d'aisance et de noblesse. Je vous le répète, mon frère, je n'ai jamais connu de plus parfait cavalier.

« Il n'a pu voir Irène sans l'aimer. Quant à Irène, dont vous connaissez l'humeur vive et enjouée, quand une fois elle l'attaque, sa langue ne s'arrête plus : ce sont des espiègleries, des rires sans fin, d'aimables folies qui me rajeunissent et me reportent aux plus belles années du règne de Sa Majesté Louis XV. Le beau règne, mon frère ! C'est alors qu'on savait aimer ! M. de Kernis n'a pas encore demandé la main d'Irène; mais, au point où en sont les choses, il ne peut ajourner longtemps le tendre aveu que je prévois. Il est trop bien né pour compromettre, par ses assiduités, une fille de bonne maison. J'espère donc vous annoncer, dans ma prochaine lettre, le mariage de notre chère Irène. Si vous pouviez y assister, notre bonheur serait complet.

« Votre affectionnée sœur,

« ARMANTINE DE VALCREUSE. »

M. de Valcreuse avait rencontré autrefois le père de M. de Kernis ; il connaissait le rang et l'ancienneté de cette famille. Il se réjouit donc à la pensée du prochain mariage d'Irène. Il ne put s'empêcher de sourire du tour galant que sa sœur savait donner à ses confidences et du regard attendri qu'elle jetait sur ses belles années. Cette lettre, malgré son ton frivole, le toucha pourtant, car il savait tout ce que mademoiselle Armantine cachait d'affection sincère, de dévouement vrai sous la légèreté de son langage.

Irène lui disait :

« Si vous étiez ici, mon cher cousin, peut-être sauriez-vous m'expliquer ce qui se passe dans mon cœur. Vous êtes absent, je vous regrette, et pourtant je suis heureuse, je suis gaie ; jamais la vie ne m'a semblé si légère, si facile à porter. Qu'est-il arrivé ? rien, vraiment. Votre sœur est toujours bonne, toujours excellente pour moi. L'abbé, quoique toujours un peu prêcheur, n'a rien perdu de sa bonhomie et se prête à mes enfantillages avec la même patience. Gabrielle est toujours pour moi la sœur adorable que vous savez. Qu'est-il donc arrivé ? moins que rien : nous avons un beau jeune homme que j'ai rencontré au bal. Il vient souvent ici, je ne sais trop pourquoi. Il s'appelle Gustave de Kernis. On dit qu'il a vingt-six ans ; mais, vrai, il ne paraît pas les avoir. Il y a tant de grâce, d'élégance et de souplesse dans chacun de ses mouvements, qu'il semble avoir vingt ans tout au plus. Mademoiselle Armantine, qui s'y connaît, assure qu'il a les manières et le ton de la cour.

« Il possède un charme qu'on ne saurait définir. Ici tout le monde l'aime. Gabrielle, qui d'abord ne voulait pas le voir, se mêle à toutes nos parties depuis qu'elle l'a vu. Grâce à lui, les journées sont maintenant des heures. Il arrive le matin et dîne au château ; le soir, nous l'accompagnons à mi-chemin. Il demeure dans le Marais ; il est presque notre voisin. Toutes mes espiègleries sont de son goût, toutes mes reparties l'enchantent; on dirait qu'il est de mon âge. Voilà comment s'écoule notre vie. Y a-t-il là de quoi m'égayer, de quoi me rendre si heureuse ? Dites-le-moi, mon cher cousin, ou plutôt venez me le dire.

« Savez-vous que j'ai dix-huit ans et qu'il serait grand temps de songer à me marier ? Pensez-vous à ma corbeille ? Il me faut au moins trois cachemires. Je ne vous dis pas les couleurs que je préfère; ce serait vous montrer de la défiance et je m'en voudrais toute ma vie.

« Adieu, mon cher Hector. Je vous embrasse ; à bientôt, n'est-ce pas ?

« Votre cousine,

« IRÈNE. »

— Ma sœur a raison, se dit M. de Valcreuse en achevant cette lettre ; ils s'aiment. Si la France est agitée, du moins ma famille est heureuse. Il me reste encore un coin de terre où ma pensée peut se reposer en paix.

Puis il ouvrit la lettre de l'abbé :

« MON CHER HECTOR,

« Depuis ma dernière lettre, tout est bien changé. La France, qui semblait n'avoir d'autre passion que la justice et la liberté, foule aux pieds sans respect, sans pudeur, les droits les plus sacrés, les institutions les plus vénérables. Ce n'est plus de liberté qu'il s'agit maintenant; l'anarchie règne en souveraine. Le prestige séculaire de la royauté s'évanouit. Nous venons de voir le roi et sa famille arrêtés comme des fugitifs et ramenés comme des prisonniers. Les principes les plus téméraires, les rêves les plus audacieux marchent le front levé. Puisque vous aimez sincèrement notre patrie que vos aïeux ont servie si glorieusement, votre place n'est plus dans les mers de l'Inde, mais ici même, au cœur de la France. C'est ici seulement que vous pourrez accomplir les devoirs que la Providence vous impose. C'est ici seulement que vous pourrez vous montrer digne du nom de vos aïeux.

« Vos devoirs de citoyen ne sont pas d'ailleurs les seuls qui vous rappellent ici. Je suis inquiet, mon cher Hector ; je suis inquiet sans savoir pourquoi. Depuis l'arrivée d'un nouvel hôte, depuis l'arrivée de M. de Kernis, la vie du château s'est animée ; les journées s'écoulent dans une douce intimité, et pourtant je suis inquiet. Mademoiselle Armantine, qui, vous le savez, n'est pas et n'a jamais été la clairvoyance en personne, s'entête à soutenir que M. de Kernis a une affection décidée pour Irène. Moi-même, je l'ai cru d'abord, j'ai cru que c'était un mari pour votre cousine. D'où vient cependant qu'il ne s'est pas encore déclaré ? qu'attend-il ? Revenez au plus vite, revenez pour ne manquer à aucun de vos devoirs. Les périls de la royauté ne permettent pas à un Valcreuse de demeurer loin de son roi ; l'affection que vous portez à votre famille ne vous permet pas de la laisser plus longtemps sans chef et sans guide. Revenez, mon cher Hector, revenez, je vous en conjure. N'écoutez pas les paroles étourdies de mademoiselle Armantine qui n'a pas su vieillir. Croyez-en mon expérience ; si je n'ai pas affronté moi-même les orages de la passion, si je n'ai pas quitté le port, je connais pourtant les présages, les signes avant-coureurs de la tempête ; votre place est parmi nous. La dynastie aux abois vous rappelle en France ; le repos de votre famille vous rappelle à votre foyer. Au nom de notre vieille et constante amitié, ne perdez pas un instant pour défendre la royauté ; ne perdez pas un instant pour défendre notre bonheur.

« GERVAIS. »

A la lecture de cette lettre, M. de Valcreuse fut saisi d'un frisson mortel. Comment expliquer la sourde inquiétude de l'abbé ? Comment la concilier avec la sécurité de mademoiselle Armantine, avec la gaieté d'Irène ? Que se passait-il donc au château ? Que s'était-il passé depuis le jour où l'abbé avait écrit ces lignes empreintes d'une paternelle, d'une ardente sollicitude ? Hector prit dans ses mains la lettre de Gabrielle et la froissa convulsivement : il n'osait plus l'ouvrir.

Cependant, après quelques moments d'hésitation, il se prit à sourire. Le bonheur d'Irène était seul menacé. L'abbé s'alarmait avec raison de l'imprudence et de l'aveuglement de mademoiselle Armantine ; mais il exagérait le danger, le mal n'était pas sans remède.

Cette réflexion le rassura, il ouvrit la lettre avec bonheur. L'effroi même qui avait traversé son cœur venait de lui montrer à quel point il aimait Gabrielle. Il rompit le cachet, et, avant de lire, porta les feuillets à ses lèvres, comme pour demander pardon à sa femme d'avoir douté d'elle un seul instant.

« Pourquoi êtes-vous parti ? pourquoi m'avez-vous quittée, au moment où notre bonheur commençait à peine ? Quand je vous ai vu pour la première fois, vous aviez renoncé à la vie de mer ; vous sembliez résolu à ne chercher d'autres joies que les joies de la famille. Vous paraissiez prendre en dédain et presque en pitié tous les hochets dont se compose la renommée. Quel motif impérieux, quelle cause puissante et inconnue a changé subitement toutes vos résolutions ? La gloire est-elle maintenant pour vous plus séduisante qu'autrefois? Les joies du foyer qui vous souriaient, qui vous semblaient assez riches, assez variées pour absorber toutes vos facultés, ont-elles perdu à vos yeux toute leur valeur? En vérité, plus je pense à votre départ, plus je cherche à me l'expliquer, et plus je me perds en conjectures. J'ai beau interroger mes souvenirs, me rappeler jour par jour toutes les paroles qui vous sont échappées, il m'est impossible de trouver dans le passé la raison du présent. Jeune, envié, indépendant par votre fortune, appelé par votre mérite aux plus hautes destinées, vous aviez préféré le bonheur au bruit; vous m'aviez choisie pour votre compagne, et votre choix dont j'étais fière était pour moi un témoignage éclatant de confiance. En me jugeant digne de votre nom, vous sembliez me dire que vous vouliez désormais m'associer à toutes les fêtes comme à tous les chagrins de votre existence. Et cependant vous êtes parti, vous êtes parti sans m'expliquer cet abandon inattendu. Le service du roi vous réclamait? Le rang de vos aïeux vous défendait l'oisiveté? Est-ce là, dites-moi, votre unique réponse? Pour imposer silence à mes regrets, pour fermer la bouche à ma tendresse, pour étouffer mes plaintes, n'avez-vous aucune parole plus consolante et plus douce?

« Vous m'avez ouvert votre maison; votre sœur est devenue la mienne, vos amis sont devenus les miens, et quand je me préparais à jouir de tous les biens dont vous m'aviez comblée, vous êtes parti comme si vous ne laissiez derrière vous qu'une âme ingrate, incapable de vous comprendre. Dites-moi, je vous en conjure, dites-moi pourquoi vous m'avez quittée. Avez-vous douté de ma reconnaissance et de mon affection? Je crains de vous avoir éloigné de moi en ne vous montrant que la moitié de moi-même; vous n'avez vu en moi qu'une épouse respectueuse et soumise, l'épouse tendre et dévouée vous est demeurée cachée.

« Ah! si Dieu, prenant pitié de ma faiblesse, vous eût permis de lire dans ma conscience, vous m'eussiez appelée dans vos bras. Songez à l'éducation que j'ai reçue, à la vie que j'ai menée avant de vous connaître, et ne vous étonnez pas de mon embarras et de mon silence. Destinée au couvent, j'étais habituée depuis longtemps à renfermer en moi-même tous les sentiments qui m'agitaient.

« Quand vous m'avez choisie pour votre compagne, la reconnaissance aurait dû délier ma langue, et je n'ai pas su parler; vous avez douté de moi, je le sens aujourd'hui; et c'est moi seule que je dois accuser. Vous êtes parti croyant ne pas me laisser de regrets, et mon silence vous donnait le droit de le croire.

« Et pourtant, à l'heure suprême des adieux, n'avez-vous pas vu mon trouble et mon effroi? Que vous ai-je dit? je ne le sais plus maintenant. Je voulais vous retenir; mon dernier regard ne vous l'a-t-il pas dit?

« Revenez, je vous en conjure, revenez, j'ai besoin de vous. Quand vous étiez près de moi, je n'ai pas su vous dire ce qui se passait au fond de mon âme; la solitude m'a révélé toute l'étendue de ma faute. Revenez, renoncez à la gloire nouvelle que vous êtes allé chercher. Votre nom est assez beau, assez grand pour faire envie aux plus ambitieux. Vous avez fait vos preuves, et vous pouvez vous reposer sans crainte qu'on gourmande votre oisiveté. Je vous aime, je vous appelle, refuserez-vous de m'entendre? Je vous aime, je trouverai pour vous le dire des paroles dignes de vous; ne voulez-vous pas les écouter? Ne m'avez-vous montré le bonheur que pour me le dérober au moment où j'allais en jouir? La solitude m'accable, ma raison se trouble et s'affaiblit; ma volonté ne sait plus où se prendre et succombe à la tâche.

« A chaque heure du jour vous me manquez; votre présence est nécessaire à mon repos; séparée de vous, je doute de moi-même, et n'ai confiance dans aucune de mes pensées. J'aurais en vous un juge et un ami qui m'affermirait en m'éclairant. Que ne puis-je vous raconter toutes mes inquiétudes, toutes mes défaillances? Je sais que vous m'aimez, je l'espère, j'ai besoin de l'espérer. Si vous ne m'aimiez pas, si la pitié seule, une pitié généreuse, vous avait décidé à me sauver du cloître, c'est à votre pitié que je m'adresserais. Accomplissez jusqu'au bout l'œuvre de bienfaisance que vous avez commencée; n'abandonnez pas, ne livrez pas au découragement le cœur qui a mis en vous toute son espérance. C'est une prière, c'est un cri de détresse que je vous envoie.

« Je vous implore, je vous appelle comme un sauveur. Au nom de la tendresse que vous m'avez inspirée, au nom de l'estime profonde que je vous ai vouée, je vous supplie de revenir. Ah! je suis malhabile, je le crains bien. Je ne trouve pas les paroles qui pourraient vous attendrir et vous ramener près de moi. Soyez bon, soyez généreux, revenez parce que je suis faible, revenez pour me soutenir, me guider. Revenez pour être mon conseil et mon appui; revenez et je vous bénirai. En vous laissant partir j'ai commis une grande faute; en vous cachant combien vous m'étiez nécessaire, j'ai mérité l'abandon, j'ai perdu le droit de me plaindre. Je ne me défends pas, et pourtant j'espère en vous. Je tends les bras vers vous, je vous invoque d'une voix suppliante. Oubliez ma faute, oubliez mon silence qui m'accuse, ne songez qu'à ma faiblesse, revenez.

« Oh! mon Dieu, quand je pense à l'intervalle immense qui nous sépare, quand je pense aux jours nombreux qui vont s'écouler avant que ma voix arrive jusqu'à vous, aux jours nombreux qui s'écouleront encore avant que je reçoive votre réponse, mon esprit s'égare. Pourquoi êtes-vous parti ?

« GABRIELLE. »

Qui pourrait peindre la stupeur de M. de Valcreuse! Il avait ouvert cette lettre avec un sentiment de bonheur et de sécurité, il la laissa tomber avec un sentiment d'épouvante. Jamais Gabrielle, dans aucune de ses lettres, ne lui avait témoigné cet effroi, cette défiance d'elle-même. Jamais elle ne l'avait rappelé d'une voix où se trahit tant de détresse ; elle n'avait jamais exprimé si vivement les angoisses de l'absence. Quel abîme inattendu s'était ouvert sous ses pas ? quels fantômes peuplaient sa solitude? quels spectres menaçant veillaient à son chevet? L'abbé, qui voyait le danger, n'osait-il le signaler tout entier ? avait-il dit tout ce qu'il savait ? Ces deux lettres s'éclairaient mutuellement d'une lueur sinistre. Irène était-elle la seule pour laquelle il fallût trembler? Pourquoi l'abbé n'avait-il pas nommé Gabrielle? pourquoi Gabrielle n'avait-elle pas nommé M. de Kernis?

Il demeura longtemps abîmé dans ces réflexions. Il aimait Gabrielle ; ce n'était pas par pitié seulement qu'il l'avait épousée ; il l'aimait d'une affection sincère et profonde; il reconnaissait maintenant qu'il n'avait pas fait tout ce qu'il devait faire pour conquérir ce noble cœur, cette âme timide et fière ; il sentait que son bonheur était en elle; ce bonheur qu'il avait laissé échapper, il se promettait, au retour, de le mériter, de s'en saisir, de le garder à tout jamais. Et voilà qu'un autre allait s'emparer de ce trésor! Comment le défendre ? comment le disputer?

La tête entre ses mains, il s'enfonçait de plus en plus dans ce dédale désespéré, quand tout à coup il se leva.

— Non, s'écria-t-il, non, c'est impossible ! Non, Gabrielle n'est pas perdue pour moi. C'est une âme loyale qui ne saurait manquer à ses devoirs. Quand la seule reconnaissance l'attacherait à moi, Gabrielle ne briserait par ce lien sacré. Comment un étranger, un hôte de quelques jours, aurait-il gagné si vite le cœur qui s'était fermé devant moi? Non, Gabrielle n'est pas parjure ; elle m'a promis de porter mon nom, de le garder sans tache, de veiller sur l'honneur de ma maison ; elle n'a pas trahi ses serments. M. de Kernis est de noble race : peut-il mentir au sang de ses aïeux, abuser lâchement de l'hospitalité? Entre une jeune fille dont le cœur et la main sont libres et une femme qui ne s'appartient pas, peut-il hésiter? Irène est belle : comment ne l'aimerait-il pas? Elle peut être à lui : comment ne serait-il pas heureux de posséder sans trouble et sans remords tant de grâce et de jeunesse?

En se parlant ainsi, il marchait à grands pas, et l'espérance renaissait dans son cœur.

— Elle m'aime, se disait-il, elle m'aime, et son cri de détresse n'est qu'un cri d'amour. Elle souffre, elle languit loin de moi. Elle a compris, elle aussi, qu'elle se trompait, qu'elle n'avait pas deviné tous les trésors de tendresse enfouis dans mon cœur. Elle souffre et me tend les bras. Elle a raison ; pourquoi suis-je parti ? Pourquoi m'acharner à la poursuite d'une gloire qui fuit devant moi ? La gloire vaut-elle le bonheur que j'avais sous la main ? Allons, n'attendons pas plus longtemps. La démission que j'ai offerte avec tant d'instances est acceptée sans doute ; sans doute enfin on me rappelle en France. Partons ! Toit de mes pères, je vais donc te revoir ! Retraite paisible où je suis né, je ne te quitterai plus ! Gabrielle, Armantine, Irène, et vous aussi, mon vieil ami, vous tous que j'aime, vous si dignes d'amour, non, je ne vous quitterai plus !

Et sa main impatiente cherchait au milieu des papiers épars, la permission de revenir en France, qu'il avait si ardemment sollicitée.

Il aperçut une lettre dont l'écriture lui était inconnue ; il l'ouvrit machinalement, et son regard courut à la signature.

C'était une lettre de la marquise de Presmes.

Paris, 3 septembre 1791.

« Je n'étais pas digne de vous. Je ne suis qu'une femme passionnée pour les joies du monde, amoureuse de l'éclat et du bruit. Mon esprit mobile et capricieux, mon cœur avide de distractions, ne pouvaient convenir à un homme tel que vous. Vous vivez, je le sais, dans le commerce assidu des grandes pensées ; votre caractère n'est pas fait pour le monde ; votre cœur s'émeut difficilement et choisit l'objet de ses affections avec une sévérité légitime, sans doute, mais qui devait m'effrayer. Comment ai-je pu espérer un seul instant que vous abaisseriez vos regards jusqu'à moi ? Pour m'inspirer cette folle ambition, il a fall les conseils imprudents, les encouragements téméraires de votre sœur. Dans les entretiens trop peu nombreux que vous avez bien voulu m'accorder, j'ai appris à vous connaître et j'ai fait sur moi-même un retour douloureux ; je me suis avoué, et je ne rougis pas de confesser devant vous toute mon infériorité. Non, je n'étais pas digne de vous. A des âmes telles que la vôtre, il faut des âmes d'élite, habituées aux régions sereines et presque divines vers lesquelles vous vous élevez sans effort. Si Dieu eût consenti à me donner des ailes pour tenter ces régions inaccessibles aux âmes vulgaires, ma plus grande joie, mon suprême bonheur eût été de vous suivre. Peut-être eussiez-vous été assez généreux pour mesurer votre essor sur le mien. Mais Dieu m'avait interdit une si haute destinée ; il m'a refusé les ailes qui pouvaient me rapprocher de vous, et je suis retombée dans le monde ignorant et futile, pour lequel il m'avait faite.

« Le jour où j'ai compris que je devais renoncer à vous, a été pour moi un jour d'abattement et de désespoir. Pouvait-il en être autrement ? J'aurais été si heureuse de sentir, de penser avec vous ; j'aurais éprouvé une joie si enivrante à deviner, à devancer, à exprimer avant vous les idées qui n'étaient pas encore arrivées sur vos lèvres ! Que ne peut l'amour? Si vous l'aviez voulu, il vous eût été bien facile de changer mes habitudes de frivolité. Vous n'auriez eu qu'à me tendre la main pour m'élever jusqu'à vous. Mais je ne méritais pas de vous appartenir, de porter votre nom. Vous dire quelle a été ma douleur, quand j'ai senti que je ne devais pas devenir votre compagne, qu'un rang si glorieux et si digne d'envie m'était à jamais refusé, je ne l'essayerai pas. Ma tristesse a été profonde ; aujourd'hui même, mes regrets ne sont pas encore apaisés. Le monde qui s'agite autour de moi, sur lequel je comptais pour me consoler, n'a pas réussi à me guérir. Comment oublierais-je, en effet, qu'il m'a été donné d'espérer que je deviendrais l'épouse d'un Valcreuse, que je pourrais paraître à la cour, appuyée sur le bras d'un héros, du vainqueur de l'*Invincible* ?

« Cependant, malgré la vivacité obstinée de ma douleur, je me suis résignée ; le monde le croit du moins, et cette croyance suffit à ma fierté.

« Une pensée m'a soutenue dans cette épreuve terrible : je sentais que j'étais pour quelque chose dans votre bonheur.

« Gabrielle seule était digne de vous, et je me félicitais d'avoir, par mes soins assidus, par mes conseils, par mon affection vigilante, préparé Gabrielle à l'honneur éclatant qui lui était réservé ; je m'applaudissais d'avoir formé une âme sœur de la vôtre.

« La passion soudaine qui vous entraînait vers ma fille bien-aimée pouvait-elle me surprendre ? N'aurais-je pas dû la pressentir, la deviner ? Vos deux âmes étaient si bien assorties, si bien faites l'une pour l'autre, qu'elles ne pouvaient manquer de se confondre dans une mutuelle extase. Pour se comprendre, pour s'apprécier, il leur suffisait de se rencontrer. Aussi, malgré l'amertume de mes regrets, en vous voyant offrir votre main à Gabrielle, mon cœur n'a pas ressenti un mouvement de colère, ma bouche n'a pas prononcé une plainte, et j'ai béni la sagesse souveraine qui vous avait éclairé. En contemplant votre bonheur, j'ai tressailli et me suis dit, dans le secret de ma conscience, que je devais m'immoler sans laisser échapper un murmure. Pour ne pas vous affliger, j'ai composé mon visage, j'ai crié silence à mon cœur, et, grâce à Dieu, grâce à mon amour même, j'ai réussi à vous tromper.

« Mon rôle était-il achevé ? N'avais-je plus envers vous aucun devoir à remplir ? Je ne l'ai pas pensé.

« Uni à la femme que vous aimiez, que vous aviez choisie, qui, par ses hautes facultés, était seule capable de vous comprendre et de s'associer à vos aspirations généreuses, pouviez-vous songer à priver votre pays de vos services ? Ne deviez-vous pas à la France le tribut de vos lumières, l'offrande de votre énergie ? Pouviez-vous, sans lâcheté, vous enfermer dans votre bonheur ? Vivre pour vous seul, oublier votre patrie pour vos devoirs d'époux eût été méconnaître votre glorieuse origine. Un tel égoïsme était indigne de vous, et j'ai voulu vous en épargner la honte.

« Le gouvernement du roi semblait ne plus se souvenir de vous ; les titres qui vous recommandaient, qui vous désignaient au choix du ministre avaient besoin, pour reprendre toute leur valeur, tout leur éclat, d'un avocat fidèle et dévoué. Il y avait là de quoi me tenter : aussi n'ai-je pas hésité. Vous boudiez la gloire, j'ai voulu l'envoyer au-devant de vous. J'avais conservé des amis nombreux et puissants ; je les ai tous intéressés en votre faveur ; pour vous, j'ai remué le ciel et la terre. J'ai trouvé dans mon affection une éloquence sur laquelle je n'osais pas compter. Ma voix, tour à tour insinuante et hautaine, a su réveiller toutes les passions qui pouvaient servir au succès de mon entreprise. En vous perdant sans retour, je n'avais pas cessé de vous aimer : me pardonnerez-vous d'avoir eu de l'ambition pour vous ?

« Toutes mes espérances ont été comblées ; vous avez obtenu le grade qui vous était dû, que vous aviez si bien mérité. Un commandement secondaire pouvait ne pas vous tenter ; pour que la séduction fût complète, le ministre vous a confié la frégate que vous aviez vous-même prise à l'abordage, il vous a fait roi du royaume que vous aviez conquis. Ainsi la gloire vous ouvrait les bras ; votre destinée s'accomplissait

« Étais-je quitte envers vous ? Le dévouement d'un amour sincère ne se lasse jamais. Gabrielle restait seule avec le souvenir d'un bonheur à peine entrevu. Eût-il été généreux de l'abandonner à elle-même ? La bonté inépuisable de mademoiselle Armantine, la conversation de l'abbé Gervais, la gaieté d'Irène pouvaient-elles suffire à la consoler ? On mène, je le sais, au château de Valcreuse, une vie charmante ; on y conserve fidèlement toutes les traditions élégantes de la cour ; l'ennui n'est jamais entré sous votre toit. Entre les récits piquants de votre sœur et les réflexions de l'abbé Gervais, dont l'esprit plane, comme un aigle, au-dessus des événements, comment l'ennui trouverait-il place ? Ah ! c'est là qu'il est doux de vivre ! C'est dans cet Éden que la vie s'écoule en heures enchantées ! Mais, comment combler le vide que laissait en partant un homme tel que vous ? Après avoir assuré le bonheur de Gabrielle en vous donnant sa main, il me restait un devoir à remplir, devoir difficile, dont je comprenais toute la gravité : il fallait adoucir pour elle l'amertume de votre absence.

« Ma fille bien-aimée avait connu, avant son mariage, du vivant de M. de Presmes, un jeune homme qui se recommandait par la grâce de ses manières, par le charme de son esprit, par l'excellence de son éducation, M. Gustave de Kernis. Il n'avait pu voir Gabrielle sans l'aimer, et, sans réaliser l'idéal de Gabrielle, il n'était pourtant pas accueilli avec indifférence. Vous seul pouviez donner une forme vivante aux rêves de cette créature éthérée, vous seul pouviez contenter l'ardeur de cette âme angélique ; cependant ils s'aimèrent. Malheureusement pour lui, M. de Kernis était pauvre, et M. de Presmes ne consentit jamais à lui accorder la main de sa fille. Ce refus désespéra Gabrielle, qui n'entrevoyait pas les desseins de la Providence et ne se savait pas réservée à de si glorieuses destinées. Ils se quittèrent dans les larmes. Pour vous mettre à même de juger de la passion de M. de Kernis, je vous envoie une de ses lettres.

« M. de Kernis est un galant homme, loyal, généreux, dévoué ; il a conservé pour Gabrielle une amitié sincère et toute fraternelle. C'est sur lui que j'ai jeté les yeux pour tromper les ennuis de notre belle délaissée. Un héritage à recueillir appelait M. de Kernis dans le Bocage, où il allait se trouver complétement isolé. Admirez ma tendresse ingénieuse : je lui ai fait offrir une lettre de recommandation pour mademoiselle Armantine. Et ne croyez pas qu'il se soit présenté avec une recommandation vulgaire. Il est arrivé sous les auspices du vieil amiral sous qui vous avez fait vos premières armes, et qui jadis brûla pour votre sœur d'une flamme discrète. Aussi toutes les portes se sont ouvertes devant lui.

« N'allez pas au moins vous alarmer en lisant ma lettre. M. de Kernis n'a rien de ce qui peut inquiéter un mari. Il a vingt-six ans, il est beau, il parle agréablement sur toutes sortes de sujets ; mais il ne sera jamais pour vous un rival dangereux. Gabrielle a trop de goût et de bon sens pour ne pas comprendre l'intervalle immense qui le sépare de vous. Plus elle vivra près de lui, plus elle sentira le prix de son mari. La comparaison, loin de vous nuire, vous fera plus grand à ses yeux. La jeunesse, la grâce, l'amabilité, le charme de M. Gustave de Kernis ne réussiront jamais à effacer dans le cœur de Gabrielle l'image resplendissante d'Hector de Valcreuse. Remerciez-moi donc d'avoir pris soin de votre bonheur avec une sollicitude toute maternelle. Absent ou présent, vous occupez toujours ma pensée. Ce n'était pas assez de vous avoir donné ma fille bien-aimée ; il fallait vous préparer pour le retour un cœur impatient de vous revoir. J'ai fidèlement accompli la tâche que m'imposaient mes sentiments pour vous. Ai-je tort de compter sur la reconnaissance de mon meilleur ami ?

« ZÉNAÏDE, marquise de Presmes. »

A cette lettre était jointe une lettre de M. de Kernis à Gabrielle, que la marquise avait interceptée, lettre brûlante où il rappelait, avec cette complaisance familière aux amants, les débuts de leur passion mutuelle. Il racontait comment ils s'étaient vus pour la première fois, comment ils s'étaient sentis entraînés l'un vers l'autre par une irrésistible sympathie. Il n'oubliait aucun détail, et M. de Valcreuse put assister jour par jour, heure par heure, aux regards échangés, aux serrements de main, à l'embarras, à l'ivresse des premiers aveux. Chaque mot de cette lettre enflammée pénétra dans son cœur comme un fer rouge.

Tout s'expliquait maintenant : l'inquiétude de l'abbé, les angoisses de Gabrielle. Le danger que signalait l'abbé, ce n'était pas Irène qu'il menaçait. Le cri que poussait Gabrielle était bien un cri de détresse. Ils s'étaient aimés, ils s'aimaient encore ; ils se voyaient chaque jour, ils se voyaient au château ; ils se voyaient dans les bois. Si Gabrielle le rappelait d'une voix suppliante, elle doutait donc de ses forces, elle se défiait donc d'elle-même, elle sentait donc la terre manquer sous ses pas ! Et depuis qu'elle avait poussé ce cri désespéré, que s'était-il passé ? Et lors même qu'il pourrait partir sur-le-champ, que se passerait-il jusqu'à son retour? On lui volait son bien, son honneur, sa vie, et des milliers de lieues le séparaient du trésor qu'il aurait voulu défendre. Tous les serpents de la jalousie lui déchiraient le sein; tout l'enfer était dans son âme.

— Ah! s'écria-t-il d'une voix furieuse en frappant du poing la table où gisaient éparses toutes ces lettres empoisonnées, voilà donc comme ils m'aiment! Voilà donc comme ils veillent sur mon bonheur! Voilà comme ils veillent sur l'honneur de ma maison! Ma sœur ne voit rien; elle est folle. L'abbé voit tout et n'empêche rien, c'est un lâche. Ah! poursuivit-il avec un profond sentiment de douleur, je comprends maintenant pourquoi tu ne m'aimais pas; je comprends maintenant pourquoi ton cœur rebelle repoussait obstinément le mien. Je sais maintenant, je sais le secret de ta pâleur mortelle, le jour où je t'offris ma main; je sais le secret de ton épouvante quand je t'appelais dans mes bras. Ce n'était pas devant l'amour, c'était devant moi que tu tremblais. Un spectre inexorable se dressait entre nous, le spectre de ton amant. C'était lui qui arrêtait les paroles sur tes lèvres; c'était lui qui glaçait ton front sous ma bouche. Qu'il soit maudit! Soyez maudits tous deux!

Pâle, anéanti, haletant, il s'arrêta et demeura longtemps plongé dans un désespoir muet. La force lui manquait, même pour la colère; il ne lui restait plus que la force de souffrir. Enfin, son énergie se réveilla.

— Partons! s'écria-t-il, partons! Je voulais aller

retrouver le bonheur; allons le disputer, s'il en est encore temps, ou me venger, s'il est trop tard.

Il ouvrit la dépêche du ministre et lut :

Ministère de la marine et des colonies, 5 septembre 1791.

« J'ai reçu, Monsieur, la lettre que vous m'avez adressée le 9 avril de la présente année, et par laquelle vous me demandez l'autorisation de revenir en France, en priant Sa Majesté d'agréer votre démission. Je regrette, Monsieur, de ne pouvoir, dès à présent, faire droit à votre demande. L'état de nos relations avec l'Angleterre exige encore, pour quelques mois, votre présence dans les mers de l'Inde. Aussitôt qu'il me sera permis de vous rappeler en France, je m'empresserai de vous le faire savoir. »

M. de Valcreuse, en achevant cette dépêche, demeura immobile et comme foudroyé.

XII

Par les lettres que nous venons de transcrire, on peut juger du château de Valcreuse pendant l'automne de 1791. M. de Kernis, en recevant la lettre où Gabrielle se justifiait, avait changé brusquement de résolution. Il allait partir, la croyant parjure, infidèle, prenant pour de la haine son amour qui se réveillait. Quand il sut qu'il n'avait pas été trahi, il eut honte de sa colère et ne sentit plus que son amour. Il resta sans projets arrêtés, il resta parce qu'il avait offensé Gabrielle, parce qu'il lui devait une réparation, parce que sa fuite eût été une nouvelle offense; il resta parce qu'il l'aimait. M. de Kernis était un noble cœur; il savait qu'une infranchissable barrière le séparait à jamais de madame de Valcreuse ; la détourner de ses devoirs était une pensée indigne de lui, une pensée qui ne pouvait entrer dans son âme. Gabrielle avait dit vrai, elle était morte pour lui. Il ne voulait que la revoir, lui demander pardon du regard, se justifier à son tour en s'humiliant silencieusement devant elle, lui dire un dernier adieu, puis partir pour ne la revoir jamais. La passion est ainsi faite : elle s'abuse, elle s'aveugle, elle se glorifie dans une force imaginaire, elle se dit prête à consommer les plus rudes sacrifices pour s'encourager à de nouvelles fautes.

Ce qu'ils éprouvèrent en se voyant, on peut le deviner sans peine ; ils ressentirent une émotion profonde, mais leur visage n'en laissa rien paraître. L'abbé lui-même, quoique déjà inquiet, l'abbé, si clairvoyant d'ordinaire, ne sut pas lire dans leurs regards le drame qui s'était accompli à son insu. Mademoiselle Armantine, malgré sa bonté, se réjouit involontairement de la pâleur de Gabrielle ; en la voyant reparaître au salon, plus grave, plus morne que jamais, elle comprit que son empire n'était pas compromis, et que le sceptre demeurait entre ses mains. Irène, tout entière à la joie de retrouver sa cousine, heureuse et fière de lui montrer M. de Kernis, comblait Gabrielle de caresses et ne se doutait guère qu'elle le perdait en la retrouvant.

M. de Kernis ne voulait que revoir Gabrielle et partir, les jours s'écoulèrent, et il ne partit pas. Chaque soir, en se retirant, il se disait : Je partirai demain, et chaque matin, il retournait au château. Est-il besoin de dire le charme qui l'attirait? Ce n'était pas la curiosité qui s'attache toujours aux débuts d'une passion nouvelle; ce n'étaient plus la grâce et le sourire d'Irène; c'était l'entraînement inavoué d'une passion, depuis longtemps maîtresse de son cœur, qui se ranimait avec toute son énergie, toute sa puissance. Ses assiduités n'étonnaient personne. Tout le monde pensait, au château, qu'Irène seule l'appelait. Mademoiselle Armantine en était convaincue; l'abbé n'en doutait pas; Irène le croyait, et Gabrielle s'efforçait de le croire. Grâce à cet aveuglement général, madame de Valcreuse et M. de Kernis se voyaient tous les jours, et leur situation mutuelle devenait d'autant plus dangereuse qu'ils étaient pleins tous deux d'une folle sécurité. L'attitude résignée de M. de Kernis vis-à-vis d'elle, son empressement auprès d'Irène, rassuraient madame de Valcreuse; la réserve et le visage de Gabrielle interdisaient à M. de Kernis jusqu'à l'ombre même d'une espérance. Chacun des deux, plein de confiance dans sa force, dans sa loyauté, dans la pureté de ses intentions, envisageait l'avenir sans effroi, et laissait couler les jours sans inquiétudes, sans alarmes. Et pourtant, quand M. de Kernis retournait chez lui, pendant toute la durée de sa route solitaire, il n'avait qu'une pensée, qu'un souvenir: Gabrielle! Et pourtant, quand Gabrielle était rentrée dans sa chambre, quand elle se trouvait seule, livrée à elle-même, elle n'avait, elle aussi, qu'un souvenir, qu'une pensée: Gustave de Kernis! C'est ainsi que leur passion silencieuse, contenue, grandissait dans l'ombre et amassait à leur insu les orages qui devaient, plus tard, éclater sur leurs têtes. Ce qu'il y avait de plus triste, c'était la crédulité insouciante et joyeuse de cette jeune et charmante fille, qui se croyait aimée, et qui, dans sa naïveté, s'abandonnait, sans défiance, au sentiment qu'elle croyait partagé.

Cependant rien ne se décidait ; M. de Kernis ne se déclarait pas. L'abbé que le retour de Gabrielle au salon avait d'abord rassuré, commençait à s'inquiéter de nouveau ; madame de Valcreuse, tout en redoutant le moment où M. de Kernis demanderait la main d'Irène, s'alarmait de son silence et déjà s'interrogeait avec effroi. Elle comprenait qu'elle avait entrepris une tâche au-dessus de ses forces, qu'elle s'était engagée dans une voie sans issue, entre les tortures de la jalousie et les angoisses du remords. Elle n'apercevait de tout côté que l'épouvante et le désespoir. Si M. de Kernis aimait Irène, la jalousie lui rongeait le cœur ; s'il ne l'aimait pas, pourquoi donc restait-il ? pourquoi ne partait-il pas ? quel espoir le retenait ? Mademoiselle Armantine et Irène avaient seules gardé toute leur sécurité.

L'inquiétude de l'abbé croissait chaque jour. Plusieurs fois, dans leurs réunions, tandis que M. de Kernis était assis auprès d'Irène, s'efforçant de paraître gai comme elle, et lui débitant quelques-uns de ces riens ingénieux qui faisaient la joie de mademoiselle Armantine, quelques-uns de ces madrigaux fleuris que la pauvre enfant prenait pour des paroles d'amour, l'abbé avait surpris le regard profond et attristé de Gabrielle. Quelquefois même il avait vu ses yeux se détourner de ce couple jeune et gracieux avec une expression d'indicible souffrance et de sourde colère. Une fois il l'avait trouvée pleurant; il avait voulu l'interroger, et Gabrielle s'était enfuie sans lui répondre. Ce jeune homme, qu'il avait d'abord tant aimé, lui inspirait un éloignement qu'il ne s'expliquait pas, qu'il combattait, qu'il ne pouvait réussir à surmonter. Quand il le voyait partir, il respirait plus librement; sa poitrine se resserrait quand il le voyait arriver. Quand il entendait le galop de son cheval dans la cour, le bruit de ses éperons sur le pavé, il se troublait comme à l'approche du danger.

Un soir enfin, comme M. de Kernis s'éloignait au pas, laissant la bride flotter sur le cou de son cheval et tournant de temps en temps la tête en arrière, l'abbé, qui jusque-là, caché derrière une haie, l'avait suivi d'un œil joyeux, avec un sentiment de délivrance, voulut savoir où s'adressaient ses regards : il aperçut à une fenêtre du château une tête immobile, attentive ; ce n'était pas la tête d'Irène. Il y avait dans l'air qu'il respirait quelque chose d'étrange, de menaçant. Il sentait que le terrain sur lequel il marchait était semé d'embûches, qu'il y avait au château un ennemi; mais cet ennemi, comment l'attaquer? comment engager la lutte ? Il maudissait Irène qui avait attiré M. de Kernis, maintenant établi au cœur de la place ; il maudissait mademoiselle Armantine qui l'avait accueilli ; il se reprochait à lui-même sa confiance, sa crédulité, sa complicité. Que lui reprocher pourtant ? comment l'éconduire ? S'adresserait-il à Gabrielle ? mais Gabrielle n'avait pas partagé leur fol engouement ; elle n'avait cédé qu'à leurs instances réitérées en consentant à le voir. De quel droit irait-il la prier de congédier ce jeune homme dont il avait été le premier à vanter le mérite, l'honneur, la loyauté ? Lui, si renommé pour sa clairvoyance, pour sa pénétration, comment avait-il pu se laisser prendre au piége ? Il ne pouvait penser sans honte, sans confusion, à tous les entretiens politiques où M. de Kernis avait si bien su l'enlacer. Il avait écouté, bouche béante, le développement de ses principes, la confidence de ses projets, de ses espérances, et à cette heure, bien qu'il ne sût encore de quoi l'accuser, il devinait vaguement qu'il avait joué le rôle de dupe. Dans cette cruelle perplexité, il prit le parti de s'adresser à mademoiselle Armantine.

Depuis plusieurs jours, il cherchait l'occasion de s'expliquer librement avec elle. Un soir, tandis que M. de Kernis se promenait au parc avec Gabrielle et Irène, l'abbé se trouva seul enfin avec mademoiselle de Valcreuse. Malgré l'éternelle jeunesse de son cœur, malgré l'inaltérable fraîcheur de ses souvenirs, la bonne demoiselle avait senti, ce soir-là, une première atteinte de rhumatisme. Elle essayait en vain de se tromper ; bon gré, mal gré, il fallait se rendre à l'évidence ; elle avait dû rester au logis. Dès qu'il se vit seul avec elle, l'abbé aborda franchement la question.

— Eh bien ! Mademoiselle, quand croyez-vous que M. de Kernis demandera la main de notre chère Irène ? Ne serait-il pas temps de se déclarer ? N'a-t-il pas assez attendu ? A quand donc le mariage ?

Étourdie sous cette avalanche de questions, mademoiselle Armantine demeura d'abord sans voix ; mais au dernier mot, au mot de mariage, elle dressa l'oreille, releva la tête et bondit fièrement dans la bergère où elle était à demi ensevelie. L'étonnement et la colère lui firent oublier un instant les douleurs impertinentes qu'elle ne voulait pas s'avouer.

— A quand le mariage, monsieur l'abbé ? Ai-je bien entendu ? A quand le mariage ? Savons-nous seulement si ces jeunes gens se conviennent ? Ils s'aiment, je le veux bien, je le crois comme vous ; mais ont-ils eu le temps de se le dire ? A quand le mariage ! Voilà un an tout au plus que M. de Kernis soupire, et vous parlez déjà de couronner sa flamme ! Entre gens bien nés, les choses ne vont pas si vite. J'ai vécu à la cour, je sais combien de temps un cœur doit résister avant de se rendre. Dans quel monde avez-vous vu qu'une jeune fille de bonne maison s'obtienne au prix d'un si court martyre ?

— Dans le monde où j'ai vécu, les jeunes gens s'épousent dès qu'ils s'aiment et qu'ils ont l'aveu de leurs familles. N'est-ce pas le parti le plus sage ? Je l'avais cru jusqu'ici.

— Vous vous trompiez, monsieur l'abbé. J'ai vu à mes pieds bien des soupirants ; leurs tendres plaintes ont duré plus d'une année, et pourtant pas un d'eux ne s'est cru assez sûr de mon cœur pour oser demander ma main.

— Nous ne sommes pas à la cour, Mademoiselle. Je vois ici un jeune homme qui vient tous les jours, une jeune fille qui tous les jours l'accueille en souriant. Ils s'aiment : que peuvent-ils faire de mieux que de se marier ?

— Se marier ! se marier !

— Oui, sans doute.

— Voulez-vous donc les conduire droit au but, et supprimer ainsi toutes les émotions, tous les enchantements du voyage ? Quand Irène, avec un peu de coquetterie, réussirait à désespérer M. de Kernis, où serait le mal ? Vous n'entendez rien à l'amour.

— Je le crois, Mademoiselle, je ne suis qu'un pauvre abbé ; je n'entends rien à tous ces raffinements ; mais le bon sens me dit que M. de Kernis ne peut rester ici plus longtemps, s'il ne s'explique pas.

— Et moi, je vous dis, s'écria mademoiselle Armantine d'une voix tremblante, je vous dis que si M. de Kernis eût osé s'expliquer déjà, je lui aurais fermé les portes du château. Il soupire discrètement ; il se conduit en vrai gentilhomme.

— Discrètement ! répéta l'abbé en hochant la tête.

— Vous auriez voulu, n'est-ce pas, qu'il lui lançât en plein visage l'aveu de son amour ? Pour moi, je lui sais gré de sa réserve, de sa timidité. Il prouve ainsi qu'il est vraiment épris.

— Tenez, Mademoiselle, parlons sincèrement.

En l'absence d'Hector, je dois, comme vous, veiller à la paix de son foyer, à l'honneur de sa maison. Eh bien! je suis inquiet. Il se passe ici quelque chose d'étrange : M. de Kernis ne peut rester plus longtemps, s'il refuse de s'expliquer.

— Qui donc se permettrait de le congédier?

— Vous seule, Mademoiselle, vous seule pouvez le faire, et j'espère que vous le ferez.

A ces mots l'abbé se leva : il avait fait son devoir.

Demeurée seule, encore sous le coup des paroles de l'abbé, dont l'accent convaincu l'avait bouleversée, mademoiselle Armantine eut un moment de trouble et d'inquiétude. Au fond de son cœur, elle voyait en lui l'ami, le père, le représentant de son frère. Ce qu'il venait de dire, peut-être Hector l'eût-il dit à sa place. Pour la première fois de sa vie, elle se mit à réfléchir; mais son esprit frivole ne pouvait longtemps suivre une même pensée. La lumière que l'abbé venait de placer devant elle l'éclaira un instant, puis bientôt l'éblouit, fatigua sa paupière; elle ferma les yeux.

L'abbé n'était pas au bas du perron que déjà elle prenait en pitié son inquiétude et ses conseils. Faut-il l'avouer? elle n'était pas pressée de voir M. de Kernis s'enchaîner; elle se disait qu'une fois marié à Irène, il s'en irait peut-être loin du château, qu'il voyagerait, qu'elle ne le verrait plus. D'ailleurs, dût-il ne pas s'éloigner, une fois marié, il n'aurait plus le même charme à ses yeux. Et puis, était-ce bien pour Irène qu'il était venu, pour elle seule qu'il restait? N'y avait-il à Valcreuse que cette jeune fille qui fût capable de l'attirer, de le fixer?

Enfin, lors même que, cédant à un instinct de générosité, elle se fût effacée devant la grâce et la beauté d'Irène, n'y avait-il pas dans le spectacle de ces tendres amours quelque chose de touchant qui la rajeunissait? Devait-elle se hâter de tirer le rideau sur cette fraîche idylle?

C'est là qu'en étaient les choses quand Irène, l'abbé, mademoiselle Armantine et Gabrielle écrivirent les lettres que M. de Valcreuse reçut six mois après dans les mers de l'Inde.

XIII

L'hiver s'acheva sans amener aucun changement. Bientôt, cependant, Irène se sentit saisie d'une tristesse confuse, indéfinie, qu'elle n'avait pas encore éprouvée. Ses joues pâlirent, l'azur limpide de ses yeux se ternit. Sa démarche, autrefois si vive, devint languissante. Le sourire abandonna ses lèvres. Elle comprenait, elle aussi, qu'il se passait autour d'elle quelque chose de mystérieux. Dans les âmes les plus frivoles, la passion a le don de seconde vue : Irène devinait, sans oser se l'avouer, que Gabrielle n'était pas étrangère à la souffrance qui la consumait. A son tour, elle ressentait contre madame de Valcreuse de sourds mouvements de colère et de jalousie. Ainsi cette jeune femme et cette jeune fille souffraient l'une par l'autre, et n'osaient se confier le secret qui les étouffait. Parfois elles se fuyaient; parfois elles se cherchaient, s'embrassaient en pleurant et se quittaient sans avoir rien dit. L'anxiété de l'abbé devenait de jour en jour plus vive, plus poignante. Mademoiselle Armantine elle-même, au milieu des passions sérieuses qui s'agitaient autour d'elle, avait perdu son éternelle sérénité. Elle s'étonnait enfin du silence de M. de Kernis ; elle assistait, sans y rien comprendre, au drame silencieux qui se jouait sous ses yeux. C'en était fait de la joie du château. Irène n'égayait plus les réunions de sa voix moqueuse, de ses fines reparties. L'abbé autrefois si indulgent et si bon, avait maintenant un visage austère, un ton bref et cassant, une parole sèche et morose. Attirée fatalement, enchaînée par la présence de M. de Kernis, penchée sur sa broderie, Gabrielle dévorait ses larmes, sa honte et ses remords. Mademoiselle Armantine seule hasardait encore de temps en temps quelques récits galants ; mais le silence glacé qui les accueillait décourageait bientôt sa mémoire.

Placé entre les deux femmes dont il faisait le malheur et le désespoir, M. de Kernis reconnaissait qu'il devait partir, et cependant il ne partait pas. La douleur muette, la pâleur mortelle, la contenance abattue de Gabrielle lui montraient assez que cette âme était atteinte d'un mal sans remède ; mais, dans son égoïsme farouche, il s'applaudissait des ravages mêmes de sa présence. Jamais madame de Valcreuse ne touchait au passé ; jamais lui-même ne le rappelait devant elle, même par une allusion détournée ; mais il se sentait aimé et il restait. La tristesse d'Irène n'excitait en lui aucun remords. Il ne croyait pas le cœur de cette enfant sérieusement blessé, et d'ailleurs, l'eût-il cru, il serait encore resté : ce n'est pas la haine qui est impitoyable, c'est l'amour.

Qu'espérait-il pourtant ? que pouvait Gabrielle pour lui? que pouvait-il pour Gabrielle? Comment dénouer, comment trancher le nœud inextricable de leur destinée? Il n'en savait rien, il ne s'en préoccupait pas. Il n'avait voulu d'abord que revoir madame de Valcreuse, et lui dire, du regard, un dernier adieu; maintenant, il ne voulait plus partir sans lui avoir dit une dernière fois qu'il l'aimait, qu'il n'avait pas cessé de l'aimer. Plusieurs fois déjà, il avait cherché l'occasion de lui parler; plusieurs fois il avait cru pouvoir l'entretenir librement: mais Gabrielle l'avait toujours tenu à distance, et l'abbé avait toujours su déjouer toutes ses combinaisons. Enfin, Irène elle-même, guidée par l'instinct de l'amour malheureux, se plaçait obstinément entre sa cousine et de M. de Kernis.

Un soir, en rentrant chez lui, il trouva Rosette qui l'attendait et lui remit ce billet de madame de Valcreuse :

« Irène vous aime. Si vous ne l'aimez pas, si vous ne devez pas l'épouser, que faites-vous ici ? Partez. »

Ce billet éveilla bien en lui quelques remords : cependant, il ne partit pas. Gabrielle se rassura en voyant qu'il demeurait. Son cœur put se réjouir, elle avait mis sa conscience en repos : elle croyait, elle avait le droit de croire que M. de Kernis épouserait Irène.

Cependant, la révolution marchait à grands pas. On était au lendemain du 10 août. Le roi était prisonnier. La jeune noblesse, qui d'abord avait servi la cause de la liberté avec un entraînement sincère dans l'espérance de diriger le mouvement démocratique, avait changé de conduite et de volonté en voyant la monarchie à l'agonie. Elle s'était retournée avec colère, comme pour expier ses illusions, contre la révolution, dont elle avait été jusque-là l'alliée fidèle. M. de Kernis lui-même, au milieu des préoccupations incessantes qui l'assiégeaient, s'était associé à cette réaction; il avait brisé ses anciennes idoles. La royauté malheureuse, opprimée, cette royauté dont il avait gourmandé les erreurs avec tant d'énergie, avec tant d'amertume, avait maintenant toutes ses sympathies, tous ses vœux; il était prêt à verser son sang pour elle. C'était une de ces âmes généreuses qui embrassent toujours le parti des vaincus. Il avait noué des relations dans le Bocage et dans le Marais. Il avait étudié le pays; il avait interrogé les passions, sondé les intérêts, et il comprit un des premiers que, si la monarchie pouvait être sauvée, son salut lui viendrait de la Bretagne et de la Vendée. Honteux d'avoir servi avec tant d'ardeur une cause qui se déshonorait par ses excès, il avait devancé, dans son impatience, le mouvement qu'il pressentait; il n'était pas étranger aux soulèvements de Challans et de Machecoul. La noblesse des environs se réunissait chez lui pour se concerter; il correspondait avec les émigrés, et déjà son château était signalé au parti populaire de Nantes comme un club d'aristocrates, comme un foyer de séditions.

L'abbé qui épiait d'un œil vigilant toutes les démarches de M. de Kernis, l'abbé qui, par dévouement pour son cher Hector, se croyait obligé à savoir et savait jour par jour l'emploi du temps de ce jeune homme, voyait avec effroi les relations nouvelles qu'il avait nouées. M. de Kernis, en effet, malgré les projets politiques auxquels il s'associait, qu'il dirigeait lui-même, n'avait pas cessé de venir au château comme par le passé, et la réaction où il était entré pouvait éterniser son séjour dans le Marais. Parfois même l'abbé, dans ses accès de défiance, allait jusqu'à se demander si M. de Kernis était sincère dans sa conduite, si ses démonstrations en faveur de la monarchie n'étaient pas un prétexte inventé à plaisir, si elles ne cachaient pas l'intention bien arrêtée de ne plus quitter le château. La réponse d'Hector n'arrivait pas; mademoiselle Armantine ne pouvait se résigner, soit à congédier son hôte, soit à provoquer de sa part une explication décisive. L'abbé sentait de jour en jour s'accroître le poids de la responsabilité qu'il avait acceptée ; en l'absence de M. de Valcreuse, n'était-il pas le chef de la famille? Il se reprochait sa faiblesse, sa pusillanimité; il s'accusait d'avoir compté follement sur mademoiselle Armantine, dont il connaissait pourtant depuis longtemps l'incorrigible étourderie. Il comprenait enfin que le temps était venu d'agir seul et par lui-même. Son parti fut bientôt pris, il n'y avait plus à hésiter. Essayer d'entretenir M. de Kernis au château? il ne fallait pas y songer. Mademoiselle Armantine ne quittait pas son hôte il fallait donc aller attendre M. de Kernis chez lui, et ce fut la résolution à laquelle s'arrêta l'abbé.

Un soir, en revenant de Valcreuse, M de Kernis mettait pied à tere au bas de son perron, il aperçut l'abbé assis tristement sur l'une des marches. Il tressaillit en le voyant; il comprit qu'une crise allait éclater dans sa destinée; toutefois, il courut au-devant de lui avec déférence. Le visage de l'abbé était grave et sévère; M. de Kernis pâlit et se troubla.

— Monsieur le comte, dit le vieillard, j'ai à vous parler de choses sérieuses.

M. de Kernis lui prit la main et l'entraîna dans le salon. Il le fit asseoir et s'assit devant lui comme devant un juge.

— Je n'ai pas besoin, monsieur le comte, de vous rappeler avec quel empressement, avec quelle confiance vous avez été reçu parmi nous. Mademoiselle Armantine et moi, nous vous avons accueilli comme l'eût fait M. de Valcreuse, s'il eût été présent. Dans un cœur tel que le vôtre, de pareils souvenirs ne sauraient s'effacer.

— Vous avez raison, mon cher abbé, je ne l'oublierai jamais. J'étais seul, sans relations dans ce pays; vous avez été pour moi une famille.

— Eh bien ! monsieur le comte, je viens savoir si vous êtes vraiment digne de la confiance que nous vous avons témoignée. J'ai élevé M. de Valcreuse; Hector est mon fils, mon enfant. C'est en son nom que je vous parle aujourd'hui. Ma démarche n'a donc rien qui doive surprendre.

— Parlez, mon cher abbé, parlez au nom de M. de Valcreuse, parlez en votre nom. Vous n'avez pas besoin ici d'emprunter l'autorité de personne.

— Je vous remercie, monsieur le comte. Votre déférence me touche et m'encourage ; mais le sentiment des devoirs que j'accomplis suffirait seul pour me soutenir. Votre présence au château est un sujet de trouble, vous ne l'ignorez pas. Nous étions calmes, heureux ; notre vie s'écoulait doucement au sein d'une paix constante ; vous êtes venu, et tout a changé. Ma mission ici n'est pas de sonder les cœurs ; il ne m'appartient pas d'interroger les passions qui s'agitent en vous. Répondez seulement à la question que je vous adresse : Aimez-vous Irène ? Voulez-vous l'épouser ?

Ému jusqu'au fond de l'âme par l'accent paternel de l'abbé, M. de Kernis demeura quelques instants sans répondre.

— Mon cher abbé, dit-il enfin, vous savez dans quel temps nous vivons. Au moment où tout est remis en question, où la royauté succombe, où toutes les institutions se renouvellent violemment, quand nul de nous ne sait aujourd'hui où il sera demain, j'en appelle à votre sagesse, serait-il prudent de ma part de songer à des projets de mariage ? En épousant Irène, quel avenir pourrais-je lui offrir ? quelle protection, quel appui pourrais-je lui assurer ? N'est-ce pas folie de bâtir son nid dans la tempête ?

— N'est-ce pas dans ce temps d'orage qu'il convient de se rapprocher, de s'unir, de se serrer l'un contre l'autre pour faire face au danger ? Si vous aimez notre chère Irène, n'est-ce pas maintenant que vous devez l'appeler près de vous pour la protéger et la défendre ? si vous l'aimez vraiment, pouvez-vous consentir à l'abandonner seule au milieu de la tourmente ? Tout s'agite autour de nous, la marée monte, le flot nous gagne : ne lui tendrez-vous pas la main ?

— Et si, en l'appelant près de moi, j'attirais la foudre sur sa tête ? Si je la perdais en voulant la sauver ? N'a-t-elle pas au château de Valcreuse un abri paisible et sûr ? Pourrais-je, sans égoïsme, l'associer à ma destinée ? Irais-je exposer à tous les vents cette fleur délicate que la brise suffirait à courber ? Attendons des jours meilleurs.

— Ainsi, monsieur le comte, vous ne croyez pas pouvoir épouser Irène ?

— Je vous ai parlé avec franchise, je vous ai dit toute ma pensée.

— Eh bien ! Monsieur, il faut partir. Votre présence entretient dans le cœur d'Irène des espérances mortelles à son bonheur. Déjà, vous avez dû le voir, son front pâlit, son œil a perdu son éclat ; sa gaieté s'est éteinte ; cette enfant se consume dans l'attente d'un aveu qui ne vient pas, qui ne doit pas venir. Ce n'est pas à moi de compter vos fautes, de mesurer votre imprudence ; mais partez, votre place n'est pas ici.

— Je ne me croyais pas si coupable.

— Interrogez votre conscience ; ne vous fait-elle aucun reproche ?

— Ma conscience est en paix, Monsieur, répondit M. de Kernis avec embarras. Je n'ai jamais sollicité l'amour de mademoiselle Irène; si j'ai troublé son bonheur, c'est sans le vouloir, sans le savoir. Je n'ai jamais rien fait, je n'ai jamais rien dit pour éveiller en elle de trompeuses espérances.

— Il y a des choses que je devine confusément, dit l'abbé le tenant palpitant sous son regard scrutateur; des choses que vous savez, que je ne peux pas, que je ne dois pas rappeler.

A ces mots, M. de Kernis rougit et baissa les yeux.

— Je vous le répète, Monsieur, dit-il d'une voix où se trahissait son émotion, si j'ai troublé le bonheur de mademoiselle Irène, c'est à mon insu. Je ne puis que la plaindre, je n'ai pas à m'accuser.

— Il faut partir, monsieur le comte ; votre place n'est pas parmi nous. Vous avez semé l'épouvante dans la famille qui vous a reçu comme un des siens; il faut partir. Le roi est prisonnier : je connais vos principes, je connais vos croyances, votre place est à Paris. Que feriez-vous dans nos campagnes? Le devoir vous éloigne ; le devoir vous appelle : ne restez pas un instant de plus. Partez, et souvenez-vous que vous laissez ici un cœur qui apprécie tous vos sacrifices et qui vous en tiendra compte.

En achevant ces mots, l'abbé lui tendit la main; M. de Kernis hésita un instant, puis il la saisit et la couvrit de larmes.

— Bien, dit l'abbé l'appelant sur son cœur et le serrant dans ses bras. Bien, mon enfant! Vous êtes une âme loyale ; je le savais, je ne m'étais pas trompé, je n'attendais pas moins de vous. Allez, que Dieu vous accompagne ! puisse Dieu réparer le mal que vous avez fait ! Mes vœux vous suivront ; puissent-ils attirer sur vous toutes les bénédictions du ciel !

— Dans deux jours, j'irai faire mes adieux au château, répondit M. de Kernis.

Demeuré seul, il comprit que l'abbé avait raison ; qu'il fallait partir. En restant, il compromettait à la fois le bonheur de Gabrielle et le bonheur d'Irène, sans pouvoir rien ni pour l'un ni pour l'autre : en partant, il accomplissait un double devoir. Pouvait-il hésiter ? n'avait-il pas déjà trop attendu ? C'en était fait, il allait s'éloigner, avec la mort dans le cœur, mais fier du témoignage de sa conscience.

Le lendemain, quelques affaires à régler l'appelaient à Nantes. Cette ville était alors en proie aux agitations populaires ; le parti démocratique y triomphait. Si la bourgeoisie voyait avec inquiétude les excès auxquels la révolution se laissait emporter, elle n'osait cependant s'y opposer, et là, comme partout, la population s'y mêlait avec exaltation, avec frénésie. Plus d'une fois, déjà, M. de Kernis avait ameuté la foule contre lui, par son attitude hautaine et provocante. Il arrivait exaspéré par la douleur, plein d'une sourde colère. Comme il longeait le quai, au trot de son cheval, il aperçut le vieux marquis de S...; que la populace entourait en l'accablant d'injures. Le reconnaître et pousser son cheval, fut l'affaire d'un instant. A coups de cravache, il se fraya un chemin dans cette foule furieuse, se saisit du marquis, et comme ils ne voulaient pas lâcher leur proie, il fouilla dans ses arçons, fit feu, prit le marquis en croupe et disparut au galop.

Le jour suivant, M. de Kernis se présentait à Valcreuse. Mademoiselle Armantine, Gabrielle et Irène avaient été averties par l'abbé de son prochain départ. Cette dernière entrevue fut triste et presque muette. Irène avait peine à retenir ses larmes; mademoiselle Armantine ne cachait pas ses regrets et voulait l'empêcher de partir; Gabrielle touchait à l'heure de la délivrance, et pourtant qui oserait dire qu'elle ne regrettât pas le danger? L'abbé, témoin de cette douloureuse épreuve, encourageait M. de Kernis du regard.

Le moment de la séparation approchait. Le cheval de M. de Kernis était sellé et l'attendait dans la cour; il ne restait plus qu'à échanger les derniers adieux. Sur un signe de l'abbé, M. de Kernis se leva. Il venait de baiser la main de mademoiselle Armantine, et déjà il s'avançait vers Irène qui ne cherchait plus à retenir ses pleurs, quand tout à coup Rosette entra d'un air effaré.

—Qu'y a-t-il, mon enfant, qu'y a-t-il? demanda l'abbé d'une voix agitée.

Rosette saisit l'abbé par la main, l'entraîna vers la fenêtre ouverte, et lui montrant l'horizon enflammé:

— Voyez, voyez ! s'écria-t-elle.

Irène, Gabrielle, mademoiselle Armantine, M. de Kernis se précipitèrent vers la fenêtre et contemplèrent avec une morne épouvante les gerbes de flammes qui sillonnaient le ciel du côté du Marais.

C'était le château de M. de Kernis qui brûlait : la populace vengeait ainsi sa défaite de la veille.

— Sauvez-vous, Monsieur ! cachez-vous ! dit Rosette : ils vous cherchent, ils veulent vous tuer.

— Eh bien ! qu'ils viennent, qu'ils me tuent ! dit M. de Kernis en regardant Gabrielle.

— Non, dit Irène se jetant à son cou, l'entourant de ses bras; non, ils ne vous tueront pas, ou bien ils nous tueront tous deux.

Pâle, consterné, l'abbé regardait Gabrielle qui n'osait parler, tandis que mademoiselle Armantine, moins effrayée qu'heureuse d'avoir un rôle à jouer, donnait déjà des ordres pour cacher M. de Kernis.

Rosette avait dit vrai, il n'y avait pas un instant à perdre. Déjà on voyait rôder dans la plaine des figures farouches ; déjà on entendait s'élever du fond des bois des cris menaçants. Heureusement pour M. de Kernis, les Valcreuse étaient aimés dans le pays; le bien qu'ils avaient semé autour d'eux protégeait leur hôte et faisait de leur château un asile à peu près sûr, sinon tout à fait inviolable. Ainsi furent renversés tous les plans de l'abbé : M. de Kernis demeurait prisonnier sous le toit qu'il allait quitter pour jamais.

Le lendemain, à son réveil, tandis que M. de Kernis dormait encore à deux pas de lui, l'abbé reçut quelques lignes tracées à la hâte, d'une main fiévreuse, six mois auparavant, et arrivées la veille à Nantes par un bâtiment de commerce :

« Ils s'aiment. Ne le voyez-vous pas ? ne l'avez-vous pas deviné ? Ils s'aiment, et vous assistez lâchement à la ruine de mon honneur. Ils s'aiment, ils s'aimaient depuis longtemps ; je le sais, j'en suis sûr ; la preuve en est dans mes mains. Cette preuve, la voici ; je vous l'envoie. Si vous m'êtes dévoué, si votre amitié n'est pas un mensonge, si vous n'êtes pas un traître, chassez-le ou tuez-le.

« HECTOR DE VALCREUSE. »

XIV

Ainsi les soupçons de l'abbé étaient pleinement justifiés et se changeaient en certitude. Il tenait dans ses mains le secret de toutes ces douleurs qu'il avait vainement interrogées, de toutes ces passions qui s'agitaient autour de lui, et qu'il avait vainement épiées ; il tenait dans ses mains le secret de son épouvante.

Ils s'aimaient donc, ils s'aimaient depuis longtemps, et l'abbé l'apprenait, l'abbé en avait la preuve quand il ne lui était plus permis d'éconduire M. de Kernis. Pouvait-il obéir aux ordres d'Hector, pouvait-il chasser l'hôte dont la tête était menacée, dont la vie était en danger ? Depuis la veille, la personne de M. de Kernis n'était-elle pas inviolable et sacrée ? M. de Valcreuse ne savait, ne voyait qu'une chose, c'est que M. de Kernis et Gabrielle s'étaient aimés, qu'ils s'aimaient encore, qu'ils respiraient le même air, qu'ils vivaient sous le même toit. Sa colère était légitime ; il pouvait, il devait les maudire. Mais l'abbé, qui, depuis plus d'un an, ne les avait pas perdus de vue un seul instant, n'éprouvait qu'un sentiment de compassion évangélique pour tous les acteurs de ce drame noué par madame de Presmes.

C'était une âme tout à la fois tendre et sévère, sans pitié pour le mal, indulgente pour la douleur. Il avait vu l'attitude réservée de M. de Kernis ; il avait suivi chez Gabrielle les ravages du désespoir ; il avait surpris chez Irène les symptômes de l'amour méconnu. Il comprenait ce qu'avaient dû souffrir ces nobles enfants ; il se figurait les angoisses, l'impatience, l'indignation d'Hector, et, les réunissant tous quatre dans une même étreinte, il pleurait sur leur commune infortune. Madame de Presmes seule avait tout conduit ; elle seule méritait la colère et les malédictions de M. de Valcreuse. Gabrielle et M. de Kernis étaient purs ; ils avaient souffert. Si leur mutuel amour était une faute, ils l'avaient expiée par leur résignation silencieuse.

Il fallait agir, il fallait trancher le mal dans sa racine. M. de Kernis ne pouvait rester plus longtemps au château. Si l'abbé devait à Hector cette légitime satisfaction, le salut de son hôte n'était pas une obligation moins impérieuse. Cependant, où le cacher? L'affaire de Nantes avait pris des proportions terribles. Poursuivi comme meurtrier, signalé comme ennemi de la République naissante, M. de Kernis n'avait plus d'autre parti à prendre que de quitter la France. L'abbé comprit sur-le-champ la nécessité de le faire passer à l'étranger ; mais avant qu'il eût préparé sa fuite, bien des jours devaient s'écouler et M. de Kernis reconnaissait lui-même qu'il ne pouvait rester au château sans attirer sur la famille de M. de Valcreuse les dangers qui le menaçaient. Son premier mouvement avait été de partir ; il avait fallu le supplier pour le retenir.

A une demi-lieue de Valcreuse, se cachait dans les bois une ferme abandonnée depuis longtemps, à demi ruinée par l'incendie. Les sentiers qui menaient à cette masure avaient disparu sous l'herbe et les ronces. Les alentours étaient déserts. Par une nuit sombre, l'abbé y conduisit M. de Kernis. Après l'avoir installé dans sa nouvelle retraite, il s'occupa sur-le-champ de son passage à l'étranger. L'entreprise était difficile ; les côtes étaient gardées. Les démarches de l'abbé pouvaient être épiées ; son secret une fois connu, il était perdu. Pourtant, grâce à sa prudence, à son activité, il découvrit le patron d'un sloop et fit marché avec lui pour transporter M. de Kernis à l'île de Jersey. Le patron était sûr et méritait toute confiance ; plus d'un émigré lui avait dû son salut. Comme il fallait attendre pour le départ le moment où l'effervescence populaire se serait calmée, où la surveillance se serait ralentie, il fut convenu que le sloop se tiendrait dans une crique de la plage, prêt à partir à toute heure de la nuit. Cela fait, l'abbé remercia Dieu dans son cœur : il avait éloigné M. de Kernis et il l'avait sauvé.

On ne s'occupait au château que du sort de M. de Kernis ; toutes les passions que sa présence avait éveillées, n'avaient plus maintenant qu'un seul but : sa délivrance.

Rosette, accueillie partout, dont personne ne se défiait, venait chaque jour les informer de l'état du pays. Elle rôdait dans les métairies, poussait jusqu'à Nantes, parcourait les rues, entendait tout, voyait tout, et rapportait fidèlement tout ce qu'elle avait vu, tout ce qu'elle avait entendu. Elle s'acquittait des fonctions délicates que Gabrielle lui avait confiées, avec une intelligence, une discrétion au-dessus de son âge. De son côté, l'abbé allait, la nuit, rendre visite au prisonnier, s'assurait par lui-même que rien ne lui manquait, que sa retraite n'était pas dénoncée. Avec quelle anxiété mademoiselle Armantine, Irène et Gabrielle n'attendaient-elles pas son retour ! De combien de questions ne l'accablaient-elles pas ! Gabrielle seule n'osait l'interroger. Parfois, l'abbé allait de la ferme à la plage, pour voir si le sloop était toujours prêt, si les chemins étaient libres, si la surveillance se ralentissait sur les côtes, s'il pourrait bientôt sans danger délivrer son prisonnier.

Mademoiselle Armantine et Irène n'avaient qu'une pensée : pourvoir à tous les besoins de M. de Kernis. Gabrielle les enviait sans oser s'associer à leur empressement. Elle se dédommageait de son inaction apparente en veillant une partie de la nuit, en écoutant d'une oreille inquiète tous les bruits de la plaine, en interrogeant Rosette sur les moindres événements, en se faisant raconter toutes les nouvelles qui couraient le pays.

Elle ne se couchait jamais avant d'avoir vu Rosette. Le jour, elle montait à cheval, dirigeait sa promenade du côté de la mer et s'assurait par elle-même que le sloop était au poste désigné. Un jour, dans une de ses excursions, elle rencontra, sur le rivage, l'abbé qui, sans l'interroger, la devina, lui prit les mains et les baisa avec attendrissement.

Une nuit, tout dormait au château. Gabrielle veillait seule; elle attendait Rosette qui n'était pas rentrée. Tout à coup, Rosette se glissa dans sa chambre, et d'une voix haletante :

— Madame, lui dit-elle, M. de Kernis est perdu. Sa retraite est découverte; la ferme sera cernée au point du jour.

— Qui te l'a dit? demanda madame de Valcreuse.

— J'arrive de Nantes, et sur ma route j'ai rencontré des soldats qui allaient du côté de Machecoul. On m'a dit, à Machecoul, qu'ils venaient pour arrêter M. de Kerni S'ils passe la nuit à la ferme, c'en est fait de lui.

Gabrielle, d'ordinaire si timide, si réservée, eut bientôt pris son parti. Elle entraîna Rosette aux écuries du château, sella le cheval qu'elle montait habituellement, et se dirigea du côté de la ferme, tandis que Rosette, qui venait d'enfourcher un des petits chevaux bas-bretons qu'on attelait au berlingot, allait à la plage, avertir le patron du sloop.

Gabrielle n'avait pas voulu réveiller l'abbé. Le temps pressait. D'ailleurs, à son insu, elle avait cédé au désir de revoir M. de Kernis une dernière fois.

La nuit était sombre, le ciel chargé de nuages. M. de Kernis veillait à la lueur d'une lampe. Ses pistolets étaient sur la table. Près de lui, dans l'étable de la ferme, un cheval était sellé, car M. de Kernis attendait chaque nuit le signal de son départ. Les volets des fenêtres étaient fermés avec soin ; aucune lumière ne se laissait apercevoir au dehors.

Il veillait, moins préoccupé du danger qui le menaçait que de sa destinée si cruellement traversée ; il regrettait amèrement de n'avoir pu dire à Gabrielle combien il l'aimait.

Il n'avait jamais osé lui écrire depuis son arrivée à Valcreuse. Près de partir, il se décidait enfin à lui ouvrir son cœur ; tous ses scrupules se taisaient ; il ne devait plus la revoir ; la lettre qu'il commençait était presque un testament.

Tout à coup il entendit le galop d'un cheval qui s'arrêtait à la porte de la ferme. Il arma ses pistolets et se disposait à vendre chèrement sa vie, lorsqu'il crut reconnaître le frôlement d'une robe. Il prêta l'oreille et reconnut le pas léger d'une femme. C'était le pas de Gabrielle : au trouble de son cœur, il n'en pouvait douter. Il ouvrit : son cœur ne l'avait pas trompé.

— Vous ! s'écria M. de Kernis ; vous ici ! vous enfin !

En se trouvant seuls dans cette ferme abandonnée, autour de laquelle mugissait le vent ; seuls au milieu de la nuit, seuls dans les campagnes désertes, seuls après avoir si longtemps attendu cette heure suprême, ils oublièrent tout, et restèrent quelques instants à se contempler en silence. Ils oublièrent qu'ils étaient séparés, séparés pour toujours ; ils oublièrent ce qu'ils avaient souffert. Ils se voyaient, et le passé, l'avenir n'existaient plus ; ils se voyaient, et leur vie tout entière se résumait dans le regard qu'ils attachaient l'un sur l'autre.

— Vous ! répéta M. de Kernis.

Et, enveloppant de ses bras cette chaste et pâle figure, il l'attirait doucement sur son cœur.

Ce mouvement suffit pour rappeler madame de Valcreuse au sentiment de la réalité. Elle s'arracha des bras qui l'enlaçaient, et d'une voix tremblante :

— Partez ! s'écria-t-elle ; partez, votre vie est menacée : vous n'avez pas un instant à perdre.

— Laissez-moi vous voir, laissez-moi vous parler, laissez-moi vous entendre, dit M. de Kernis en la couvant des yeux. C'est donc vous ! vous que j'aime, vous que je n'ai jamais cessé d'aimer !

— Partez ! s'écria Gabrielle. Votre retraite est découverte ; vous n'avez que le temps de fuir. La ferme sera cernée au point du jour. Je le sais, j'en suis sûre : partez !

— Laissez-moi vous voir, laissez-moi vous parler, laissez-moi vous entendre !

Et, la faisant asseoir, il se mit à ses pieds.

— Pardonnez-moi, reprit-il d'une voix caressante, pardonnez-moi d'avoir douté de vous. J'étais bien coupable ; mais, lors même que je me croyais trahi, lors même que j'essayais de vous maudire, je vous aimais encore, je vous aimais toujours.

Et, lui prenant les mains, il les couvrait de baisers passionnés.

— Écoutez-moi, ne me repoussez pas. Ce moment qui nous réunit, je l'ai acheté par assez de souffrances. Ne voudrez-vous pas m'entendre? Que craignez-vous? Vous défiez-vous de moi? Avez-vous peur de mon amour; de mon amour qui, pendant un an, est resté silencieux, a su se contenir? Vous étiez morte pour moi, vous me l'aviez dit. L'ai-je oublié un seul instant? Vous m'entendrez, car c'est Dieu qui m'envoie cette heure si longtemps implorée; vous m'entendrez, car c'est Dieu qui le veut.

— Partez! Dieu m'envoie pour vous sauver et non pour vous entendre. Le temps presse. L'abbé a tout disposé pour votre départ. Dans quelques heures, il sera trop tard. Partez, fuyez, n'attendez pas le jour. Je ne crains rien pour moi, c'est pour vous, pour vous que je tremble.

— Que vous êtes belle, et que je suis heureux! Mon bonheur est si grand que je n'ai pas même la force de maudire celle qui nous a séparés. Laissez-moi croire que le passé n'est qu'un rêve, que l'avenir nous appartient, que toute ma vie doit s'écouler ainsi, à vos pieds, vos mains dans les miennes. C'est pourtant ainsi, Gabrielle, que nous nous étions promis de vivre! Rappelez-vous nos projets, nos espérances. N'est-ce pas ainsi que nos jours devaient s'écouler? Rappelez-vous l'heure où nous nous sommes dit adieu. Nous avions le cœur déchiré nous pleurions; et pourtant, que l'avenir était beau ! comme il nous souriait ! que nous étions pleins de confiance ! Qui nous eût dit alors, Gabrielle, qui nous eût dit que je vous retrouverais enchaînée, perdue à jamais pour moi ?

— A quoi bon rappeler le passé irréparable ? répondit d'un air sombre madame de Valcreuse. La destinée nous a vaincus ; nous ne pouvons, sans folie, essayer de lutter contre elle. Que ce soit du moins pour nous une consolation de penser que notre malheur n'est pas notre ouvrage. Si nous avons souffert, ce n'est pas notre faute ; nos larmes ne sont pas des larmes de remords.

— Vous aussi, vous avez donc souffert ? Vous aussi, vous avez donc pleuré ? Dites, oh ! dites-le-moi, ce passé irréparable dont vous me défendez de parler, n'était donc pas tout entier effacé de votre mémoire ? Je n'étais donc pas seul à souffrir ? Mon cœur n'était donc pas le seul brisé ? Dites, oh ! dites-moi que dans la solitude, dans le silence des nuits, vous pensiez, vous aussi, à notre bonheur détruit, à nos espérances ruinées ! Dites-moi que votre âme ne me fuyait pas, tandis que la mienne vous cherchait, vous appelait ! Dites-moi que nos âmes se sont rencontrées dans une même pensée, se sont confondues dans un même rêve !

— J'avais pour me soutenir le sentiment de mon devoir, répondit madame de Valcreuse en dégageant ses mains tremblantes. Je ne m'appartiens plus, je suis liée par un serment sacré ; liée à un homme que j'aime, que je vénère, qui m'a rendu le devoir facile ; je serais ingrate si je ne l'aimais pas. Je l'aime, mon cœur est à lui tout entier.

— Non, vous ne l'aimez pas. J'ai lu dans vos regards, j'ai lu dans votre cœur. Pendant les jours que j'ai passés près de vous, mes yeux ne vous ont pas quittée. Vos regrets, vos larmes, votre désespoir, j'ai tout vu ; ce n'est pas lui que vous aimez.

A ces mots, madame de Valcreuse se leva avec une expression de dignité sévère.

— Restez, oh ! restez, s'écria M. de Kernis, en l'obligeant à se rasseoir. Les paroles d'un malheureux, égaré par la passion et la douleur, peuvent-elles vous offenser? Oui, vous avez raison, oui, c'est lui que vous aimez. Je ne suis rien dans votre vie. Fou que j'étais, comment ai-je pu croire, comment ai-je pu dire que vous m'aimiez encore! Que suis-je? comment mon souvenir pourrait-il vous troubler? J'ai reçu vos serments, vous avez juré d'être à moi, de m'appartenir, de porter mon nom, de partager ma destinée. Un tel serment violé, méconnu, vaut-il un regret, une larme, un remords? Quand je suis arrivé au château, quand vous avez refusé de me voir, ce n'est pas moi qui vous tenais captive, ce n'est pas moi qui vous condamnais à une retraite obstinée ; c'était votre amour pour l'absent. Seule avec son image, vous étiez heureuse. Que vous importait le reste du monde? Plus tard, quand vous arriviez pâle, morne, éperdue, ce n'était pas ma présence qui vous consternait, qui vous épouvantait ; ce n'était pas pour moi que vous pâlissiez. Votre pensée était bien loin de moi ; elle suivait l'absent au delà des mers. Quand vos yeux s'attachaient sur moi, ce n'était pas moi, c'était lui que vous cherchiez. Ah ! je le sens bien, vous ne m'aimez pas, vous ne m'aimez plus; m'avez-vous jamais aimé ?

— Taisez-vous, malheureux, taisez-vous, ayez pitié de moi !

— Comment avez-vous espéré me tromper? reprit M. de Kernis avec un accent d'ineffable tendresse. Comment avez-vous pu espérer me dérober le secret de votre trouble et de votre effroi ? Si je n'avais senti que vous m'aimiez, serais-je demeuré près de vous ? Et pourquoi ne m'aimeriez-vous plus? Qu'ai-je fait pour démériter de vous ? Quand je vous ai crue fidèle, je vous aimais ; quand je me suis cru trahi, je vous aimais encore. J'ai souffert; j'ai pleuré : pourquoi ne m'aimeriez-vous plus?

— C'est mon mari, mon mari seul que j'aime. Au nom de Dieu, partez !

— Je ne partirai pas, dit M. de Kernis en se levant. Pourquoi partir? Sans vous, sans votre amour, de quel prix est la vie pour moi? Pourquoi partir, si vous ne m'aimez plus? Qu'ils viennent, qu'ils se hâtent; je suis prêt à mourir.

— Vous partirez ! s'écria Gabrielle d'une voix ardente. Je ne veux pas que vous mouriez, je ne veux pas qu'ils vous tuent.

— Vous étiez le seul lien qui m'attachait à l'existence; je n'avais que vous au monde. La pensée seule de votre amour pouvait me soutenir, me donner la force de vivre. Déjà la vie m'était à charge. Qu'en ferais-je maintenant que vous ne m'aimez plus?

— Écoutez-moi, Gustave, écoutez-moi. Au nom

du passé qui me sera toujours cher, au nom des serments que nous avons échangés, que nous aurions tenus si le ciel l'eût permis, fuyez, je vous en conjure. Les heures volent, le jour va se lever, les minutes sont comptées, la mort approche ; fuyez !

— Ce n'est pas la mort, c'est la vie qui m'épouvante.

— Oh ! mon Dieu, reprit Gabrielle en se tordant les bras, oh ! mon Dieu, que faut-il donc lui dire ? Fuyez pour vous sauver, fuyez pour nous sauver tous deux !

A ce cri de la passion si longtemps contenue, M. de Kernis, ivre de joie, saisit Gabrielle, et la pressant sur son cœur :

— Tu m'aimes donc, tu m'aimes !

Et il couvrait son front de larmes et de baisers.

— Oui, la vie peut être belle encore. Oui, je fuirai ; oui, je me défendrai, oui, je t'obéirai. Tout ce que tu voudras, je le ferai ; mais dis-moi que tu m'aimes.

Et l'enlaçant d'une étreinte convulsive, il redoublait l'ardeur de ses baisers.

Madame de Valcreuse avait épuisé ses forces et son courage dans une lutte surhumaine. La passion qu'elle combattait, qu'elle refoulait en elle-même depuis tant d'années, fit enfin explosion : explosion d'autant plus terrible qu'elle avait tardé plus longtemps. Et puis, n'était-ce pas leur dernière entrevue ? N'était-ce pas l'heure des suprêmes adieux ? Au milieu des dangers sans nombre qui menaçaient M. de Kernis, en face de la mort qui s'approchait peut-être, Gabrielle pouvait-elle, sans cruauté, sans impiété, lui refuser la consolation d'un aveu désormais sans danger pour elle?

— Eh bien ! oui, dit-elle enfin d'une voix enflammée, oui, je t'aime ! Tu le savais, tu veux l'entendre de ma bouche ; eh bien ! je te le dis, je suis heureuse de te le dire : je t'aime, je n'ai pas cessé de t'aimer.

Mais rougissant aussitôt de l'aveu qui venait de lui échapper, elle cacha sa tête entre les bras de M. de Kernis, et demeura muette pendant quelques instants. Puis, triomphant de sa honte, ranimée par l'imminence du danger :

— Partez maintenant, partez, Gustave. Ne soyons pas ingrats envers Dieu ; n'empoisonnons pas par le remords les derniers instants de bonheur qu'il nous est permis de goûter. Que mon amour vous accompagne et vous protège !

A ces mots, M. de Kernis s'agenouilla devant elle ; Gabrielle s'inclina et le baisa au front.

M. de Kernis était prêt. Au moment de s'éloigner, il fut retenu par une réflexion qui avait dû lui échapper dans le trouble enivré de cette entrevue ; quel chemin suivre pour gagner la côte ? où trouver le bâtiment qui l'attendait ? Il avait compté sur l'abbé qui devait en effet le conduire. Gabrielle n'avait pas prévu cette difficulté ; cependant elle n'hésita pas.

— C'est moi qui vous conduirai, lui dit-elle.

Quelques instants après ils étaient en selle et se dirigeaient vers la côte. Madame de Valcreuse connaissait depuis longtemps tous les sentiers qui pouvaient abréger le trajet et protéger sûrement la fuite du proscrit. La veille encore, elle avait visité la crique solitaire où M. de Kernis devait s'embarquer. Ils allaient au milieu de la nuit, rapides comme le vent. De temps en temps ils s'arrêtaient pour prêter l'oreille aux bruits confus et lointains : ils échangeaient entre eux quelques paroles de tendresse, puis repartaient au galop. A mesure qu'ils avançaient, la plaine devenait plus inculte et plus nue ; à la lueur blafarde de la lune, on n'apercevait plus çà et là que de maigres bouquets d'arbres. Bientôt ils distinguèrent la sourde rumeur de la mer ; le sabot de leurs chevaux s'enfonçait dans le sable détrempé de la plage. Ils trouvaient déjà que le trajet avait été bien court ; leur amour s'était exalté dans cette course aventureuse.

Au fond d'une anse mystérieuse, que les flots avaient creusée dans les anfractuosités du roc, un sloop tout appareillé attendait M. de Kernis, qui, grâce aux instructions de l'abbé, se fit reconnaître aussitôt. La lune venait de se voiler ; des flancs des nuages s'échappait une pluie fine et pénétrante. La marée montait lentement ; le sloop, que la vague ne soulevait pas encore, ne pouvait partir avant deux heures.

Madame de Valcreuse et M. de Kernis ne purent se défendre d'un mouvement de joie en apprenant qu'ils avaient deux heures à passer ensemble. Ils avaient mis pied à terre. Rosette, qui venait d'arriver, tenait les chevaux par la bride. M. de Kernis enveloppa Gabrielle de son manteau, et tous deux se promenèrent en silence sur la grève, écoutant le gémissement de l'Océan, qui semblait répondre au gémissement de leurs âmes.

Cependant la pluie redoublait. M. de Kernis engagea madame de Valcreuse à chercher un abri sur le bâtiment qui devait l'emporter. C'était le vœu secret de Gabrielle, qui n'osait pourtant le dire. Elle voulait visiter la frêle embarcation à qui elle allait confier une tête si chère; mais, en se rappelant le départ de M. de Valcreuse et les derniers adieux échangés sur le pont de la frégate, elle rougissait de son désir et tremblait de l'exprimer. Toutefois, malgré sa honte, sa confusion, ses remords, elle se rendit aux instances de M. de Kernis, qui, fier et joyeux, la prit dans ses bras et la porta, plutôt qu'il ne la conduisit, dans la cabine du patron, devenue l'asile du proscrit.

XV

C'était un assez pauvre réduit que cette chambre où M. de Kernis venait d'introduire madame de Valcreuse, et pourtant il ne s'était jamais senti plus joyeux; jamais il n'avait pénétré avec autant d'orgueil dans les plus somptueux palais, dans la demeure des rois. Il était proscrit; il fuyait sa patrie; l'avenir ne lui offrait plus qu'incertitudes et dangers, et pourtant il n'avait jamais été plus heureux. La présence de Gabrielle avait suffi pour faire de cet humble réduit un asile enchanté. Madame de Valcreuse éprouvait une joie d'enfant; ce qu'il y avait d'étrange et d'aventureux dans sa situation plaisait à son imagination romanesque. Elle se sentait hors des voies de la vie commune, en face de l'imprévu : elle était émue, inquiète, et pourtant heureuse, elle aussi.

Depuis le jour où ils s'étaient rencontrés pour la première fois, ils n'avaient jamais pu échanger leurs pensées aussi librement; ils bénissaient à leur insu le malheur qui leur valait cette heure enivrante, cette heure d'épanchement et de liberté. Ce malheur même n'était-il pas effacé de leur mémoire? N'avaient-ils pas oublié le passé, le reste du monde? Ils étaient seuls, ils s'aimaient, ils se croyaient maîtres de l'avenir. M. de Kernis faisait à madame de Valcreuse les honneurs de sa modeste retraite avec la grâce et l'empressement que donnent le bonheur et l'amour; ses mains étaient glacées, il les réchauffait de son haleine; ses cheveux humides, il les couvrait de baisers; ses pieds engourdis, il les enveloppait de son manteau.

Cependant, la marée montait; on entendait le mugissement des vagues qui envahissaient les bas-fonds. Le vent sifflait dans les cordages; les matelots s'empressaient sur le pont; de temps en temps la voix rude du patron dominait la rumeur des flots et les cris de l'équipage. Tous ces bruits sourds, toutes ces clameurs confuses ajoutaient encore à l'émotion exaltée de cette jeune femme dont toute la vie s'était écoulée jusqu'ici dans l'isolement et le silence. Elle trouvait enfin réuni dans un seul instant tout ce qu'elle avait rêvé; la réalité lui offrait ce qu'elle avait cru jusque-là n'exister que dans le monde des chimères. Il y avait, jusque dans l'oubli momentané des devoirs qui l'enchaînaient, quelque chose qui, tout en l'alarmant, ne déplaisait pas à son imagination surexcitée. Elle se rassurait en songeant que dans une heure M. de Kernis serait parti, qu'elle rentrerait sous le toit de Valcreuse pour ne plus le quitter, qu'elle se retrouverait au milieu de sa famille, qu'elle reprendrait, pour ne plus le déposer, le fardeau de la vie domestique ; elle s'abandonnait sans défiance au charme de cette aventure.

M. de Kernis était assis près de Gabrielle et tenait sa main dans la sienne. Il la regardait avec attendrissement.

— Je suis proscrit, disait-il, je suis proscrit, ma tête est menacée. Je pars, je fuis la France ; qui sait si je la reverrai jamais ? Et pourtant, quel ne serait pas mon bonheur, si vous m'accompagniez dans ma fuite ? Ma vie ne serait-elle pas enchantée, si vous restiez près de moi ? Quelle destinée plus digne d'envie que la mienne, si vous la partagiez ? Oublions un instant l'abîme qui nous sépare ; oublions les serments qui vous lient. Figurez-vous un instant que vous êtes libre, que nous partons ensemble. Quelle joie, quelle ivresse ne serait pas la nôtre ! Vous êtes à moi, nous partons. Nous quittons cette terre de troubles et de tempêtes ; nous allons chercher sous un ciel plus clément un rivage paisible, où n'arrive jamais le bruit de la guerre ; nous choisissons une retraite ignorée, nous nous aimons, nos jours s'écoulent dans la tendresse et la sérénité, et nous perdons jusqu'au souvenir des lieux où l'on souffre, où l'on s'agite. Dites-moi, Gabrielle, n'est-ce pas un beau rêve ?

— Oui, mais ce n'est qu'un rêve, dit madame de Valcreuse avec mélancolie.

— De quel amour, de quels soins je vous entourerais ! comme j'irais au-devant de tous vos désirs ! avec quelle sollicitude j'écarterais les pierres et les ronces qui pourraient meurtrir et déchirer vos pieds ! comme je vous endormirais doucement sur mon cœur ! Votre vie ne serait qu'un long jour de fête. N'est-ce pas, Gabrielle, que c'est un beau rêve?

— Oui, mais ce n'est qu'un rêve, répéta madame de Valcreuse avec un pâle sourire.

— Ce n'est qu'un rêve, et pourtant nous pourrions le réaliser. Si vous le vouliez, Gabrielle, si vous m'aimiez, comme vous me l'avez dit ; si votre bonheur était en moi, comme mon bonheur est en vous ; si j'étais pour vous ce que vous êtes pour moi, Gabrielle, nous partirions ensemble.

Ces paroles répondaient aux plus secrètes pensées de madame de Valcreuse. Elle les écouta sans se révolter, car elle n'y voyait qu'un vœu passionné, un vœu qui ne devait jamais s'accomplir. Et cependant, comme si elle eût craint de s'y associer, elle se tut et secoua tristement la tête.

— Voudriez-vous, reprit M. de Kernis d'une voix moins timide, voudriez-vous me laisser partir seul, malheureux? Ne voudriez-vous pas remplacer pour moi la famille que je n'ai plus, la patrie que j'abandonne ? Pourriez-vous, sans vous sentir entraînée par une force irrésistible, pourriez-vous me voir m'éloigner, et tandis que j'irais sur la terre étrangère traîner une vie errante et désolée, rester ici paisible, comblée de tous les biens que j'aurais perdus ? Si vous m'aimiez, Gabrielle, si vous m'aimiez, nous partirions ensemble.

En parlant ainsi, sa voix s'animait, son regard s'enflammait; madame de Valcreuse, comprenant enfin qu'il ne s'agissait plus d'un rêve, attachait sur lui un œil épouvanté.

— Eh bien ! partons, partons ensemble, poursuivit M. de Kernis d'une voix plus ardente, sans remarquer le trouble de Gabrielle. Partons, fuyons cette terre maudite où nous avons tant souffert. Une femme au cœur de vipère nous avait séparés, Dieu nous réunit ; il nous offre une vie nouvelle, ne la refusons pas.

— Malheureux, que dites-vous ? s'écria madame de Valcreuse ; ne mêlez pas le nom de Dieu à la passion coupable qui vous égare. Ne blasphémez pas. Gustave, mon ami, ajouta-t-elle en fondant en larmes, voilà donc le prix de mon dévouement ! J'ai voulu vous sauver, et vous voulez me perdre.

— Écoute, Gabrielle, dit M. de Kernis en lui prenant les mains : écoute, répéta-t-il avec un accent convaincu. Je ne suis pas impie, je ne blasphème pas ; j'en atteste Dieu lui-même, c'est lui qui nous réunit. Tu m'aimes, tu me l'as dit. Eh bien ! tu ne peux plus rester. Ton mari reviendra, n'est-ce pas ? On parle déjà de son prochain retour. Après l'aveu que tu m'as fait, comment oseras-tu lever les yeux sur lui ? Comment pourras-tu soutenir son regard ? Tu ne peux plus rester ; pourquoi resterais-tu ? Pour ton bonheur ou pour le sien ? Ton bonheur, je l'emporte avec moi ; et pour lui, que peux-tu désormais ? Crains-tu de briser son cœur ? A-t-on craint de briser le mien ? D'ailleurs, il ne t'aime pas ; s'il t'aimait, t'aurait-il quittée ? Crains-tu de violer tes serments ? Quels serments plus sacrés que les nôtres ? Les liens qui t'enlacent, ce n'est pas toi qui les as noués ; tu peux les rompre sans remords. Ton mari ne t'aime pas : mais s'il t'aime, grand Dieu ! s'il t'aime, le recevras-tu dans tes bras, quand tu brûles d'un autre amour ? le recevras-tu sur ton cœur tout rempli d'une autre image ? Seras-tu deux fois infidèle ? Nous trahiras-tu tous deux ?

M. de Kernis parla longtemps ainsi, avec tout l'entraînement d'une âme passionnée, avec toute la conviction d'un cœur loyal et sincère. Il croyait, en effet, que Gabrielle ne pouvait retourner à Valcreuse. Il ne pensait pas la détourner de son devoir ; dans le naïf aveuglement de la passion, il s'imaginait que Gabrielle n'avait plus qu'un seul devoir au monde : le suivre et partager sa destinée.

Madame de Valcreuse elle-même, qui avait commencé par s'irriter, par se révolter, baissait la tête et se taisait. Des larmes coulaient de ses yeux ; les sanglots gonflaient sa poitrine. Elle comprenait trop tard qu'elle avait mis le pied sur une pente impitoyable, que l'abîme était sous ses pas, qu'il l'attirait, qu'il la fascinait. Ce qui surtout la glaçait d'épouvante, c'était le retour de M. de Valcreuse ; ce retour, qu'elle avait imploré d'une voix suppliante comme son unique salut, lui apparaissait maintenant comme une menace, comme un danger, comme le plus affreux malheur qui pût fondre jamais sur sa tête. Comment, en effet, pourrait-elle soutenir le regard de son mari ? comment oserait-elle désormais vivre sous son toit, paraître à sa table, s'asseoir à son foyer ? Ne tenait-elle pas tout de lui ? Peut-être aussi, pour se donner le droit de suivre le secret penchant de son cœur, s'exagérait-elle le péril auquel allait l'exposer le retour de M. de Valcreuse. Elle se taisait et ne répondait que par ses larmes et son désespoir.

— Partons, partons ensemble, répéta M. de Kernis. Pourquoi pleures-tu ? L'avenir nous garde encore d'heureux jours. Ne pleure pas ; quelle femme a jamais été plus aimée que toi ? Le vrai, le seul bonheur n'est-il pas d'aimer et d'être aimé ?

Et, dans un langage exalté, il lui présentait le tableau du bonheur qui les attendait. Tandis qu'il parlait ainsi, agenouillé devant elle, à la lueur de la lampe qui éclairait seule cette scène, il était beau, d'une beauté resplendissante. Ses yeux étincelaient ; son front rayonnait d'une flamme céleste. Madame de Valcreuse le contemplait avec ivresse. Elle résistait encore, mais déjà son courage était ébranlé. Toujours à ses genoux, M. de Kernis redoublait ses instances. Elle hésitait ; si Dieu ne venait à son aide, peut-être allait-elle consentir, quand tout à coup elle crut sentir le mouvement du navire battu par les flots. Elle se leva épouvantée, courut à la fenêtre, l'ouvrit d'une main convulsive, et ne vit devant elle que la mer que déjà l'aube blanchissait.

— Ah ! c'est infâme ! s'écria-t-elle en se retournant du côté de M. de Kernis. Vous m'avez trompée, vous m'avez perdue, et vous me parlez de bonheur, vous me parlez d'amour ! Ah ! c'est infâme ! Tandis que vous étiez à mes pieds, tandis que j'écoutais vos prières, vous vous applaudissiez de votre trahison. Ah ! c'est infâme ! Ramenez-moi au rivage, ou je me jette à la mer.

M. de Kernis la prit dans ses bras et s'efforça de la calmer.

— Ce n'est pas moi, s'écria-t-il, ce n'est pas moi, je vous le jure, qui ai donné l'ordre du départ.

— Vous mentez ! dit Gabrielle pâle d'indignation et de courroux.

— Gabrielle, au nom du ciel, écoutez-moi ! Croyez-moi, croyez-en un homme qui n'a jamais forfait à l'honneur. Quand vous vous êtes levée, je me croyais encore au port.

— Vous mentez ! répéta madame de Valcreuse, d'une voix foudroyante. Vous vous êtes joué de moi comme d'un enfant ; vous avez lâchement abusé de ma tendresse. Voilà donc l'homme que j'aimais !

— Écoutez-moi, Gabrielle, écoutez-moi ! Je ne mérite pas votre colère ; ne refusez pas de m'entendre.

— Eh bien ! si vous ne mentez pas, si c'est à votre insu que nous sommes partis, qu'attendez-vous pour me reconduire à la côte ?

— Venez, dit M. de Kernis la prenant par le bras, venez !

Et il l'entraîna sur le pont.

En ce moment le jour se levait, et, à travers la brume que balayait le vent du matin, ils aperçurent la côte garnie de douaniers et de soldats. Plusieurs coups de feu partirent à la fois ; mais les balles ne pouvaient plus atteindre le navire qui fuyait, toutes voiles dehors, avec la rapidité d'une flèche.

Que s'était-il passé ? on peut le deviner. Au moment où la marée montante soulevait le sloop, où le vent fraîchissait, le patron avait été averti que des soldats arrivaient en toute hâte pour arrêter M. de Kernis. Il l'avait vu entrer dans sa cabine ; pour le sauver, pour se sauver lui-même, il n'avait pas un instant à perdre. Tout était prêt ; il était parti.

Ce que je viens de raconter en quelques lignes, madame de Valcreuse le comprit d'un regard. Pâle, consternée, immobile, elle vit la côte s'éloigner, s'abaisser, disparaître, et lorsqu'elle l'eut perdue de vue, par un mouvement de désespoir, elle cacha sa tête entre ses mains et tomba dans les bras de M. de Kernis.

Ce navire qui l'emportait malgré elle n'offrait-il pas la fidèle image de la passion ? N'est-ce pas ainsi, en effet, que la passion entraîne les cœurs imprévoyants, égarés par une orgueilleuse présomption ? Nous nous aventurons d'un pied ferme et hardi jusqu'au bord de l'abîme ; nous le sondons d'un œil confiant ; nous croyons toujours pouvoir retourner en arrière; le vertige nous saisit, notre pied glisse, et l'abîme nous engloutit.

XVI

M. de Kernis avait ramené Gabrielle dans la cabine du patron. Quand elle revint à elle-même, quand elle ouvrit les yeux et qu'elle le vit près d'elle, dans le trouble de ses sens, dans la confusion de ses pensées, son premier cri fut un cri de joie; mais bientôt, ramenée au sentiment de la réalité par la vue des flots et le mouvement du navire, elle jeta un cri d'effroi et repoussa M. de Kernis avec horreur.

— Va-t'en, laisse-moi, lui dit-elle d'une voix désespérée; va-t'en, c'est toi qui m'as perdue. Je suis perdue, perdue sans retour. Pourquoi êtes-vous venu? Pourquoi êtes-vous resté? Comment avez-vous pu demeurer sous le toit de mon mari? Vous saviez que je ne m'appartenais plus; qu'espériez-vous? qu'attendiez-vous? Ah! je le comprends maintenant: vous aviez prévu ce qui arrive aujourd'hui; vous pressentiez que ma tendresse m'entraînerait à quelque démarche insensée, que mon imprudence, mon égarement, me livreraient à vous, mettraient mon honneur à votre merci. C'était là ce que vous attendiez, c'était là ce que vous demandiez au ciel. Eh bien! soyez content. Vos vœux sont exaucés: rien ne manque à mon malheur, rien ne manque à ma honte, à ma ruine. Soyez content; il n'y a plus désormais un coin de terre où je puisse marcher tête levée. J'abandonne l'homme le plus loyal, le plus généreux, qui m'a comblée de ses bienfaits, qui m'a tendu la main, à moi, pauvre orpheline, qui m'a donné une famille ; je le trahis, je l'abandonne, je déshonore son nom qu'il m'avait confié. Et ma sœur, et l'abbé, qui m'aimait tant, et ma chère Irène, le sourire et la joie de ma vie, Irène que sa mère m'avait confiée à son lit de mort, Irène qui avait partagé, qui avait égayé mes mauvais jours, Irène, qui vous aime, dont vous avez déchiré le cœur, je les abandonne, je les abandonne à l'heure du danger, quand la fureur des partis les menace peut-être ! C'est alors que je les délaisse, c'est alors que je fuis lâchement. Et que m'ont-ils fait pour mériter cette trahison indigne ? N'ont-ils pas toujours été bons pour moi ? Leur affection s'est-elle lassée un seul instant ? Moi qui n'étais pour eux qu'une étrangère avant d'entrer dans cette maison, ils m'avaient choisie pour reine. Ils m'aimaient tous ; les serviteurs fêtaient ma présence comme celle d'une jeune souveraine dont ils auraient entouré le berceau. Ils m'aimaient tous ; quand je venais m'asseoir au foyer, la joie rayonnait sur tous les visages. Dès que je souriais, tous les fronts s'éclairaient ; si j'étais triste, tous les regards m'interrogeaient avec inquiétude. Et je fuis, et je les abandonne ! Va-t'en, laisse-moi, répéta-t-elle avec désespoir. Je suis perdue, perdue sans retour.

M. de Kernis se tenait à quelques pas, debout, muet, consterné, immobile, brisé par la douleur. Il pleurait à chaudes larmes; accablé sous les reproches de Gabrielle, il baissait la tête et ne répondait pas. Enfin il rompit le silence :

— Vous avez raison, lui dit-il d'une voix humble et défaillante, vous avez raison, c'est moi qui vous ai perdue, perdue sans le vouloir. Je vous entraîne dans ma ruine, et vous avez le droit de me maudire. Vous étiez heureuse, entourée d'une famille qui vous chérissait ; vos jours étaient paisibles ; j'ai passé dans votre vie comme la foudre, et maintenant il ne reste plus rien de votre bonheur. Ah ! maudissez-moi, soyez sans pitié, je ne me plaindrai pas. J'ai mérité les noms les plus odieux. Ah ! vous avez raison, pourquoi suis-je venu? pourquoi suis-je resté ? Ne devais-je pas savoir que le malheur s'attache à mes pas, que je sème autour de moi le ravage et le désespoir ? Malheureux que je suis ! Que puis-je vous offrir en échange des biens que je vous ai ravis ? Sans toit, sans patrie, sans famille, proscrit, que puis-je vous offrir ? Je n'ai que mon amour, et vous me haïssez, vous devez me haïr.

A ces mots, il se laissa tomber sur un escabeau, prit sa tête entre ses mains, et l'on n'entendit plus que le bruit de ses sanglots. En présence de cette immense douleur, de cet homme dont le désespoir faisait un enfant, madame de Valcreuse ne put se contenir, elle courut à lui, et pressant sa tête contre son sein :

— Moi, te haïr ! et pourquoi ? sans toit, sans patrie, sans famille, proscrit, c'est ainsi que je t'aime. Non, je ne te hais pas. Si tu n'étais pas malheureux, si je n'étais pas tout pour toi, crois-tu que je vivrais ? crois-tu que je n'aurais pas déjà cherché dans les flots un refuge contre la honte? Oublie les paroles cruelles qui me sont échappées, oublie les reproches dont je t'ai accablé. J'ai été injuste, pardonne-moi. Ce n'est pas toi qui m'as perdue : suis-je moins coupable que toi ? C'est la fatalité, une fatalité impitoyable qui a tout fait. C'est elle, elle seule qui nous a perdus. Tu as lutté, tu as souffert comme moi. Mon Dieu, pardonnez-nous, nous avons tant souffert ! Parle-moi, ne pleure pas ainsi. Reprends courage ; sur qui m'appuierai-je, si tu ne me soutiens pas? Oh ! parle-moi, dis-moi que tu m'aimes, dis-moi que mon amour embellira ta vie, dis-moi que dans mes bras tu ne regretteras rien. Dis-le-moi, j'ai besoin de l'entendre, j'ai besoin de le croire pour ne pas mourir à tes pieds de honte et de confusion. Que ton bonheur demande grâce pour ma faute !

Et, comme si cette dernière parole eût réveillé ses remords, elle se remit à pleurer.

M. de Kernis releva la tête, et à son tour la pressant contre son cœur :

— Tu seras ma joie, mon bonheur, ma vie tout entière, lui disait-il avec adoration. Sur quelque plage que le sort nous jette, là où tu seras, là sera la patrie. En quelque lieu que tu suives mes pas, le ciel sera partout avec toi. La terre fleurira sous tes pieds; partout où tu t'assiéras près de moi, il y aura de verts ombrages sur nos têtes. Tu ne surprendras jamais un nuage sur mon front, un regret dans mon cœur. Tu ne m'entendras jamais exprimer un désir que tu ne puisses satisfaire. Tu es l'ange que Dieu m'envoie pour me guider dans mon pèlerinage. Ma vie commence et finit à toi. Les hommes usent leurs jours dans de folles ambitions ; moi, je n'aurai qu'un souci, qu'une pensée, qu'une volonté, qu'une ambition : t'aimer, te le dire, te le prouver ; et, quand tu me souriras, je serai plus fier et plus glorieux que si j'avais conquis un monde.

Ces alternatives d'abattement et d'exaltation durèrent longtemps encore. Tantôt madame de Valcreuse se désespérait, rougissait de son égarement, s'abîmait dans sa douleur ; tantôt elle relevait fièrement la tête, défiait le sort, et s'applaudissait de sa fuite ; tantôt, elle repoussait M. de Kernis avec violence, l'accablait de reproches et d'outrages, lui demandait compte de sa vie brisée, de son nom flétri ; tantôt, lui prodiguant les paroles les plus tendres, elle s'accusait elle-même et l'appelait sur son cœur. Parfois, au souvenir de M. de Valcreuse, elle se débattait avec angoisse sous les étreintes du remords ; parfois, en songeant à son retour, aux tortures qu'elle aurait endurées, à l'humiliation qu'elle aurait dévorée, elle se trouvait heureuse, heureuse d'échapper au regard de son mari. Il y avait des instants où sa pensée se reportait avec attendrissement vers mademoiselle Armantine, vers l'abbé, vers Irène ; puis elle se rappelait avec amertume, avec épouvante, ce toit sous lequel s'étaient consumées les plus belles années de sa jeunesse ; elle se rappelait les cruelles confidences d'Irène, tout ce qu'elle avait souffert en l'écoutant, en voyant l'amour s'épanouir dans son jeune sein ; sa jalousie se ranimait, et elle se trouvait heureuse, heureuse de fuir, heureuse d'échapper à tant de misère et de tourments. L'infortunée! savait-elle seulement ce qui se passait en elle? savait-elle ce qu'elle regrettait, ce qu'elle espérait? Sa tête n'était plus qu'un chaos où les idées les plus contraires se mêlaient dans une étrange confusion. Plus d'une fois sa raison s'égara; plus d'une fois M. de Kernis fut obligé de l'étreindre dans ses bras pour l'empêcher de se précipiter dans les flots.

Cependant le sloop avait gagné la haute mer. Le patron et l'équipage voyaient dans madame de Valcreuse la femme ou la sœur de M. de Kernis. Sa présence ne pouvait être pour eux un sujet d'étonnement. En ces temps malheureux, il n'était pas rare de voir les femmes partager l'exil de leurs frères et de leurs maris. Plus d'une fois, le sloop qui portait Gabrielle et M. de Kernis avait conduit à Jersey des familles entières. Les matelots avaient pourtant hasardé quelques commentaires; mais bientôt des préoccupations plus graves, des soins plus importants avaient absorbé toute leur attention.

La tempête qui avait régné toute la nuit, et qui s'était un peu calmée vers le matin, se réveillait terrible et menaçante. La violence du vent qui soufflait de terre avait d'abord protégé la fuite du bâtiment en le poussant vers la haute mer; mais, au bout de quelques heures, tous les vents se déchaînèrent à la fois. Les vagues grossissaient, le ciel se couvrait de nuages livides, et, bien qu'on fût au mois de décembre, l'air se sillonnait d'éclairs, la foudre mêlait sa voix sinistre aux mugissements de l'océan.

M. de Kernis et Gabrielle, tout entiers aux sentiments qui s'agitaient en eux, n'avaient d'abord rien vu, rien entendu. Cependant, effrayés par les secousses du navire, qui tantôt se trouvait soulevé sur la cime des lames, tantôt semblait s'abîmer dans un gouffre sans fond, au bruit des flots qui déjà bondissaient sur le pont, au craquement de la mâture, au sifflement du vent dans les cordages, ils se turent et se regardèrent un instant avec stupeur.

Un éclair terrible déchira la nue, le tonnerre éclata.

Gabrielle pâlit et se leva.

— Gustave, dit-elle tout éperdue, Gustave, entendez-vous la voix de Dieu ? entendez-vous sa colère ? entendez-vous sa justice ? Notre châtiment commence.

Après avoir essayé vainement de la rassurer, M. de Kernis monta sur le pont, et là, s'offrit à ses yeux un spectacle épouvantable. Le tonnerre, qui venait d'éclater, avait brisé la mâture, le gouvernail était fracassé ; un coup de vent avait emporté le maître timonier. Les vagues se dressaient comme des montagnes autour du navire et s'écroulaient sur l'équipage. Les matelots, qui avaient lutté avec un courage héroïque, attendaient la mort avec la résignation familière aux hommes qui vivent au milieu du danger.

— Monsieur, dit le patron en se tournant vers

M. de Kernis, je voulais vous sauver, mais il ne me reste qu'à mourir avec vous.

Le patron avait dit vrai : il ne leur restait plus qu'à mourir. On venait de signaler une voie d'eau. M. de Kernis allait se précipiter dans la cabine, quand il aperçut près de lui Gabrielle, pâle, échevelée. Il jeta sur elle un regard où se peignait toute sa détresse.

— Va, ne me plains pas, lui dit-elle avec un ineffable sourire, ne me plains pas : si nous n'avons pu vivre réunis, du moins nous mourrons ensemble.

En ce moment, on vit s'avancer une vague d'une hauteur prodigieuse, qui grossissait encore à mesure qu'elle s'approchait. Gabrielle cacha sa tête dans le sein de M. de Kernis, et la vague, en s'abattant comme une bête fauve sur sa proie, coucha le navire sur le flanc. D'une main, M. de Kernis se cramponna au bastingage, et de l'autre soutint Gabrielle évanouie. Il se pencha sur elle et baisa ce pâle visage, comme pour lui dire un dernier adieu.

Quelques minutes encore, c'en était fait. Le sloop, démâté, sans gouvernail, crevé au flanc, allait être englouti et disparaître sous les flots, quand tout à coup M. de Kernis, qui attachait sur l'horizon un œil ardent, signala le premier un vaisseau qui luttait victorieusement contre la tempête, et que le vent poussait à leur rencontre.

L'équipage jeta un cri de joie :

— Sauvés ! nous sommes sauvés !

Ils étaient sauvés en effet. Le vaisseau avait

aperçu les signaux de détresse et mis une chaloupe à la mer. Douze rameurs venaient en toute hâte à leur secours ; malgré le mauvais état de la mer, ils purent accoster le sloop désemparé, et recueillir l'équipage et les passagers.

La chaloupe eut bientôt regagné le vaisseau dont la masse imposante résistait sans effort aux assauts de l'océan. M. de Kernis enveloppa de son manteau Gabrielle évanouie, et la porta sur le pont du navire. Le visage de madame de Valcreuse était à demi caché ; cependant, le capitaine, à la forme élégante et souple du corps qui se dessinait sous les plis du manteau, n'eut pas de peine à deviner que c'était une femme. A l'attitude, à la physionomie de M. de Kernis, il avait compris aussi qu'il recevait à son bord un gentilhomme. Avec une courtoisie familière de tout temps aux officiers de notre marine, le capitaine s'empressa d'offrir sa chambre à M. de Kernis.

M. de Kernis déposa Gabrielle sur un sofa ; il lui prit les mains et la contempla quelque temps en silence. Puis, voyant qu'elle se ranimait peu à peu :

— Nous sommes sauvés, lui dit-il ; Dieu qui lit dans nos âmes nous a jugés sans colère. Nous sommes sauvés.

Et, pour la rassurer, pour réveiller dans son cœur la vie et la confiance, il murmurait à son oreille tout ce que peut inspirer l'amour le plus tendre.

Tandis qu'il parlait, Gabrielle promenait lentement autour d'elle un regard étrange, effaré.

Tout à coup elle bondit, courut aux armes suspendues à la boiserie, les toucha d'une main fiévreuse, détacha un médaillon, l'examina d'un œil hagard, et, se tournant brusquement vers M. de Kernis qui l'épiait avec inquiétude :

— Gustave, lui dit-elle, il ne nous reste plus qu'à nous tuer.

XVII

M. de Kernis regardait madame de Valcreuse avec stupeur, et cherchait dans ses yeux le sens des paroles qu'il venait d'entendre.

— Nous n'avons plus qu'à nous tuer ! répéta Gabrielle avec l'énergie du désespoir.

— Gabrielle, ma bien-aimée, reviens à toi, dit M. de Kernis qui croyait que la raison de madame de Valcreuse s'égarait encore. Reviens à toi, nous sommes sauvés ; nous allions périr, mais une frégate est venue à notre secours et nous a recueillis à son bord.

— Sauvés ! sauvés ! reprit madame de Valcreuse avec une terreur croissante. Tu ne comprends donc pas ? tu ne m'écoutes donc pas ? tu ne sais donc pas ce qui se passe ? tu ne sais donc pas où nous sommes ?

— Nous sommes sur un bâtiment de l'État. Rassure-toi pourtant, je n'ai rien à craindre. J'ai vu le capitaine, je lui ai parlé. Nous n'avons échangé ensemble que quelques paroles ; mais nous pouvons compter sur lui. J'en crois mes instincts qui ne m'ont jamais trompé ; c'est un galant homme, un homme loyal et généreux. Il ne me livrera pas aux mains de mes ennemis ; il ne me ramènera pas à la côte. J'en ai la conviction, il protégera notre fuite ; la frégate nous conduira où le sloop devait nous conduire. Rassure-toi donc, Gabrielle, nous sommes hors de danger ; rassure-toi, Dieu est pour nous, nous sommes sauvés.

— Dieu nous maudit, nous sommes perdus ; la mort est notre seul refuge.

M. de Kernis, de plus en plus effrayé de l'exaltation fébrile où il voyait Gabrielle, convaincu plus que jamais qu'elle était en proie au délire, la prit dans ses bras, et l'étreignant avec force :

— Mais à ton tour, Gabrielle, tu ne vois donc pas ce qui se passe ? Nous sommes en sûreté ; nous ne sommes plus sur ce sloop fragile qu'un coup de vent a suffi pour renverser. La frégate qui nous a recueillis a tenu bon contre la tempête. Regarde la mer : les flots se calment, le vent s'apaise, le ciel s'éclaircit, le soleil reparaît ; que la paix descende aussi dans ton cœur. Encore quelques heures, ô ma bien-aimée ! encore quelques heures, et nous toucherons une rive hospitalière.

— Encore quelques instants, répondit d'un air sombre madame de Valcreuse, et nous dormirons d'un sommeil éternel.

— Encore quelques heures, et nous serons à Jersey. Là, nous oublierons les dangers que nous avons courus. Là, je défierai la proscription ; là, le malheur ne pourra nous atteindre.

— Tiens, dit Gabrielle en lui tendant brusquement le médaillon qu'elle avait encore entre les mains, tiens, Gustave, regarde ce portrait.

M. de Kernis le prit, le contempla dans un muet étonnement, puis, levant les yeux sur madame de Valcreuse :

— C'est toi, c'est ton portrait... Comment ce médaillon se trouve-t-il ici?

— Malheureux ! tu ne le devines pas?

— Où donc sommes-nous, juste ciel?

— Tu ne le devines pas, malheureux? Nous sommes chez mon mari.

A ce cri, M. de Kernis demeura foudroyé.

— Oh ! justice de Dieu ! oh ! vengeance céleste ! continua madame de Valcreuse d'une voix de plus en plus animée : nous le trahissions, et c'est lui qui nous sauve ! nous périssions, et c'est lui qui nous tend la main ! la mer nous engloutissait, et c'est lui qui nous recueille à son bord !

— C'est impossible ! s'écria M. de Kernis; c'est impossible ! Gabrielle, tu es folle !....

Madame de Valcreuse le saisit par le bras, et, d'une main dont la fièvre redoublait la force, l'entraînant au bout de la chambre :

— Regarde ces armes, c'est moi qui les ai placées là. Regarde cette dragonne, c'est moi qui l'ai brodée. Regarde ce blason, c'est le blason de sa famille, le blason que je viens de déshonorer. Cet ameublement, c'est moi qui l'ai choisi. C'est ici que je me suis assise près de lui : c'est ici que j'ai reçu ses derniers adieux. Malheureuse, c'est ici que ce noble cœur m'a révélé toute sa tendresse. Oh! que j'étais bien inspirée, lorsque j'essayais de le retenir ! Pourquoi ne l'ai-je pas retenu ! Pourquoi n'ai-je pas su trouver des paroles victorieuses ? pourquoi n'ai-je pas su le convaincre ? pourquoi est-il parti ? pourquoi n'est-il pas resté près de moi ?

— C'est impossible ! répéta M. de Kernis.

— Impossible ? répliqua Gabrielle. Et ce portrait, qui donc, si ce n'est mon mari, aurait le droit de le posséder ? Tandis que je désertais sa maison, il avait mon image sous les yeux ; il contemplait mes traits et songeait aux joies du retour. Tiens, ajouta-t-elle en ouvrant un tiroir, regarde ces lettres ; voilà l'écriture de l'abbé, voilà l'écriture d'Irène, de mademoiselle Armantine. Et l'écriture de cette lettre, regarde, la reconnais-tu ? reconnais-tu la main qui l'a tracée ?

M. de Kernis prit la lettre que lui tendait Gabrielle d'un air égaré, et, forcé enfin de se rendre à l'évidence :

— Tu avais raison, dit-il avec l'accent d'un profond découragement ; tu avais raison, nous sommes maudits.

— Tu vois maintenant, mon ami, tu vois ce qu'on gagne à sortir du devoir, à quitter le foyer, à quitter la famille ! On se flatte d'échapper à la justice divine ; mais les conseils de Dieu sont impénétrables, les moyens dont il se sert pour nous frapper sont étranges, imprévus, et défient toute notre prudence : notre faute est d'hier, et le châtiment ne s'est pas fait attendre. Et afin que rien ne manque à l'expiation, il choisit l'offensé pour l'instrument de sa justice. Va, je ne t'en veux pas, ajouta-t-elle en regardant avec compassion M. de Kernis, qui se sentait écrasé sous le poids du remords. Va, je ne t'en veux pas! Je sais ce que tu vaux. Tu es bon, tu es sincère; tu croyais me conduire au bonheur. Insensés que nous étions! Il n'est pas de bonheur sans la bénédiction de Dieu. Pourquoi détournes-tu les yeux? Pourquoi n'oses-tu plus me regarder? Je suis ta complice, je ne suis pas ton juge. Va, mon ami, va, je ne t'en veux pas.

— Non, tu n'es pas ma complice; c'est moi qui t'ai entraînée, c'est moi qui t'ai arrachée à ta famille, à tes devoirs. Ange d'amour et de miséricorde, si tu ne me maudis pas, je me maudis; mais tu n'es pas perdue sans retour. Quel est ton crime? Tu as voulu me sauver, tu m'as suivie malgré toi. Tu parles de la justice de Dieu, c'est moi seul qu'elle doit atteindre. Le ciel a vu tes larmes, ton désespoir, au moment où le navire nous emportait. Relève la tête, Gabrielle, tu es pure, tu es sans tache, tes lèvres ont à peine effleuré mon front. Je vais aller trouver M. de Valcreuse, je lui dirai toute la vérité. La vérité a des accents qui ne trompent pas. En m'écoutant, il ne pourra refuser de croire à ton innocence. Il saura tout; il comprendra tout; il t'absoudra, il te pardonnera, et mon sang suffira pour assouvir sa vengeance.

— Ne parle pas de mon innocence. Va, je suis bien ta complice. Dieu qui juge nos intentions, Dieu sait que je voulais te suivre. Tu ne m'as pas entraînée, je t'ai suivie. C'était le vœu secret de mon cœur. Quand je t'accusais, quand je te maudissais, je te trompais, je me trompais moi-même. J'étais heureuse, enivrée. Mes larmes étaient un mensonge ; je pleurais pour cacher ma joie, et, quand je t'ordonnais de me ramener au rivage, si tu m'avais obéi, j'aurais cru que tu ne m'aimais pas.

— Oh ! sois bénie pour tant d'amour ! oh ! sois bénie pour ta bonté ! s'écria M. de Kernis dans un élan de reconnaissance exaltée. Sois bénie : ce que tu aimais en moi, c'était mon malheur, c'était mon abandon.

— Que pourrais-tu dire à M. de Valcreuse ? moi-même, que pourrais-je lui dire ? Encore, si j'avais un reproche à lui adresser ! s'il n'avait pas toujours été bon pour moi ! si je n'avais pas trouvé sous son toit une affection assidue, une protection de toutes les heures ! s'il m'avait seulement offensée de l'accent ou du regard ! Mais non, son affection pour moi ne s'est jamais lassée ; sa protection ne m'a jamais fait défaut. Ah ! si tu savais, Gustave, ce qu'il a été pour la pauvre orpheline ! Si tu savais que de soins touchants il m'a prodigués ! Si tu savais avec quelle délicatesse il a ménagé ce cœur que tu lui fermais !

— Eh bien ! puisqu'il est généreux, puisqu'il est grand, il te tendra la main et te relèvera.

— Comment veux-tu que je retourne sous un toit où la honte m'attend à la porte ? Irai-je affronter le regard de l'abbé, de mademoiselle Armantine, d'Irène à qui je devais servir d'exemple, à qui j'ai ravi le cœur de l'homme qu'elle aimait ? Irai-je exposer aux yeux des serviteurs consternés le déshonneur du maître qu'ils adorent? Le seuil ne se dérobera-t-il pas sous mes pieds? les murailles ne s'écrouleront-elles pas sur ma tête? Le pardon même de M. de Valcreuse ne pourrait me sauver. D'ailleurs, voudrais-je d'un pardon que tu ne partagerais pas, qui ne s'étendrait pas jusqu'à toi? Et comment veux-tu qu'il te pardonne? Comment veux-tu qu'il ne se venge pas !

— Qu'il se venge, dit M. de Kernis avec un geste de résignation, qu'il se venge et qu'il vous pardonne. Un jour peut-être vous m'oublierez, un jour vous retrouverez le bonheur.

— Tais-toi, Gustave, n'ajoute pas l'injure au malheur qui m'accable. T'ai-je donné le droit d'outrager mon amour? Gustave, il faut nous tuer, ajouta-t-elle avec un sang-froid terrible ; il faut nous tuer. De quelque côté que nous tournions les yeux, toute issue nous est fermée. La mer, la mer seule nous offre un refuge.

Et comme M. de Kernis, immobile et muet, la contemplait avec désespoir :

— As-tu peur, dit Gabrielle, as-tu peur de mourir? Ne dois-je pas mourir avec toi? Tout à l'heure, nous avons vu la mort face à face, et tu ne tremblais pas. Eh bien ! qu'y a-t-il de changé? nous allons mourir ensemble.

A ces mots, M. de Kernis se frappa le front et se tordit les bras.

— Eh bien ! Gustave, est-ce que ton courage fléchit? est-ce que la mort t'épouvante? Regarde-moi, je suis calme, je souris, je ne tremble pas.

Elle était calme en effet, et sa pâleur n'était

pas la pâleur de l'effroi ; elle avait sur le front la sérénité que donnent les grandes résolutions. Prête à mourir, elle regardait d'un œil tranquille ce monde qu'elle allait quitter.

— Ce n'est pas la vie que je regrette, c'est toi, dit enfin M. de Kernis ; ce n'est pas la mort qui m'effraie, c'est ta destinée. Voilà donc où je t'ai conduite, moi qui, pour te donner un jour de bonheur, aurais sacrifié avec joie toute mon existence ! Toi, si jeune et si belle, à qui l'avenir promettait encore de longues années, toi que Dieu avait créée avec amour, voilà donc où je t'ai conduite ! C'est sur toi, sur toi seule que je pleure ! Ah ! dis-moi que tu me pardonnes.

Et, la pressant contre son cœur, il la couvrait de larmes et de baisers.

— Moi te pardonner ! que veux-tu que je te pardonne? N'est-ce pas à moi plutôt à te demander grâce ? Toi aussi, tu es jeune et beau ; toi aussi, tu pouvais encore te promettre de longs jours : la gloire, l'ambition te souriaient ; tout ce qui fait la vie des hommes heureuse, enviée, Dieu te l'avait donné. Et tu meurs ! tu meurs pour m'avoir aimée !

A ces mots, dans un mouvement de compassion mutuelle, ils confondirent leurs sanglots et leur désespoir, et se tinrent quelque temps étroitement embrassés.

Ce fut Gabrielle qui, la première, se dégagea de cette suprême étreinte.

— Allons, dit-elle, allons, Gustave, l'heure est venue. N'attendons pas M. de Valcreuse. Mourons du moins sans subir l'affront de son regard. La mer est profonde et muette ; elle garde éternellement les secrets qu'elle a reçus dans son sein. Elle ne trahit pas le nom des victimes volontaires qui vont demander asile à ses flots. Mourons avant qu'il vienne ; qu'il ne sache pas, qu'il ne sache jamais qu'il a reçu à son bord une épouse parjure. Mourons en nous tenant par la main ; c'est un dernier bonheur, une dernière consolation que le destin jaloux ne peut nous ravir.

Elle courut à la fenêtre et l'ouvrit violemment.

La tempête achevait de se calmer. Les vagues apaisées se teignaient de l'azur du ciel. Le soleil resplendissait ; les matelots, debout dans les hunes, saluaient de leurs chants joyeux les rives prochaines de la patrie.

Ces chants enthousiastes, ce ciel pur, ces flots étincelants émurent Gabrielle jusqu'au fond de l'âme, et, avec une puissance inattendue, réveillèrent en elle l'amour de la vie.

Prête à s'élancer dans la mer, elle s'accouda sur la fenêtre et se prit à penser à tout ce qu'elle allait quitter pour jamais. Elle se rappela avec attendrissement les plaines embaumées, les ombrages mystérieux, les tours séculaires de Valcreuse. Elle revit tous les êtres chéris qui l'attendaient encore, qui la cherchaient peut-être. Elle revit les serviteurs, attirés par le galop de son cheval, groupés au pied du perron, et lui souhaitant la bienvenue. En un instant, sa vie tout entière passa devant ses yeux, non plus triste, morne et désolée, mais souriante, égayée, radieuse. Elle entendait la voix de mademoiselle Armantine, d'Irène et de l'abbé, qui lui disaient, d'un ton de doux reproche : — Pourquoi nous as-tu quittés ? N'étais-tu pas heureuse parmi nous ? Que te manquait-il ?

Et des larmes silencieuses inondaient ses joues et sa poitrine. Cependant, triomphant de son attendrissement et ramenée au sentiment de l'heure présente par la vue de M. de Kernis qui s'était approché d'elle, elle revint à sa première résolution.

— Allons, dit-elle enfin, allons ! qu'attendons-nous ?

Ils venaient de s'embrasser une dernière fois, quand tout à coup la porte s'ouvrit : M. de Valcreuse entra.

XVIII

M. de Valcreuse avait enfin reçu ses lettres de rappel. Il est facile d'imaginer dans quels sentiments il revenait en France. Depuis les dernières lettres que nous avons transcrites, il était demeuré sans nouvelles de sa famille, et il ne savait rien de l'état de son pays depuis un an. Il n'avait rencontré sur sa route aucun bâtiment qui pût l'informer des événements accomplis. Dévoré de jalousie, ignorant où en était la royauté, où en était la révolution, il arrivait en vue de Brest ; encore quelques heures, il allait toucher la terre de France ; encore quelques jours, il allait s'asseoir à son foyer.

Debout sur la dunette, tenant en main sa longue-vue, il semblait demander à l'horizon brumeux le secret de sa destinée, le secret des destinées de sa patrie. Qu'allait-il apprendre ? Que s'était-il passé ? Ses ordres n'étaient-ils pas arrivés trop tard ? L'abbé les avait-il fidèlement exécutés ? La paix et la sécurité étaient-elles rentrées dans sa maison ? Allait-il rencontrer le déshonneur sur le seuil de sa porte ? Gabrielle dont le cri de détresse avait traversé les mers, Gabrielle n'avait-elle pas succombé ? Son courage et ses forces n'étaient-ils pas épuisés ? Luttait-elle encore ?

Hector n'était pas une âme égoïste, absorbée dans la contemplation exclusive de son intérêt personnel. Il n'enfermait pas sa pensée dans le cercle de sa douleur. Au milieu même des ennuis qui le rongeaient, des tourments qui le déchiraient, il y avait place dans son cœur pour le saint amour de la chose publique. Quoiqu'il fût loin de deviner la position désespérée du roi, quoique la ruine de la vieille monarchie ne fût jamais entrée dans ses prévisions, quoique son imagination, dans ses rêves les plus tourmentés, les plus sombres, fût restée bien au-dessous de la vérité, cependant il était rempli d'effroi. Sans être ennemi de tout progrès, M. de Valcreuse avait accueilli avec tiédeur l'avénement des idées nouvelles. Il n'avait pas attendu les excès de la révolution pour se retourner du côté de la royauté : il n'avait pas partagé l'engouement de la jeune noblesse pour les théories américaines. A ses yeux, le roi était inviolable, infaillible ; il n'admettait pas que son autorité pût être mise en question, que son droit pût être discuté. Il avait un de ces caractères entiers, une de ces volontés énergiques, une de ces âmes chevaleresques, dévouées jusqu'à l'héroïsme, fidèles jusqu'à l'entêtement, incapables de renier leur culte, ne sachant jamais donner tort aux principes qu'elles ont embrassés. Ces sentiments, héréditaires dans sa famille, faisaient partie du patrimoine de ses aïeux, et se transmettaient de génération en génération. C'était un des derniers représentants de cette race de preux qu'on voyait rangés autour du trône comme autour d'un autel.

Il revenait donc prêt à verser son sang pour le roi, s'il en était besoin, mais décidé à laver d'abord dans le sang de M. de Kernis l'injure faite à son honneur.

— Malheur à toi ! disait-il dans le fond de son cœur ulcéré ; malheur à toi si j'arrive trop tard ! malheur à toi si je te trouve près d'elle ! malheur à toi si nous nous rencontrons jamais ! car je te hais. Je te hais parce qu'elle t'a aimé, parce que tu es son premier amour, parce que tu m'as fermé son cœur. Je te hais pour l'année de tortures que je viens de subir. Tu n'es, je le sais, que l'instrument d'une misérable vengeance, mais l'instrument fatal, prédestiné. Si Gabrielle ne t'eût pas aimé, madame de Presmes ne t'aurait pas choisi. Instrument maudit d'une femme maudite, je te briserai ! Quoi que tu fasses, un secret pressentiment me l'annonce, tu ne m'échapperas pas, et lors même que mon honneur serait demeuré sans tache, lors même que tu ne m'aurais pas offensé, je t'immolerais encore. Innocent ou coupable, n'est-ce pas toi qu'elle a aimé ? n'est-ce pas toi qu'elle aime ? n'est-ce pas toi qui m'as ravi le bonheur? Innocent, d'ailleurs, comment le serais-tu? Le jour où tu as pris place à mon foyer, tu m'as outragé, tu m'as défié, tu t'es offert à ma juste colère.

En vue de Brest, un de ces coups de vent si terribles et si fréquents sur les côtes de Bretagne l'avait rejeté violemment dans la haute mer. La frégate avait couru des bordées toute la nuit. Dans la matinée, assaillie par un nouveau grain, contrariée dans sa marche, louvoyant, mais sans avarie, et se jouant avec grâce comme un alcyon au milieu de la tempête, elle avait sauvé et recueilli l'équipage et les passagers du sloop désemparé. Après avoir mis sa chambre à la disposition de M. de Kernis et donné des ordres pour que rien ne manquât à l'hospitalité qu'il lui offrait, M. de Valcreuse, avide de nouvelles, impatient de connaître l'état des affaires publiques, avait fait appeler sur la dunette le patron du sloop. Dès qu'il le vit monter, il marcha en toute hâte au-devant de lui, et les questions se pressèrent aussitôt sur ses lèvres avec tant de rapidité, que son interlocuteur ne trouvait pas le temps de répondre. Que se passe-t-il ? Le pays est-il enfin tranquille? Le roi a-t-il eu raison des factieux et des brouillons? La nouvelle assemblée est-elle plus sage, plus modérée et plus soumise que la première? Le peuple a-t-il compris son devoir? A-t-il compris que la vraie liberté ne peut grandir et durer qu'à l'ombre du trône? — Quelle ne fut pas sa stupeur, lorsqu'il apprit que le roi était prisonnier au Temple avec sa famille, que la déchéance de la royauté était proclamée, que la Convention était souveraine absolue et qu'elle se préparait à juger le roi! Quelle ne fut pas son indignation, en apprenant les massacres de septembre! Un instant, il oublia ses préoccupations personnelles pour ne songer qu'aux malheurs de la France et de la monarchie. Il se promenait à grands pas, pâle, agité, tourmentant de la main la garde de son épée, comme s'il se fût irrité de son inaction et de son impuissance. Après avoir épuisé toutes les questions générales :

— D'où venez-vous? dit-il au patron d'un ton bref; où allez-vous?

— Capitaine, répondit le patron après quelques instants d'hésitation, vous tenez dans vos mains ma vie et celle des deux passagers que j'avais à mon bord. Vous nous avez sauvés, vous pouvez nous perdre.

— Rassurez-vous, reprit avec fierté M. de Valcreuse ; vous n'avez rien à craindre. Je ne vous ai pas recueillis pour vous livrer à vos ennemis, quels qu'ils soient. Je ne vous connais pas, mais vous êtes ici chez moi, et j'aimerais mieux périr que de faillir aux devoirs de l'hospitalité. Je réponds de vous sur ma tête.

— Eh bien! dit le patron dont la voix hésitait

encore, je me suis embarqué ce matin, au point du jour, dans la baie de Bourgneuf.

A ce nom, M. de Valcreuse tressaillit. En un instant sa pensée le reporta sur le Marais, sur le Bocage, sur sa famille.

— Êtes-vous du Bocage? êtes-vous du Marais? demanda-t-il d'une voix pleine d'anxiété. La révolution a-t-elle pénétré jusque dans ces campagnes? Là aussi l'autorité des seigneurs est-elle méconnue? Les paysans se sont-ils révoltés? Les familles sont-elles inquiétées au fond de leurs châteaux? Pour qui tient le pays? pour le roi? pour la république?

— Capitaine, répondit le patron, je ne suis ni du Marais ni du Bocage. Je suis né à Saint-Nazaire; c'est là que je demeure quand je ne tiens pas la mer. Je sais pourtant, car je l'ai appris à Nantes, que le Bocage et le Marais ne se sont pas encore prononcés; mais s'ils se soulèvent, ce sera pour le roi.

— Ainsi, vous venez de Bourgneuf? où alliez-vous?

— Capitaine, j'allais à Jersey.

— Et deviez-vous y laisser vos deux passagers?

— Oui, capitaine; c'était l'unique but de mon voyage.

— Et ces passagers, qui sont-ils? émigrent-ils? sont-ils proscrits?

— Tenez, capitaine, vous m'inspirez tant de confiance, que je vais tout vous dire. Le marquis de S... venait d'être assailli à Nantes par la populace, sur le quai. Il allait être massacré, lorsque parut un jeune gentilhomme à cheval, qui courut à lui, mit le pistolet au poing, fit feu sur la foule, le prit en croupe et s'enfuit.

M. de Valcreuse l'interrompit :

— Le marquis de S...? je le connais; c'est un de mes vieux amis. Et le brave jeune homme qui l'a délivré? son nom? est-ce lui que j'ai reçu à mon bord? Je serais heureux de lui serrer la main. Je l'embrasserais de grand cœur.

— C'est lui que je conduisais à Jersey. Il est poursuivi comme meurtrier, comme ennemi de la république. La populace de Nantes a brûlé son château, et ce matin, notre départ a été salué par un feu de mousqueterie qui heureusement n'a tué personne ; nous étions hors de portée.

— Et ce gentilhomme, est-il de la Bretagne ou du Bas-Poitou?

— L'abbé Gervais, qui a traité avec moi, ne m'en a rien dit. Tout ce que je sais, c'est que son château était dans le Marais.

— L'abbé Gervais ! s'écria M. de Valcreuse.

— Oui, capitaine, un brave, un excellent homme, aimé, vénéré dans le pays. C'est lui qui a sauvé le passager que j'allais déposer à Jersey; c'est lui qui l'a tenu caché pendant plusieurs semaines ; c'est lui qui a concerté toutes les mesures, qui a tout disposé pour sa fuite.

— Et cette femme qui l'accompagne, qu'il tenait dans ses bras, qu'il enveloppait de son manteau, est-elle sa femme ou sa sœur ?

— Ma foi, capitaine, je n'en sais rien ; l'abbé Gervais ne m'avait parlé que d'un seul passager, et je dois même vous dire que ce matin, quand je suis parti, j'ignorais qu'il y eût une femme avec lui.

— Vous l'avez vue, pourtant ? Est-elle jeune ? est-elle belle ?

— Elle est jeune, elle est belle, répliqua le patron d'un air indifférent.

— Mais, le nom du gentilhomme ?

— Le comte de Kernis ; c'est ainsi que le nommait l'abbé Gervais.

— Et vous dites, ajouta d'une voix altérée M. de Valcreuse, pâle et frémissant, vous dites qu'elle est jeune, vous dites qu'elle est belle ?

— A parler franc, capitaine, je l'ai à peine entrevue. Nous partions, on faisait feu sur nous ; cependant, elle m'a semblé belle. Son visage a la blancheur de l'ivoire, ses cheveux sont noirs comme l'ébène.

— Et vous dites que c'est le comte de Kernis ?

— C'est là, du moins, ce que m'a dit l'abbé.

— C'est bien, reprit Hector, c'est bien, laissez-moi.

Le patron alla rejoindre son équipage, et M. de Valcreuse resta seul.

Il se promena quelque temps sur le pont de la frégate, d'un pas grave et mesuré ; nul n'aurait pu lire sur son front ce qui se passait au fond de son cœur. Un mot, un regard lui suffisaient pour éclaircir l'énigme terrible dont la solution le torturait depuis plus d'un an, et cependant il hésitait. Il reculait devant la lumière qu'il avait si longtemps cherchée ; face à face avec le secret de sa destinée, il n'osait lever les yeux et tremblait de mesurer son malheur.

Enfin, comme s'il eût été emporté par l'orage qui grondait en lui, comme si le plancher de sa frégate lui eût brûlé les pieds, il se dirigea vers sa chambre d'un pas rapide, ouvrit la porte et s'arrêta sur le seuil, au moment où Gabrielle et M. de Kernis allaient en finir avec la vie.

Il y eut un instant de silence, pendant lequel M. de Valcreuse les tint palpitants sous son regard. Gabrielle, debout, immobile, comme si ses pieds eussent été rivés au parquet, le contemplait d'un air effaré, comme un juge envoyé par Dieu. M. de Kernis se tenait près d'elle, comme pour la protéger. Sans humilité, sans forfanterie, son attitude calme et résignée défiait à la fois la colère et la pitié. Quant à M. de Valcreuse, il était beau, de cette beauté mâle et sévère que donne au visage une grande âme profondément émue. Pendant les trois années qui venaient de s'écouler, le soleil de l'Inde avait achevé de brunir son front ; la douleur y avait gravé son empreinte et donnait à ses traits quelque chose d'austère et de majestueux.

Ce fut M. de Kernis qui, le premier, rompit le silence.

— Monsieur, dit-il en s'avançant vers lui, je suis le comte de Kernis. Il n'y a ici qu'un coupable, c'est moi. Madame de Valcreuse ne m'a pas suivi librement. C'est moi qui, par une ruse infernale, l'ai entraînée. J'ai abusé de sa générosité. Avertie qu'on devait m'arrêter au point du jour dans la retraite que l'abbé m'avait choisie, madame de

Valcreuse est venue à moi pour me sauver ; elle m'a servi de guide jusqu'au bâtiment qui devait m'emporter. Là, je l'ai retenue, et, tandis que je la suppliais de partager mon exil, tandis qu'elle repoussait ma prière avec indignation, le navire a mis à la voile, et nous étions en pleine mer, quand elle s'est aperçue que nous avions quitté la côte. C'est moi seul qui suis coupable, moi seul qu'il faut punir ; ma vie vous appartient.

— Ne le croyez pas, dit Gabrielle, ne l'écoutez pas. Il vous trompe, il ment. Je suis coupable autant que lui. J'ai voulu le suivre, je l'ai suivi. Prenez donc aussi ma vie, tuez-nous tous deux.

— Ainsi, monsieur le comte, dit enfin M. de Valcreuse, voilà comment vous comprenez vos devoirs de gentilhomme ! Tandis que le roi était arraché violemment de son palais, vous étiez établi chez moi, n'ayant d'autre pensée, d'autre ambition que de séduire une femme sans défense ! Vous étiez assis à ma table, à mon foyer, et vous profitiez lâchement de mon absence pour vous emparer d'un cœur que je ne pouvais vous disputer ! Vous apportiez le trouble et la honte dans une maison dont le maître n'était pas là pour vous châtier ! Noble courage ! gloire vraiment digne d'envie ! Tandis que la royauté s'écroulait, tandis que le roi poussait un cri de détresse, quand vous pouviez mourir avec honneur en répandant votre sang pour lui, quand toute la noblesse aurait dû se presser autour du monarque outragé, quand tous ses serviteurs auraient dû lui faire un bouclier de leurs corps, vous, monsieur le comte, pour soutenir dignement le nom de vos aïeux, pour ajouter un nouvel éclat à votre blason, vous déshonoriez le toit qui vous avait accueilli, vous trahissiez votre hôte absent, dont l'œil ne pouvait vous surprendre, dont l'épée ne pouvait vous atteindre ! Et maintenant que le roi est prisonnier, maintenant qu'on va le juger, maintenant que sa tête est peut-être menacée, vous, digne fils d'une race illustre, pour consoler les ennuis de votre exil, vous enlevez la femme que vous avez séduite !

— Monsieur, reprit avec dignité M. de Kernis, je connais ma faute et ne cherche point à me justifier ; mais en mettant ma vie à votre disposition, je vous ai ôté le droit de m'outrager.

— Plus tard, Monsieur, plus tard, je ne veux pas faire l'office du bourreau. Vous êtes proscrit, je vous ai sauvé, je vous ai recueilli à mon bord : aujourd'hui, vous m'êtes sacré. Vous alliez à Jersey, je vais vous y conduire. Nous aurons des jours meilleurs ; la France ne vous sera pas toujours fermée. Nous nous retrouverons, et sans doute je n'aurai pas besoin de vous rappeler l'offre que vous venez de me faire.

En achevant ces mots, il fit quelques pas vers Gabrielle, et d'une voix grave, où se trahissait plutôt la douleur que la colère :

— Quand je vous ai tendu la main pour la première fois, lui dit-il, vous étiez libre, vous pouviez la refuser, et pourtant vous l'avez acceptée. Les paroles que vous avez prononcées, votre main dans la mienne, sont demeurées gravées dans ma mémoire et ne s'effaceront jamais. Vous ne répondiez pas de mon bonheur, mais vous promettiez de garder sans tache et sans souillure l'honneur du nom que je vous confiais. Ce que vous avez fait pour mon bonheur, je n'ai pas besoin de vous le dire. Ce que vous avez fait de l'honneur de mon nom, je vous le demande.

A ce reproche si mérité, exprimé avec une modération si accablante, Gabrielle demeura muette et fondit en larmes.

M. de Valcreuse la fit asseoir, s'assit près d'elle, et, se tournant vers M. de Kernis :

— Restez, Monsieur, restez ; vous n'êtes pas de trop, lui dit-il. Puis, s'adressant à Gabrielle qui baissait les yeux et pleurait en silence :

— En vous épousant, poursuivit-il, j'ai pris devant Dieu l'engagement solennel de vous protéger, de veiller sur vous, de vous défendre. Quel que soit votre égarement, quoi que vous ayez pu faire, en trahissant vos serments, vous ne m'avez pas affranchi des miens. Mes devoirs envers vous demeurent entiers ; la promesse que je vous ai faite, que j'ai faite au ciel, je la tiendrai jusqu'au bout. Je ne veux pas que Dieu puisse un jour me reprocher de ne vous avoir pas tirée de l'abîme, quand je n'avais peut-être qu'à vous tendre la main. Rassurez-vous ; ce n'est pas un juge, ce n'est pas un maître qui vous parle. Dès à présent, vous êtes libre, et, quand j'aurai parlé, vous-même déciderez de votre destinée.

Après quelques instants de recueillement, il reprit :

— Savez-vous bien ce que vous quittez ? Savez-vous bien ce que vous allez chercher ? Croyez-vous laisser le malheur derrière vous ? croyez-vous aller au-devant du bonheur ? Si je le croyais, si je pouvais le croire, je n'essaierais pas de vous retenir, tout serait fini entre nous ; mais la passion vous aveugle, et je dois vous éclairer ; vous courez à votre perte, et je dois vous signaler le danger. La vie est longue, Gabrielle, et la passion dure trop peu pour pouvoir la remplir tout entière. Que deviendrez-vous quand elle sera éteinte dans votre cœur désabusé, ou dans le cœur de l'homme que vous aurez suivi ? Que deviendrez-vous sur la terre étrangère, loin des vôtres, loin des affections qui ne se lassent jamais, qui seules peuvent donner la paix et la dignité ? Que deviendrez-vous loin de la patrie, loin de la famille, traînant après vous le regret des biens méconnus, le remords d'une faute irréparable ? Je ne vous parle pas des cœurs que vous aurez brisés ; mais, quelle sera votre place dans le monde ? Ne vous y trompez pas : il y a partout des juges sévères ; le désordre est partout condamné ; partout la société est implacable pour ceux qui bravent ses lois. En quelque lieu que vous portiez vos pas, les hommes se croiront affranchis du respect envers vous ; les mères, à votre approche, s'éloigneront avec leurs filles : la solitude se fera autour de vous, et l'amour, qui seul pourrait vous soutenir, l'amour périra bien vite dans cette atmosphère de réprobation. Dites-moi, Gabrielle, est-ce là l'avenir que vous aviez rêvé ? est-ce là la destinée que vous vous êtes promise ?

— Que puis-je faire, maintenant ? répondit madame de Valcreuse d'une voix qu'étouffaient les sanglots ; que puis-je faire ? Votre maison ne m'est-elle pas fermée à jamais ? n'ai-je pas perdu le droit de franchir le seuil de votre porte ?

— Cependant, Gabrielle, si je vous ramenais dans cette maison que vous croyez à jamais fermée pour vous ?

— Mais le pouvez-vous ? Demain, ma honte ne sera-t-elle pas connue de tous ? Aujourd'hui même, à l'heure où je vous parle, tous vos serviteurs ne sont-ils pas instruits de ma fuite ? Votre sœur ne maudit-elle pas le jour où je suis entrée sous votre toit ? Le mal est irréparable ; votre générosité s'efforcerait en vain de me sauver.

— Je peux vous sauver ; je le peux, si vous le voulez. Je ne vous donnerai pas le bonheur. Je ne l'attends plus de vous, comment pourrais-je vous le promettre ? Il y aura toujours entre nous une barrière que nous ne voudrons pas franchir. Mais je couvrirai votre faute de mon silence ; mais je vous relèverai, et votre chute sera ignorée de tous ; mais je vous rendrai la place et le rang que je vous avais donnés. Vous pourrez marcher tête levée, paisible, honorée, et jamais une parole de reproche ne s'échappera de mes lèvres.

Et comme Gabrielle, écrasée, anéantie par tant de générosité, hésitait à répondre :

— C'est à vous de choisir, ajouta M. de Valcreuse. Dites un mot, et je vous conduis à Jersey, ou je vous ramène avec moi.

En ce moment, Gabrielle jeta sur M. de Kernis

un regard de détresse, et voyant qu'il baissait les yeux :

— Monsieur, dit-elle s'adressant à M. de Valcreuse, si ma faute était aussi grande, si j'étais aussi coupable que vous avez le droit de le penser, plus sévère que vous, je me condamnerais sans retour, et j'accepterais dans toute sa rigueur la destinée que je me serais faite. Je ne marcherai jamais tête haute, mais je puis vous suivre... et je vous suivrai, ajouta-t-elle d'une voix mourante.

— Monsieur le comte, dit Hector en se tournant gravement vers M. de Kernis, dans quelques heures, je vous déposerai à Jersey.

— Prenez garde, Monsieur, répondit M. de Kernis. Brest et Saint-Malo sont en feu. Vous êtes parti au service du roi, vous êtes en ce moment au service de la république. Si vous me conduisez à Jersey, et si un de vos matelots vous dénonce, vous êtes perdu.

— Je suis sûr de mon équipage, repartit M. de Valcreuse, et d'ailleurs, votre salut dût-il me coûter la vie, vous êtes proscrit, je vous ai reçu à mon bord, vous êtes sacré pour moi ; je vous conduirai à Jersey. J'accomplis mon devoir : n'oubliez pas le vôtre. Venez, monsieur le comte, ajouta résolûment Hector ; je vais donner les ordres nécessaires pour votre débarquement.

A ces mots, M. de Valcreuse ouvrit la porte de sa chambre.

M. de Kernis s'inclina avec respect devant Gabrielle, qui lui tendit la main. Il la saisit, l'étreignit avec force, et, dans une attitude dont rien ne saurait rendre la muette éloquence, il demeura quelques instants à contempler ce pâle visage, où se peignaient à la fois la résignation et le désespoir.

Debout sur le seuil de la porte, M. de Valcreuse regardait d'un œil jaloux cette scène déchirante. Il les séparait, et il portait envie à leur douleur.

— Venez, monsieur le comte, venez.

Et il l'entraîna sur le pont.

Le vent avait poussé la frégate dans la direction de Jersey. Le lendemain, au point du jour, on aperçut, à travers la brume, cette île hospitalière, qui était alors un lieu de refuge pour les émigrés des provinces de l'Ouest, et qui devint plus tard un foyer de complots contre la république.

On mit la chaloupe à la mer.

Au moment où M. de Kernis se préparait à quitter le bord, en présence de l'équipage réuni, M. de Valcreuse, qui n'avait pas cessé un seul instant de le traiter avec une courtoisie parfaite, s'approcha de lui, et, d'une voix assez élevée pour être entendu de tous :

— Soyez sans inquiétude, monsieur le comte ; je vous ai promis de ramener votre sœur dans sa famille : je tiendrai ma promesse.

— Moi aussi, Monsieur, je tiendrai la mienne, repartit M. de Kernis.

Ils se saluèrent avec dignité, et ce furent les dernières paroles qu'ils échangèrent ensemble.

Accoudée sur la fenêtre de la chambre où elle avait passé la nuit, Gabrielle vit la chaloupe s'éloigner, se perdre dans la brume. Il lui sembla d'abord que cette embarcation fragile emportait son âme tout entière. Un instant elle s'accusa de lâcheté ; se rappelant qu'il était proscrit, malheureux, abandonné de tous, elle se dit qu'il avait compté sur elle et qu'elle lui manquait. Un instant la passion indignée se révolta contre ce dénoûment prosaïque d'une aventure commencée sous de si poétiques auspices ; un instant son cœur se souleva contre elle-même.

— C'est ma vie qui s'en va, se disait-elle en suivant d'un œil noyé de larmes la chaloupe qui portait M. de Kernis ; c'est ma vie, c'est l'amour, c'est le bonheur. Que pense-t-il de moi, à cette heure? Sans doute il croit que je ne l'ai jamais aimé, que je l'aurais suivi s'il n'était malheureux ; et pourtant c'est son malheur même qui m'attachait à lui, c'est son malheur même que je regrette et que j'aurais voulu partager. Adieu donc, joie de ma jeunesse ! adieu, premier et dernier amour ! Mes jours se passeront à te pleurer, et mon âme désolée ne se nourrira plus que de souvenirs.

La chaloupe disparut dans la brume.

Madame de Valcreuse quitta la fenêtre, et se prit à réfléchir sur son amère destinée. Après quelques heures d'abattement, de muet désespoir, elle releva la tête et promena autour d'elle un regard étonné. Elle était chez son mari, elle allait revoir Irène, l'abbé, tous les êtres excellents qui l'aimaient, qu'elle avait crus perdus sans retour, et, chose étrange! quand sa pensée se reporta vers M. de Kernis, elle éprouva comme un sentiment de délivrance.

XIX

L'alarme et l'épouvante étaient au château de Valcreuse. Quelques heures après le départ de M. de Kernis, les soldats qui étaient arrivés la veille à Machecoul, avaient cerné la ferme et acquis la conviction qu'elle était abandonnée depuis quelques instants à peine ; les cendres du foyer étaient encore tièdes ; tout accusait le désordre d'un départ précipité ; des papiers récemment brûlés encombraient la cheminée. Furieux de n'avoir trouvé personne, ils se rabattirent sur le château où tout le monde dormait encore. Au bruit des chevaux qui s'arrêtèrent à la porte, les serviteurs effrayés se réveillèrent en sursaut ; aux sommations faites au nom de la loi, ils ouvrirent, et les cavaliers, le pistolet au poing, se précipitèrent dans la cour, tandis qu'un détachement gardait les issues. Mademoiselle Armantine et l'abbé furent bientôt sur pied ; Irène elle-même, en entendant les éperons et les sabres qui retentissaient sur les escaliers, s'était levée à la hâte, et, demi-vêtue, tremblante, s'était réfugiée dans la chambre de mademoiselle Armantine. Il se passa une de ces scènes de tumulte et de confusion si communes en ces temps malheureux, et dont aucune parole ne saurait donner une image fidèle. Tous les appartements furent visités, tous les lits fouillés sans pudeur. Exaspérée par l'inutilité des recherches, la populace de Nantes, qui s'était bien gardée de manquer à une si belle fête, se porta à des excès que la force armée n'eut pas le courage de réprimer. Elle mit en lambeaux les plus riches parures de mademoiselle Armantine, brisa les écussons, insulta l'abbé, et, pour se consoler de son désappointement, défonça au milieu de la cour un tonneau et s'abandonna à la plus crapuleuse ivresse. Après s'être abreuvée de vin à défaut de sang, elle reprit en chantant le chemin de la ville, semant sur son passage des germes de vengeance, qui devaient éclore quelques mois plus tard.

L'effroi qui régnait au château était tempéré par la pensée consolante que M. de Kernis était sauvé. Aussitôt après le départ des cavaliers, dès qu'il n'entendit plus les cris et les chants confus de la populace avinée, l'abbé courut à la plage, trouva la crique déserte et apprit par des pêcheurs que le sloop avait mis à la voile au point du jour, sous un feu de mousqueterie qui n'avait pu l'atteindre, grâce au vent qui soufflait de terre. Il revint joyeux, songeant qu'il avait sauvé du même coup M. de Kernis et Gabrielle. Le soir quand il rentra, il trouva le château en proie à de nouvelles inquiétudes. Tous les serviteurs avaient le visage bouleversé et l'interrogeaient du regard, comme s'ils eussent attendu de lui la révélation d'un secret important. Du plus loin qu'elles l'aperçurent, mademoiselle Armantine et Irène, tout effarées, coururent au-devant de lui.

— Qu'y a-t-il encore? demanda l'abbé avec anxiété. Les cavaliers sont-ils revenus? ont-ils fait une nouvelle perquisition? la populace vous a-t-elle outragées? Rassurez-vous, M. de Kernis est sauve; je viens de la côte, la crique est vide, le sloop est parti ce matin. Les douaniers ont fait feu : mais leurs balles se sont éteintes dans la mer.

— Et Gabrielle? s'écrièrent en même temps mademoiselle Armantine et Irène. Gabrielle, l'avez-vous rencontrée?

— Rencontrée ? dit l'abbé; madame de Valcreuse n'est-elle pas ici?

— Sa chambre était vide quand les soldats y ont pénétré, et Gabrielle n'a pas reparu de la journée.

A ces mots, l'abbé pâlit, et, bien qu'il fût loin encore de deviner toute la vérité, cependant il en eut comme un confus pressentiment.

Ils arrivaient au pied du perron ; les serviteurs se groupèrent autour d'eux. Le nom de madame de Valcreuse était sur toutes les lèvres.

— Quelqu'un de vous, s'écria l'abbé, l'a-t-il vue sortir ? De quel côté s'est-elle dirigée ?

— Aucun de nous ne l'a vue sortir.

— Manque-t-il un cheval à l'écurie ?

— Pas un. Le cheval de madame de Valcreuse est au râtelier.

Quelques instants après le départ de la force armée, au milieu du trouble et de la confusion qui régnaient encore au château, Rosette avait, sans qu'on s'en aperçût, ramené les chevaux à l'écurie, et les avait dessellés et débridés. Tandis que l'abbé questionnait les visiteurs, Rosette, assise sur une des marches du perron, les cheveux au vent, le coude sur son genou, le menton dans sa main, le regardait d'un air indifférent.

— Et toi, petite, demanda l'abbé, n'as-tu rien vu ? ne sais-tu rien ? Toi qui rôdes partout comme un furet, n'as-tu pas rencontré madame de Valcreuse ?

— Non, monsieur l'abbé, répondit Rosette sans changer d'attitude.

— Toi, levée tous les jours avec l'aube, en conduisant tes moutons sur la colline tu n'as pas vu sortir ta maîtresse ?

— Non, monsieur l'abbé.

— Qui donc est allé avertir M. de Kernis ?

— C'est moi. J'avais appris la veille, à Nantes, qu'on devait venir l'arrêter au point du jour.

— Qui donc l'a conduit à la côte ?

— C'est moi.

— Qui a ramené son cheval ?

— Moi.

— Et, en revenant, tu n'as vu personne qui eût rencontré madame de Valcreuse ?

— Non, monsieur l'abbé, répondit Rosette, attachant sur lui ses grands yeux, où il cherchait vainement à lire.

Rosette ne se rendait pas compte du départ de sa maîtresse ; mais, à l'inquiétude qui se peignait sur tous les visages, aux questions qui lui étaient adressées, elle comprenait qu'elle ne devait rien dire ; rien au monde ne l'aurait décidée à parler. Il y avait, d'ailleurs, dans la promenade nocturne de madame de Valcreuse, dans sa fuite imprévue, quelque chose qui ne déplaisait pas à l'imagination de la petite Bohémienne. L'abbé, qui connaissait depuis longtemps l'instinct rusé, la discrétion obstinée de cette enfant, son attachement passionné pour Gabrielle, se doutant qu'elle en savait plus qu'elle n'en disait, l'appela dans sa chambre et la pressa de questions. Prières, menaces, tout fut inutile ; et quand l'abbé lui annonça, espérant délier enfin sa langue, qu'elle allait quitter le château, qu'elle pouvait dès à présent chercher un gîte ailleurs, elle répondit sans s'émouvoir :

— Croyez-vous donc me chagriner ? Pour qui resterais-je ici, puisque madame n'y est plus ? Croyez-vous qu'en partant je vous regrette, vous ou mademoiselle Armantine ? Je ne m'amusais pas déjà tant au milieu de vous. Puisque madame est partie, j'aime mieux vivre en plein air et dormir à la belle étoile.

L'abbé vit bien qu'il ne pourrait rien obtenir d'elle, et, comme elle se disposait à s'éloigner, il fut obligé de supplier pour la retenir.

Après ce nouvel interrogatoire qui n'avait pas eu plus de succès que le premier, l'abbé se rendit seul dans la chambre de Gabrielle et s'assura que la lampe avait dû brûler toute la nuit et s'était éteinte d'elle-même. Il en conclut naturellement que madame de Valcreuse était sortie avant le jour. La cravache à pommeau d'or ciselé, suspendue habituellement au-dessous d'un portrait de famille, avait disparu. L'abbé la chercha vainement ; madame de Valcreuse était donc partie à cheval. Il courut aux écuries, le cheval de Gabrielle était encore couvert d'écume et de sueur ; elle avait donc fait un long trajet. Au-dessus du sabot, les poils étaient encore imprégnés d'un sable humide et fin : elle avait donc été sur le bord de la mer. Ainsi tout se réunissait pour lui prouver qu'elle avait accompagné M. de Kernis. Quand il revint au salon, mademoiselle Armantine et Irène, dont chaque instant redoublait les angoisses, s'empressèrent autour de lui.

— Eh bien ! mon cher abbé, qu'avez-vous appris ? savez-vous enfin où est notre Gabrielle ? Rosette a-t-elle enfin parlé ? Si quelqu'un ici peut nous mettre sur la voie, c'est elle à coup sûr.

Sans répondre à aucune de ces questions, l'abbé consterné alla s'asseoir sous le manteau de la cheminée, à sa place ordinaire, et se mit à songer, tandis que mademoiselle Armantine et Irène, effrayées de son silence, l'examinaient avec un redoublement d'inquiétude. L'abbé demeure longtemps absorbé dans ses réflexions. Tous les indices qu'il avait recueillis avec un soin scrupuleux, dénonçaient la fuite de madame de Valcreuse, et pourtant il doutait encore. Enfin, comme s'il eût répondu à une accusation offensante :

— C'est impossible, s'écria-t-il en se levant, c'est impossible !

— Que dites-vous, monsieur l'abbé ? demanda mademoiselle Armantine. Qu'y a-t-il d'impossible ? Que dites-vous ? parlez.

— Que dites-vous ? demanda Irène à son tour, Irène qui, déjà éclairée par l'instinct de la jalousie, entrevoyait confusément une partie de la vérité, et qui avait frissonné à l'exclamation de l'abbé. Que dites-vous ? qu'y a-t-il d'impossible ?

— Je dis, reprit l'abbé essayant de déguiser son

trouble, je dis que madame de Valcreuse ne saurait tarder à rentrer. Il est impossible, en effet, qu'elle ne revienne pas ce soir même. Un paysan sera venu la chercher pour une œuvre de bienfaisance : elle aura passé la journée au chevet de quelque malade, et sans doute à cette heure elle est sur la route du château.

— Vous avez raison, reprit mademoiselle Armantine qui ne demandait qu'à se débarrasser de toute inquiétude, de toute préoccupation sérieuse, vous avez raison. Comment ne l'avons-nous pas deviné plus tôt ! Un paysan sera venu la chercher pour une œuvre de bienfaisance ; elle aura passé la journée au chevet de quelque malade, et nous allons la voir arriver.

Irène, dont la tendresse était plus difficile à convaincre, et que la jalousie rendait encore plus défiante et plus incrédule, Irène n'accepta pas si aisément les conjectures de l'abbé.

— Mais vous n'y songez pas, dit-elle. Gabrielle n'a pas l'habitude de sortir seule au milieu de la nuit; lorsqu'une œuvre de bienfaisance l'appelle au loin, elle part accompagnée d'Yvon ou de Noëlic, et, s'il lui arrive de sortir seule avant notre réveil pour secourir quelque misère, pour soulager quelque souffrance, elle ne laisse jamais la journée s'écouler sans revenir, ou tout au moins sans nous envoyer un exprès.

En voyant la défiance et l'incrédulité d'Irène, l'abbé devint de plus en plus sombre. Les soupçons qui, d'abord, s'étaient présentés à son esprit sous une forme vague et indécise, se dessinaient de plus en plus nettement. Il n'en pouvait plus douter, Gabrielle était partie avec M. de Kernis.

Bientôt la conviction de l'abbé passa dans le cœur d'Irène, quoiqu'il n'eût pas dit un mot pour révéler à cette enfant une pensée qu'il aurait voulu se cacher à lui-même. A la lueur de la lampe, ils se regardaient à la dérobée, comme si chacun d'eux eût craint d'être deviné. Mademoiselle Armantine persistait seule dans sa sécurité. A chaque instant elle s'attendait à voir entrer Gabrielle, et, malgré l'absence prolongée de sa belle-sœur, malgré la scène du matin, elle brodait au crochet avec autant de calme et de sérénité que si toute chose fût demeurée dans l'ordre accoutumé. De temps en temps l'abbé se levait, ouvrait la fenêtre, plongeait dans la nuit un regard avide, prêtait l'oreille aux rumeurs lointaines et revenait s'asseoir d'un air découragé. Quelques minutes plus tard, ne pouvant tenir en place, il descendait pour interroger les messagers qu'il avait envoyés dans les fermes voisines. Parfois Irène le suivait, craignant qu'il ne lui cachât une partie des nouvelles qu'il aurait apprises.

La soirée finissait ; minuit venait de sonner à l'horloge du château et Gabrielle ne paraissait pas. Mademoiselle Armantine elle-même, que les paroles de l'abbé avaient un instant rassurée, commençait à s'alarmer de nouveau. Noëlic et Yvon, qui accompagnaient habituellement madame de Valcreuse dans ses excursions, qui connaissaient toutes les chaumières visitées par la bienfaisance de leur maîtresse, avaient battu vainement tous les environs. Les exprès envoyés dans les châteaux voisins étaient revenus sans nouvelles. Quelques serviteurs à cheval, armés de flambeaux, parcouraient encore la campagne. La nuit s'acheva, le jour vint ; Gabrielle n'avait pas reparu.

Une semaine s'était écoulée depuis le départ de madame de Valcreuse, et les choses en étaient au même point que le premier jour. On ne la cherchait plus, on la pleurait comme une morte. Les serviteurs croyaient en effet qu'elle était morte. Le bruit courait dans le pays qu'au moment où elle se promenait sur la côte, elle avait été jetée à la mer par un coup de vent. Irène et l'abbé, qui savaient seuls à quoi s'en tenir, gardaient leur secret avec un soin jaloux, et ne s'étaient pas confié leur commune pensée. L'abbé aimait mieux laisser pleurer la mort de Gabrielle que son déshonneur. Cependant le retour d'Hector ne pouvait être éloigné. Le vieil amiral avait écrit à mademoiselle Armantine pour lui annoncer que M. de Valcreuse venait enfin de recevoir ses lettres de rappel. M. de Valcreuse allait donc arriver. Que répondrait l'abbé, lorsque Hector, d'une voix sévère, lui demanderait compte du dépôt qu'il lui avait confié ? Que répondrait-il à ces questions terribles : Je vous avais donné mon honneur à garder, qu'en avez-vous fait ? Qu'avez-vous fait de mon bonheur ? Où est ma femme ?

Irène n'était plus la jeune fille gaie, folâtre, que nous avons connue. Elle ne souriait plus, elle ne chantait plus, elle ne réjouissait plus la maison du frais éclat de sa voix et de la grâce de ses saillies. Elle était sombre, inquiète, agitée ; à son tour elle était jalouse, comme si Gabrielle lui eût rendu le mal qu'elle avait souffert. Elle ne doutait plus que sa cousine n'eût accompagné M. de Kernis dans sa fuite ; et pourtant, à cette pensée, sa tendresse se révoltait, il y avait encore dans son cœur une voix que la jalousie ne pouvait étouffer, et qui défendait Gabrielle.

Mademoiselle Armantine avait passé de l'inquiétude à l'aigreur. Elle en était arrivée à croire que l'absence de sa belle-sœur n'avait d'autre motif qu'un pur caprice, un goût insensé, une passion folle pour la vie d'aventures. Sans doute madame de Valcreuse, qui ne faisait rien comme personne, qui pensait, qui agissait à sa guise, était dans quelque château ou courait le pays par curiosité. Elle reviendrait d'un jour à l'autre et s'étonnerait du trouble qu'elle avait causé.

Un soir, ils étaient réunis tous trois autour de l'âtre à peine éclairé par les tisons à demi consumés. Il se faisait tard. Irène, tout entière aux cruelles préoccupations qui l'obsédaient, regardait d'un œil distrait la braise pâlissante. Les chiens d'Hector, couchés à ses pieds, tournaient les yeux vers la place vide de Gabrielle. L'abbé gardait le silence ; mademoiselle Armantine était plongée dans la lecture d'un roman de chevalerie, et cherchait dans les aventures héroïques d'Amadis et de Galaor une diversion aux malheurs présents. — Ah ! se disait-elle avec amertume, où sont-ils, ces

chevaliers galants et valeureux ? Ce n'est pas de leur vivant qu'on se fût permis de violer mon domicile et de déchirer mes plus belles parures.
— De temps en temps elle interrompait sa lecture, et adressait à l'abbé quelques paroles qui pouvaient passer pour une provocation ; mais l'abbé répondait à peine. Enfin elle ferma son livre, le posa brusquement sur la table, et se tournant vers l'abbé :

— Eh bien ! lui dit-elle d'une voix aigre-douce. avais-je tort de blâmer le choix de mon frère ? Voyez les beaux fruits de ce mariage que vous avez voulu, qu'Hector, à coup sûr, n'eût pas fait sans vos conseils ! A vous entendre, mademoiselle de Presmes était le modèle accompli de toutes les grâces, de toutes les vertus, et la voilà qui depuis huit jours court le pays, sans même se soucier de nous donner de ses nouvelles ! Si l'on m'eût écoutée, tout irait bien autrement. Ce n'est pas madame de Presmes qui aurait laissé partir Hector. Elle eût trouvé, pour le retenir, des paroles sans réplique, un sourire vainqueur auquel il n'aurait pu résister. C'était là une femme, une femme charmante, et qui savait comment les hommes se tiennent en lesse. Enfin, monsieur l'abbé, elle n'était pas de votre goût. Pour vous plaire, il faut de grands yeux noirs tournés vers le ciel, un air rêveur, un caractère bizarre, des sentiments étranges, un langage d'oracle. La marquise n'avait rien de tout cela ; elle ne devait pas vous plaire.

—Il est vrai, Mademoiselle, que je ne l'ai jamais aimée, répondit l'abbé d'un air sombre.

Mon cœur ne m'avait pas trompé, plût à Dieu qu'Hector ne l'eût jamais connue ! Le jour où vous l'avez conduit chez elle pour la première fois fut un jour fatal.

— Oui, dit mademoiselle Armantine, car c'est chez elle qu'il a connu Gabrielle.

— Ce n'est pas de Gabrielle que je veux parler, répliqua vivement l'abbé.

— Et de qui donc, je vous prie ? demanda mademoiselle Armantine avec aigreur.

L'abbé secoua la tête et retint sur ses lèvres le trait prêt à partir.

— Qu'est-ce qu'une femme, poursuivit mademoiselle Armantine avec dédain, qui, après quelques mois de mariage, quand la lune de miel s'achève à peine, inspire à son mari le désir de faire un voyage de trois ans aux grandes Indes ? Étrange fantaisie ! vous en conviendrez, monsieur l'abbé. Ce n'est pas près de madame de Presmes qu'une pareille idée eût germé dans la tête d'Hector.

— Mademoiselle, répliqua gravement l'abbé, quoi que l'avenir puisse réserver à votre frère, bénissez le ciel de n'avoir pas permis qu'il épousât la marquise de Presmes.

— Mais, enfin, mon frère peut revenir d'un moment à l'autre. S'il arrive avant le retour de madame de Valcreuse, quand il demandera sa femme, que lui répondrons-nous ?

Et comme l'abbé se taisait, Irène, blessée dans son affection, prit la parole, et s'adressant à mademoiselle Armantine :

— Nous ne saurons comment expliquer son absence ; mais en quelque lieu qu'elle se trouve, Gabrielle est toujours digne de lui.

— Vous en parlez bien à votre aise, ma chère petite ; je veux croire que vous avez raison.

— N'en doutez pas, Mademoiselle, repartit avec feu Irène, chez qui la tendresse dominait la jalousie. Je connais ma cousine ; c'est déchirer mon cœur que douter du sien.

— Bien, mon enfant, bien ! dit l'abbé ; vous êtes un noble cœur.

— Où est-elle, cependant ? que fait-elle ? poursuivit mademoiselle Armantine du ton de l'ironie. Je connais la bienfaisance de ma belle-sœur, mais je ne puis croire qu'elle ait passé au chevet d'un malade tout le temps de son absence.

— Mon Dieu, reprit Irène, qui nous dit que sa vie n'est pas en danger ? En ces temps de trouble et de malheurs, qui nous dit qu'elle n'est pas tombée dans quelque piége infâme ? Pourquoi l'accuser, quand nous avons tant de raisons de trembler pour elle ?

En parlant ainsi, elle cherchait tout à la fois à excuser sa cousine et à rassurer son propre cœur.

— Bien, mon enfant ! répéta l'abbé lui prenant les mains. Vous défendez l'absente : Dieu, qui sait ce qui se passe au fond de votre âme, Dieu vous récompensera.

Mademoiselle Armantine qui, malgré ses travers, avait un excellent naturel, regretta les paroles amères qui lui étaient échappées, et se prit à trembler pour les jours de sa belle-sœur. La conversation qu'elle n'attisait plus s'éteignit d'elle-même : Irène retomba dans ses réflexions jalouses, et l'abbé reprit le cours de sa triste rêverie.

La bise soufflait au dehors. La pluie fouettait les vitres ; on entendait les aboiements plaintifs des chiens qui se répondaient de ferme en ferme. Dans le salon tout était lugubre. La lampe pâlissait ; la braise était consumée ; le grillon chantait dans les fentes de l'âtre.

Tout à coup les chiens de chasse, le cou tendu, les naseaux ouverts, se dressèrent sur leurs jarrets ; l'abbé, mademoiselle Armantine et Irène se levèrent tous trois en même temps.

Une voiture venait de s'arrêter à la porte. Ils avaient entendu le hennissement des chevaux, le fouet du postillon. Était-ce Gabrielle ? Était-ce Hector ? Si c'était Gabrielle, quelle joie ! Si c'était Hector, que lui répondre ?

La lourde porte du château tourna sur ses gonds massifs ; une berline s'arrêta au pied du perron, et le nom d'Hector de Valcreuse monta dans une immense rumeur.

A ce nom répété de bouche en bouche, ils se regardèrent avec épouvante et comme scellés sur place. Aucun des trois n'osait affronter la colère de cet homme et marcher au-devant de lui.

Au bout de quelques instants, le pas d'Hector retentit dans l'escalier.

— Nous sommes perdus ! s'écrièrent-ils.

Et ils baissèrent le front, comme si l'éclair, déchirant la nue, leur eût annoncé la foudre qui allait éclater sur leurs têtes.

XX

La porte du salon s'ouvrit et M. de Valcreuse entra, ayant à son bras Gabrielle. Un cri d'étonnement et de joie les accueillit. Mademoiselle Armantine se jeta dans les bras d'Hector, Irène couvrit Gabrielle de baisers et de larmes. L'abbé, ne sachant s'il devait en croire ses yeux, les regardait avec attendrissement, et attendait, pour embrasser Hector, que mademoiselle Armantine se fût dégagée de l'étreinte de son frère. Les serviteurs, qui avaient suivi M. de Valcreuse jusqu'au salon, se tenaient dans l'antichambre et assistaient à cette scène touchante. Quand les premiers transports furent un peu calmés, et que les questions commencèrent à se presser sur les lèvres d'Irène et de mademoiselle Armantine, M. de Valcreuse ouvrant à deux battants la porte qui était restée entr'ouverte :

— Approchez, mes enfants, dit-il aux serviteurs émus. Vous n'êtes pas de trop dans cette fête de famille.

Et comme Irène et mademoiselle Armantine entouraient Gabrielle, et lui demandaient, d'un ton de doux reproche, comment elle avait pu se décider à partir sans leur dire adieu, sans les avertir, sans leur laisser tout au moins quelques lignes pour les rassurer, Hector prit la parole, et d'une voix calme et grave, de façon à être entendu de tous :

— Ne la grondez pas; que tous les cœurs redoublent autour d'elle d'amour et de respect. Je venais de débarquer à Brest, ne sachant pas ce qui se passait en France. J'avais trouvé la ville en feu. Mon amour pour le roi n'était ignoré de personne ; mon nom suffisait pour me désigner à la haine du parti vainqueur ; sur la dénonciation d'un misérable, j'étais cité devant le tribunal révolutionnaire. Au milieu des dangers qui me menaçaient, c'est à vous tous que je pensais. Je vous ai envoyé un exprès, mon cher abbé ; je vous demandais des nouvelles de ma famille ; quand il est arrivé au château, Gabrielle veillait seule. Dans son inquiétude, elle a ouvert ma lettre, et, apprenant que ma vie était en péril, sans hésiter, sans prendre le temps de vous avertir, elle est partie au milieu de la nuit pour venir me retrouver. Elle a partagé tous mes dangers ; tant que ma tête a été menacée, elle est restée près de moi, elle a refusé de me quitter. Ne la grondez pas ; serrez-vous autour d'elle avec amour, avec respect : elle a fait plus que son devoir.

Tandis que M. de Valcreuse parlait, Gabrielle, tremblante, baissait les yeux, et, toute confuse, cherchait à se dérober aux regards attendris. Irène, mademoiselle Armantine, tous les serviteurs acceptèrent, sans hésiter, comme vraie l'explication de l'absence de Gabrielle, donnée par M. de Valcreuse. La parole d'Hector suffisait pour lever tous les doutes, et d'ailleurs comment auraient-ils pu ne pas croire ce qu'il disait ? Ce généreux mensonge n'était-il pas plus vraisemblable que la vérité ? L'abbé seul, muet et pensif, contemplait Hector avec admiration et le remerciait du regard. Malgré sa sagacité, il ne pouvait deviner comment les choses s'étaient passées; mais il comprenait que Gabrielle n'était pas allée au-devant de M. de Valcreuse. Rosette confondue dans la foule des serviteurs, voyait tout, écoutait tout, d'un air demi-curieux, demi-railleur. De temps en temps ses yeux se portaient avec tristesse sur Gabrielle; tout en se réjouissant de la revoir, la petite Bohémienne semblait s'apitoyer sur son retour précipité.

Madame de Valcreuse, brisée par la fatigue et l'émotion, honteuse du rôle auquel la condamnait la générosité de son mari, s'arracha aux témoignages d'admiration et de tendresse qu'elle savait bien ne pas mériter; elle se retira dans sa chambre où Irène, l'accompagna. Quand elles furent seules, Irène, dans un élan de joie et de reconnaissance, se jeta au cou de Gabrielle et la tint longtemps embrassée. Ce n'était pas seulement la présence de sa cousine retrouvée qui la rendait si joyeuse, c'était surtout le bonheur de croire qu'elle n'était pas partie avec M. de Kernis. Gabrielle s'était assise; Irène se mit à ses pieds sur le tapis, et posant sa tête sur ses genoux :

— Pardonne-moi, lui dit-elle d'une voix suppliante.

— Te pardonner, chère enfant! que veux-tu que je te pardonne? Si quelqu'un ici a besoin de pardon, ce n'est pas toi.

— Oh! tu ne sais pas à quel point je suis coupable.

— Toi coupable, Irène! dit madame de Valcreuse

s'inclinant et la baisant au front. Quelle faute si grave as-tu commise? Qu'as-tu à te reprocher ? Parle, mon enfant, je n'ai pas le droit d'être sévère ; tu peux compter sur mon indulgence.

— Eh bien ! reprit Irène en rougissant, il est un secret que jusqu'ici je ne t'ai pas confié, que tu as deviné peut-être et que pourtant je veux te dire. J'aime M. de Kernis. Je l'aime depuis le jour où je l'ai vu pour la première fois. Comment cet amour est-il éclos, a-t-il grandi dans mon cœur ? Je n'en sais rien moi-même. C'est la douleur, c'est la jalousie qui me l'a révélé. J'ai compris que je l'aimais, le jour où j'ai cru deviner que c'était toi qu'il préférait.

— Eh bien ! mon enfant, dit Gabrielle qui se sentait mourir de confusion, est-ce donc là un si grand crime ! N'es-tu pas jeune ? n'es-tu pas belle? n'es-tu pas libre? ne peux-tu pas disposer de ton cœur et de ta main?

— Oh ! ce n'est pas tout, répondit Irène. Il me reste encore un aveu à te faire ; celui-là est le plus douloureux, le plus pénible; promets-moi de ne pas m'en vouloir.

— Va, je te pardonne d'avance.

— Si tu pouvais deviner ce que j'ai à te dire, peut-être ne me promettrais-tu pas si résolûment ton pardon. Et pourtant la seule manière d'expier ma faute est de la confesser tout entière. Pardonne-moi, Gabrielle. Tandis que tu te dévouais pour M. de Valcreuse, tandis que tu allais le retrouver au péril de ta vie, je t'accusais.

— Tu m'accusais ! reprit Gabrielle d'une voix tremblante.

— Oh ! pardonne-moi, prends pitié de mon égarement. J'ai tant souffert ! tu étais partie le même jour que M. de Kernis...

— Eh bien ?... demanda Gabrielle éperdue.

— Eh bien ! dit Irène à voix basse, en cachant sa tête dans le sein de sa cousine, eh bien ! j'ai cru que vous étiez partis ensemble.

— Va, mon enfant, va, je ne t'en veux pas. Aimons-nous comme par le passé, aimons-nous plus que jamais; plus que jamais j'ai besoin de toute ta tendresse.

Quand Irène se fut retirée, madame de Valcreuse demeura longtemps à la même place, repassant dans sa tête brûlante tous les événements qui s'étaient accomplis dans le court espace d'une semaine. L'épreuve qu'elle venait de traverser n'était pas faite pour l'encourager, pour la pousser plus avant dans la voie de la passion. Gabrielle avait fait quelques pas à peine dans cette voie périlleuse, et elle revenait les pieds meurtris. Longtemps elle resta plongée dans une sombre méditation. Un feu vif pétillait dans l'âtre; la lampe suspendue au plafond éclairait la chambre d'une douce lueur. Les rideaux étaient fermés ; tout, dans cet asile, respirait le calme et le recueillement. Peu à peu, l'âme orageuse de Gabrielle s'apaisa. Sa pensée se reporta doucement sur l'accueil empressé qu'elle venait de recevoir. Elle se rappela, avec une confusion mêlée d'attendrissement, les larmes joyeuses des serviteurs qui l'avaient crue morte.

Elle releva la tête, et, comme si elle fût sortie d'un rêve, promena ses regards autour d'elle. Elle revit son lit où, plus d'une fois, dans une nuit d'insomnie, elle avait accusé le sort, et, comparant les ennuis qu'elle trouvait alors si amers aux angoisses poignantes qu'elle venait de subir, elle se dit qu'elle avait été ingrate envers la destinée. Elle revit ses livres, fidèles compagnons de sa solitude, confidents de ses larmes et de ses défaillances, qui l'avaient plus d'une fois consolée, qui plus d'une fois avaient relevé son courage, et, comparant ces heures studieuses au trouble, à l'épouvante qui venaient de sillonner sa vie, elle éprouva, dans toute sa plénitude, le sentiment de délivrance qui avait déjà effleuré son cœur, lorsqu'elle avait vu se perdre dans la brume la chaloupe qui emportait M. de Kernis.

Son âme était si lasse, ses membres étaient tellement brisés par la fatigue, elle avait vu face à face tant de périls et de catastrophes que la certitude du repos suffisait maintenant à son bonheur. Elle marchait à pas lents dans sa chambre, caressant d'une main charmée tous les objets qui l'entouraient. Depuis l'heure de son départ, tant de choses s'étaient passées dans sa vie qu'elle croyait revenir après une longue absence. Elle s'endormit doucement, au bruit joyeux de la flamme dont les lueurs capricieuses couraient sur les fleurs des rideaux et sur les rosaces du tapis. Elle était chez elle; demain en se réveillant, elle verrait Irène à son chevet, et des visages amis s'épanouiraient à son approche. Elle s'endormit doucement au milieu de ces pensées, n'ayant plus la force de se souvenir du passé ni de prévoir l'avenir.

M. de Valcreuse était resté au salon avec sa sœur et avec l'abbé. Les joies de la famille tenaient peu de place dans ces temps désastreux; la conversation roula bientôt tout entière sur les événements politiques. Hector, dont le calme et la sérénité ne se démentirent pas un seul instant, interrogea l'abbé sur l'état du Bocage et sur la disposition des esprits. Il s'étonna que la province ne se fût pas soulevée en apprenant la captivité du roi, que les chefs des grandes familles ne se fussent pas concertés, et demeurassent inactifs au fond de leurs châteaux. Il blâma hautement le parti de l'émigration. Ce n'est pas, disait-il, en quittant la France, que la noblesse peut la servir. Il blâma énergiquement les princes de n'être pas restés près du trône. Il pressentait la résistance que la Vendée devait opposer aux principes républicains ; il prévoyait que les seigneurs, bon gré mal gré, seraient tôt ou tard entraînés par les paysans et obligés de prendre les armes. Dans un langage rapide, animé, il esquissait à grands traits le plan de cette campagne qui devait étonner l'Europe, et qu'un grand capitaine a nommée une guerre de géants.

Il s'exprimait avec tant d'élévation, tant de clarté, il expliquait et il ordonnait ses pensées avec tant de précision, le sujet qu'il traitait paraissait tellement absorber toute son attention, et, quand par hasard le nom de Gabrielle revenait dans la conversation, il témoignait pour sa femme tant de déférence, que l'abbé lui-même finit par croire qu'il avait dit la vérité. Tandis qu'Hector parlait, l'abbé le regardait avec curiosité, avec étonnement.

— Il est impossible, se disait-il à lui-même, que je ne me sois pas trompé. Son visage serait-il si calme, si son âme était déchirée? Si le déshonneur était dans sa famille, se préoccuperait-il à ce point de la chose publique? S'il avait un outrage à venger, dresserait-il des plans de campagne? Tout à l'heure, mademoiselle Armantine a prononcé le nom de M. de Kernis, cet hôte fatal envoyé par madame de Presmes, et pourtant Hector n'a pas tressailli. Il a donc reconnu l'injustice de ses soupçons, il est donc sûr du cœur de Gabrielle? Dans cet homme qu'il m'ordonnait de chasser ou de tuer, il ne voit donc plus un rival? Madame de Valcreuse, par son dévouement, aura su imposer silence à sa jalousie. Et moi qui l'accusais, moi qui la croyais égarée, perdue sans retour! Moi qui, même en la voyant au bras de son mari, doutais encore de son innocence!

En poursuivant le cours de ses réflexions, l'abbé n'avait pas cessé d'observer Hector, et, de plus en plus rassuré par la sérénité, par le sang-froid de M. de Valcreuse, il ne doutait plus que Gabrielle n'eût été en effet retrouver son mari à Brest. Déjà, au fond de son cœur, il remerciait la Providence : M. de Kernis était sauvé, Gabrielle était pure, Hector était de retour. La paix et le bonheur étaient rentrés au château; il ne lui restait plus qu'à prier pour la paix et le bonheur de la France.

Malgré la joie que lui causait la présence de son

frère, mademoiselle Armantine écoutait d'une oreille assez distraite la conversation engagée entre M. de Valcreuse et l'abbé. D'ailleurs la nuit était avancée, et la journée avait été assez remplie d'émotions pour que la bonne demoiselle eût besoin de repos. Elle avait essayé à plusieurs reprises, mais toujours vainement, de changer le cours de l'entretien ; désespérant d'y réussir, elle prit congé de son frère, et M. de Valcreuse resta seul avec l'abbé.

Il écouta le bruit des pas qui s'éloignaient, il entendit les portes s'ouvrir et se fermer l'une après l'autre, puis, lorsque tout fut rentré dans le silence, lorsque le château tout entier fut devenu muet, il se leva, et l'œil étincelant, la bouche frémissante, le front sillonné d'éclairs :

— Malheureux! s'écria-t-il d'une voix tonnante, en laissant tomber sur l'abbé un regard écrasant. C'est donc ainsi que vous m'obéissez! c'est donc ainsi que vous m'aimez? Que vous ai-je écrit? qu'avez-vous fait? L'avez-vous chassé? l'avez-vous tué? Malédiction sur votre lâcheté ! Savez-vous où j'ai trouvé ma femme? Croyez-vous stupidement qu'elle soit venue à Brest au-devant de moi? Le croyez-vous ? êtes-vous assez insensé pour le croire ? Croyez-vous qu'elle ait quitté sa maison, seule, au milieu de la nuit, par dévouement pour son mari? Ils partaient, ils fuyaient ensemble, et, pour que mon déshonneur ne fût pas public, pour que mon nom ne fût pas livré à la risée, il a fallu que je revinsse à point nommé du fond de l'Inde! Ils partaient, ils fuyaient ensemble, et si la tempête ne les eût jetés entre mes mains, si la tempête, plus jalouse que vous de mon honneur, n'eût brisé le navire qui les emportait, à cette heure ils seraient heureux dans les bras l'un de l'autre, ils se railleraient de moi, ils défieraient ma colère, ma vengeance ne pourrait les atteindre ! Parlez, répondez : si j'eusse tardé d'un jour, que trouvais-je en franchissant le seuil de ma porte ? un toit déshonoré.

En parlant ainsi, il marchait à grands pas dans le salon, tandis que l'abbé, pâle, consterné, muet, le suivait d'un œil effaré, et baissait la tête dès qu'il rencontrait son regard.

— La mer me les a livrés, et je n'ai pas pu me venger ! Il était là, je le tenais sous ma main, et je n'ai pas pu le tuer ! Depuis un an j'avais soif de son sang ; devant moi, sous mes yeux, elle lui a tendu la main, je ne l'ai pas tué ! Mais il ne sera pas toujours proscrit, nous nous retrouverons, et je le tuerai. Elle ! je l'abandonne à ses remords. Si je l'ai ramenée, c'est pour accomplir jusqu'au bout le serment que j'ai fait à Dieu. J'ai juré de la protéger ; eh bien ! ai-je trahi mon devoir ? Ne l'ai-je pas sauvée de la honte et du malheur, de la honte et du désespoir ? Je lui ai rouvert cette maison qu'elle avait fuie lâchement et qui devait lui être fermée à jamais. Je lui ai rendu sa place à mon foyer. Mon rôle est fini, Dieu n'a plus rien à me demander.

En achevant ces derniers mots, il tomba épuisé sur un siége, le front baigné de sueur : des larmes de rage s'échappaient de ses yeux.

L'abbé se leva, fit quelques pas, et prenant dans ses mains les mains de M. de Valcreuse :

— Mon enfant, lui dit-il, tu as bien souffert, mais ton rôle n'est pas fini : il te reste à pardonner.

XXI

A part les préoccupations politiques qui chaque jour devenaient de plus en plus envahissantes, le château de Valcreuse paraissait avoir recouvré la paix et le bonheur. Le retour d'Hector était un gage de sécurité. Quoique le Bocage ne se fût pas encore soulevé, cependant la sourde agitation qui régnait dans le pays était, depuis quelques mois, un grave sujet d'inquiétude; la présence de M. de Valcreuse avait pleinement rassuré sa famille. L'abbé se sentait délivré d'une responsabilité trop lourde pour son âge; mademoiselle Armantine voyait dans son frère un protecteur qui devait éloigner tout danger. Irène, qui avait toujours eu pour Hector une affection enthousiaste, se croyait, près de lui, hors de l'atteinte du malheur. Ne doutant plus que M. de Kernis ne fût désormais en lieu de sûreté, oubliant déjà ce qu'elle avait souffert, pleine de confiance dans l'avenir, elle avait repris sa joyeuse humeur. M. de Valcreuse soutenait avec une inébranlable persévérance le mensonge qu'il avait avancé devant toute sa maison. Chaque fois qu'il se trouvait avec Gabrielle en présence de sa sœur et d'Irène, il la traitait avec une déférence si empressée, il lui témoignait tant de bienveillance et de courtoisie, qu'elles devaient croire à la réalité du récit qu'elles avaient entendu. Mademoiselle Armantine, pour réparer l'injustice dont elle s'était rendue coupable en accusant madame de Valcreuse, convaincue, d'ailleurs, qu'elle avait exposé sa vie pour aller rejoindre son mari, l'accablait de tendresse et de prévenances, et, comme la bonne demoiselle ne savait garder de mesure en rien, elle apportait dans l'expression de sa reconnaissance une vivacité, une abondance de paroles qui étaient, pour sa belle-sœur, un supplice de tous les instants. Irène, de son côté, pour expier la jalousie qui l'avait si cruellement torturée, et qu'elle avait si franchement avouée, redoublait, près de sa cousine, de soins et de caresses. Enfin, l'abbé lui-même, qui ne croyait pas Gabrielle aussi coupable que pouvaient le donner à penser sa fuite et l'explosion de colère de M. de Valcreuse, l'abbé n'avait jamais ressenti pour elle une sympathie plus profonde, plus évangélique. D'ailleurs, lors même qu'il eût douté de son innocence et de sa pureté, comme il pratiquait, dans toute son étendue, la charité chrétienne, il aurait encore été plein d'indulgence pour son égarement, il l'aurait encore accueillie avec une bonté miséricordieuse. Ainsi, rien ne paraissait changé ; ils semblaient tous unis dans un même sentiment d'amour ; et pourtant cette paix apparente cachait un trouble profond ; sous cette surface tranquille, il y avait un abîme de désespoir.

Depuis le jour où M. de Valcreuse avait recueilli sa femme à son bord, ses sentiments n'avaient pas fléchi. Sous la déférence, sous la courtoisie, Gabrielle devinait la résolution irrévocable de ne pas pardonner. Il évitait avec soin toute occasion de rester seule avec elle, et lorsque le hasard les réunissait, il gardait un silence glacé. Gabrielle se sentait jugée, condamnée sans retour. Ce n'était pas l'amour de son mari qu'elle regrettait, car cet amour, elle n'avait jamais cru le posséder, et cette croyance était la seule excuse qui pût à ses yeux atténuer la faute qu'elle se reprochait. Ce n'était pas l'amour d'Hector qu'elle cherchait, qu'elle appelait ; car si elle n'avait pas su le conquérir lorsqu'elle était à l'abri même de tout soupçon, maintenant que les apparences l'accusaient, comment pouvait-elle espérer gagner le cœur qu'elle avait cru fermé jusque-là ? Mais elle se sentait digne encore de l'estime de son mari, elle se sentait digne de la place qu'il lui avait rendue, et pourtant, elle comprenait qu'aux yeux de M. de Valcreuse elle ne pourrait jamais se réhabiliter. C'était là désormais le malheur de sa vie. Écrasée sous le poids d'un mépris qu'elle ne méritait pas, elle s'agitait, elle se débattait vainement pour reprendre, dans la pensée de M. de Valcreuse, le rang qui lui appartenait. Devant cette préoccupation exclusive, tout s'était effacé ; l'image même de M. de Kernis avait pâli. Comment se justifier, comment prouver qu'elle était sortie pure et sans tache de l'épreuve périlleuse qu'elle venait de traverser ? Comment oser l'affirmer devant l'homme qui l'avait surprise s'enfuyant avec son complice ? Essayer seulement une justification, n'était-ce pas faire injure à sa raison, n'était-ce pas lui attribuer une crédulité ridicule ? Le monde entier se fût levé pour proclamer son innocence, M. de Valcreuse aurait encore eu le droit d'en douter. Recouvrer l'estime de son mari était devenu pour Gabrielle une sorte de passion ; c'était le rêve de toutes ses nuits, l'ambition constante de toutes ses journées. Elle se résignait sans murmurer à l'indifférence, mais elle ne pouvait se résigner au mépris. Plusieurs fois déjà elle avait essayé de parler, mais toujours la parole expirait sur ses lèvres ; sa pudeur même s'alarmait à la seule pensée d'entamer sa défense.

Un soir pourtant, comme mademoiselle Armantine venait de les quitter et qu'Hector, demeuré seul avec sa femme, se disposait à s'éloigner, Gabrielle se leva brusquement, et, lui prenant la main pour le retenir :

— Restez, dit-elle, au nom de Dieu, restez, écoutez-moi.

— Qu'avez-vous à me dire ? demanda M. de Valcreuse, attachant sur elle un regard étonné.

— Un instant, un seul instant, reprit-elle d'une voix suppliante. Laissez-moi vous parler. Quand vous m'aurez entendue, soyez muet pour moi, ne me regardez plus, que je sois pour vous une étrangère, je ne me plaindrai pas.

— Eh bien, répondit froidement M. de Valcreuse, je vous écoute, parlez.

Gabrielle, le front couvert de rougeur, balbutia quelques mots confus ; M. de Valcreuse l'interrompit aussitôt.

— Pourquoi vous justifier? vous ai-je accusée?

lui dit-il. Depuis que je vous ai ramenée, avez-vous surpris dans mon regard, dans mon accent, l'intention même d'un reproche? N'êtes-vous pas ici, comme avant mon départ, entourée de respect et d'obéissance?

En achevant ces mots, il s'inclina avec une froide politesse et sortit.

Écrasée par cette réponse, Gabrielle se tordit les bras et s'abîma dans sa douleur. Elle n'avait jamais compris si clairement toute l'horreur de sa situation. Seule, au coin du foyer désert, face à face avec sa destinée, elle se prit à pleurer. Placé à quelques pas derrière elle, l'abbé, qui venait d'entrer et qu'elle n'avait pas entendu, la contemplait avec une ineffable compassion. Il s'approcha d'elle, et d'une voix où respirait l'affection la plus tendre et la plus indulgente :

— Pleurez, ma fille, pleurez, lui dit-il; les larmes sont bénies de Dieu.

A ces mots, madame de Valcreuse, dans un élan de désespoir, se jeta à ses pieds, embrassa ses genoux.

— Sauvez-moi, mon ami, mon père! sauvez-moi, s'écria-t-elle en sanglotant.

— Que vous avez tardé, ma fille, à pousser ce cri de détresse! répondit l'abbé en la relevant et en la pressant tristement sur son cœur. Pourquoi n'êtes-vous pas venue à moi plus tôt? Si vous vous étiez confiée à votre vieil ami, peut-être aurais-je pu prévenir bien des malheurs. Vous avez attendu bien longtemps; mais parlez. Si le passé est irréparable, je pourrai du moins pleurer avec vous.

Si les plaies de votre âme ne sont pas de celles qui se ferment, Dieu m'inspirera, je les panserai d'une main sûre et j'adoucirai vos souffrances.

— Ah! vous aussi, s'écria-t-elle en s'arrachant de ses bras, vous aussi vous me croyez flétrie, perdue sans retour?

— Si je le croyais, mon enfant, serait-ce une raison pour vous de douter de mon cœur, de la bonté de Dieu?

— Ah! vous le croyez, vous croyez à ma honte, à mon déshonneur! s'écria madame de Valcreuse, avec un accent de douleur déchirant.

— Je crois à vos souffrances, à votre désespoir. Vous pleurez, ma fille, il n'est pas de souillures que les larmes ne puissent effacer.

— O mon Dieu! s'écria-t-elle, ma faute est grande, je le sais; mais vous me connaissez, mon Dieu! Si j'étais flétrie, si j'étais souillée, je n'aurais jamais consenti à rentrer sous ce toit; je n'usurperais pas une place dont je me sentirais tout à fait indigne. Oh! je suis bien coupable, ma faute est grande; mais, si bas que je sois tombée, vous le savez, mon Dieu, je puis encore me relever, car je suis restée pure malgré mon égarement ; mon repentir peut s'asseoir au foyer de mon mari.

Un éclair de joie illumina le front de l'abbé.

— Vous étiez pure, mon enfant ! Ah! je le savais, je n'ai jamais douté de vous.

— Mais il ne le croit pas, lui! il m'écrase de son mépris, il me condamne, il refuse de m'entendre.

— Je vous écoute, ma fille, Dieu ne m'a pas placé sans dessein entre vous et M. de Valcreuse.

Peut-être suis-je destiné à servir de lien entre le repentir et le pardon. Ouvrez-moi donc tout entier ce cœur que vous m'avez si longtemps fermé. Racontez-moi les orages qui ont dévasté votre vie; que j'apprenne de votre bouche ce que je n'ai pu qu'entrevoir et deviner. Gabrielle, Hector, malheureux enfants ! Si je n'ai pu prévenir la tempête qui vous a séparés et jetés meurtris sur la plage, je pourrai du moins vous relever, vous ranimer, vous réunir dans mes bras.

Il fit asseoir Gabrielle, lui prit les mains, et l'écouta sans l'interrompre. Enfin, madame de Valcreuse laissa échapper de son sein tous les secrets douloureux qu'elle y avait enfermés si longtemps. Elle raconta comment elle avait connu M. de Kernis, comment elle l'avait aimé, pourquoi ils s'étaient quittés, quelle ruse les avait séparés, comment, se croyant dégagée de ses premiers serments, elle avait épousé Hector. Elle raconta ses luttes, ses remords, ses défaillances; comment son cœur, un instant apaisé, avait été de nouveau bouleversé, en apprenant que M. de Kernis n'était pas marié; de quel effroi elle avait été saisie à son arrivée au château, ce qu'elle avait souffert en sa présence.

Plus d'une fois, pendant cette première partie de son récit, Gabrielle, suffoquée par ses sanglots, fut obligée de s'arrêter; plus d'une fois l'abbé, en l'écoutant, sentit ses joues baignées de larmes. Il pardonnait maintenant à la tristesse qu'il avait jugée autrefois avec tant de sévérité. Tous les secrets qu'il avait entrevus confusément s'éclairaient d'une éclatante lumière. Il comprenait toute la noblesse de l'âme qui s'ouvrait à lui, et, voyant les tortures qu'elle avait endurées, pénétré de respect, il était prêt à s'agenouiller devant tant de douleur et tant de vertu.

Arrivée à la nuit fatale où elle s'était enfuie avec M. de Kernis, comme Gabrielle hésitait :

— Continuez, dit l'abbé avec bonté. Quoi que vous puissiez m'apprendre, quoi qu'il vous reste à m'avouer, vous avez tant souffert que vous avez d'avance mérité votre pardon.

Madame de Valcreuse acheva son récit. Elle ne déguisa aucune de ses faiblesses, aucun de ses égarements. Elle dit tout ce qui s'était passé dans son cœur depuis l'heure où elle était allée à la ferme pour sauver M. de Kernis, jusqu'à l'heure où elle était rentrée au bras de son mari, et, quand elle eut achevé, elle baissa la tête et attendit l'arrêt de son juge.

— Vous avez été coupable, ma fille, reprit l'abbé d'une voix grave. Vous vous êtes laissée abuser par la passion ; vous avez saisi avec empressement tous les prétextes qui s'offraient à vous pour céder à l'entraînement secret de votre cœur. Vous avez cru partir pour sauver M. de Kernis, et vous partiez pour le suivre ; vous avez cru n'être que généreuse, et vous étiez déjà coupable. Dieu, qui juge nos intentions, Dieu vous a punie en permettant l'accomplissement du vœu insensé que vous aviez formé et que vous n'osiez vous avouer à vous-même. Un instant vous avez souhaité que le vent pût vous emporter loin de nous, sur une terre étrangère, avec l'homme que vous aimiez : Dieu a lu dans votre cœur, et, pour vous châtier d'un rêve criminel, il en a fait une réalité terrible. Humiliez-vous devant sa justice, bénissez sa bonté; s'il a déchaîné la tempête, c'était pour vous ramener au port que vous vouliez quitter à jamais.

— Mais lui, dit Gabrielle d'une voix plaintive, M. de Valcreuse ! il ne sait rien, il ne veut rien entendre.

— Il m'entendra, il saura tout, repartit l'abbé avec assurance ; ne désespérez pas de l'avenir.

— L'avenir ! dit Gabrielle en secouant tristement la tête : je n'attends rien de l'avenir. Ma destinée ici-bas est dès à présent accomplie. Que M. de Valcreuse sache que je suis pure, qu'en me ramenant il n'a pas ramené la honte chez lui, que je peux paraître devant lui, sinon la tête haute, du moins sans rougir, et j'abandonne ma part de bonheur sur la terre, en expiation du mal que j'ai fait.

L'abbé quitta Gabrielle le cœur plein de confiance ; rien ne lui semblait plus facile que la tâche qu'il venait d'accepter. Il allait jusqu'à s'étonner que Gabrielle n'eût pas réussi à convaincre M. de Valcreuse comme elle venait de le convaincre lui-même. Il connaissait la générosité d'Hector, il savait combien il était aisé à cette âme loyale de croire au bien : il ne doutait pas du succès de son entreprise. Il se disait, dans sa crédulité naïve, qu'Hector et Gabrielle, malgré les rudes épreuves qu'ils venaient de traverser, pouvaient encore espérer de beaux jours, qu'ils n'étaient pas désunis à jamais. Cependant, à mesure qu'il réfléchissait sur la manière dont il entamerait avec Hector l'explication qui devait tout concilier, il apercevait des difficultés auxquelles il n'avait pas songé ; il se heurtait à des obstacles qu'il n'avait pas prévus. Par où commencer ? Gabrielle était pure, l'abbé n'en doutait pas ; mais comment le prouver ? Quand il voulut aborder cette question délicate, M. de Valcreuse l'arrêta court d'un ton résolu. Un sourire amer effleura ses lèvres, et l'abbé interdit, renonçant au plaidoyer victorieux qu'il avait arrangé dans sa tête, se tut et baissa les yeux. Quelques jours plus tard, il revint à la charge. M. de Valcreuse ne dissimula pas son étonnement et son impatience. Son front s'assombrit, sa bouche se contracta dédaigneusement.

— Brisons là, mon cher abbé, dit-il en l'interrompant dès les premiers mots. Personne ici n'a besoin de justifier madame de Valcreuse, puisque je l'ai ramenée. Je ne l'accuse pas, je ne lui reproche rien. Elle est ici comme autrefois, respectée, honorée, aimée ; seulement ne me parlez jamais d'elle : c'est mon souhait, mon espérance, ma volonté.

Ces paroles, prononcées avec un accent qui ne permettait pas de réplique, mirent fin à l'entretien à peine commencé : l'abbé se retira la mort dans le cœur, comprenant qu'il y avait entre Hector et Gabrielle un abîme dont il mesurait pour la première fois la profondeur.

Les choses en étaient là au château de Valcreuse quand la guerre civile éclata.

XXII

La constitution civile du clergé avait profondément blessé les sentiments religieux du Bocage ; la mort du roi jeta dans la stupeur tous les paysans de ces campagnes. Cependant, malgré la sourde colère qui les agitait, ils ne songeaient pas encore à se soulever contre le gouvernement nouveau. La levée de trois cent mille hommes, décrétée par la Convention nationale le 25 février 1793, mit le comble à leur exaspération, et le jour fixé pour l'exécution de ce décret fut le premier jour de l'insurrection. Tout était préparé pour l'incendie ; ce décret fut l'étincelle qui l'alluma ; en un instant tout fut en feu. Les paysans, d'un commun accord, sans s'être même concertés, sommèrent les seigneurs de se mettre à leur tête, et protestèrent, à main armée, contre la loi qui les frappait. Il fallait un cri de ralliement : le soulèvement se fit au cri de : Vive le roi ! mais en réalité, cette manifestation était dictée par l'intérêt personnel. Le sentiment de dévouement chevaleresque à la royauté, qu'on a prêté à tous les habitants du Bocage, n'existait que chez quelques jeunes chefs sans ambition, exaltés par leurs traditions de famille, âmes loyales et généreuses, passionnées pour le parti des vaincus, qui formaient seuls, à vrai dire, la partie glorieuse et poétique de cette guerre.

M. de Valcreuse n'avait pas attendu le signal pour se préparer à la résistance. Il n'attendit pas que ses paysans vinssent le chercher pour se mettre à leur tête. Il apporta dans cette entreprise une ardeur, un enthousiasme que ses convictions politiques n'auraient pas suffi à entretenir ; il obéissait à une agitation fiévreuse que l'abbé observait avec inquiétude et essayait vainement de calmer. Espérait-il que l'insurrection, une fois propagée dans tout le pays, rouvrirait à M. de Kernis les côtes de la France ? Cherchait-il, dans le tumulte des camps, dans les dangers des champs de bataille, une diversion puissante au chagrin qui minait sa vie ? ou bien enfin, las de sa destinée, voulait-il demander à la guerre une mort glorieuse ? Quoi qu'il en soit, un des premiers il tint la campagne. Il fut un de ces chefs de partisans qui opéraient sur les limites du Marais et du Bocage, qui tantôt s'associaient aux mouvements militaires de Charette, tantôt ne prenaient conseil que de leur volonté et agissaient pour leur propre compte.

Dans la matinée du jour où M. de Valcreuse devait entrer en campagne, le château et les environs offraient un aspect inaccoutumé. Le tocsin sonnait depuis la veille et répondait au tocsin des communes voisines. Des paysans en sabots, armés de mousquets, de tromblons, de faulx, de piques ou de bâtons, étaient groupés sans ordre dans la plaine ; d'autres arrivaient de tous les points de l'horizon, descendaient des collines environnantes et venaient se joindre aux groupes déjà formés. Dans l'église, au pied du calvaire qui dominait la plaine, les femmes agenouillées priaient avec ferveur pour le succès de l'entreprise.

La cour du château était encombrée de chevaux, d'armes qu'on distribuait aux nouveaux venus. Les serviteurs s'occupaient à fondre des balles, à faire des cartouches, à aiguiser les sabres rouillés. Rosette allait de la plaine au château et du château à la plaine, se mêlant à tous les groupes, recueillant tous les propos, regardant et touchant les armes avec une curiosité sauvage, joyeuse du bruit et du mouvement, joyeuse sans savoir pourquoi.

Le salon ne présentait pas un coup d'œil moins animé. Quelques gentilshommes du voisinage, qui venaient se ranger sous les ordres de M. de Valcreuse, se pressaient autour de lui. Ils étaient jeunes, beaux, et portaient fièrement leur costume simple et sévère : les pistolets damasquinés étincelaient à leur ceinture. Hector les dépassait tous de la tête et les dominait du regard. Il avait retrouvé, comme par enchantement, au milieu du bruit des armes, l'attitude énergique et mâle qui, sur le pont de son navire, imposait l'obéissance et le respect. Ce n'était plus l'homme qui s'était révélé à Gabrielle dans les habitudes de la vie privée ; c'était un homme nouveau, transfiguré. Son œil était à la fois calme et hardi ; le génie des combats rayonnait sur son front ; sa voix prenait, à son insu, l'accent du commandement. Il leur expliquait le plan de la campagne qu'il avait conçue, et tous l'écoutaient avec déférence. Assises autour d'une table, mademoiselle Armantine, Gabrielle et Irène faisaient des cocardes blanches et brodaient les sacrés-cœurs, signe commun de ces nouveaux croisés.

Ces préparatifs de guerre ne déplaisaient pas à mademoiselle Armantine ; ils lui rappelaient les plus beaux temps de la chevalerie. Ses yeux se portaient avec complaisance sur les jeunes gentilshommes rangés en cercle autour de son frère; elle regrettait seulement de ne pas les voir marcher au combat, protégés par la devise et les couleurs de leurs dames. Elle faisait, d'ailleurs, bonne figure et ne s'effrayait pas, comme on pourrait le croire ; malgré la frivolité de son esprit, le sang guerrier de ses aïeux lui donnait, dans les grandes occasions, une énergie inattendue et presque virile. Bien qu'élevée au milieu des mouches et des paniers, elle ne haïssait ni le bruit du canon ni l'odeur de la poudre. Dans ses rêves poétiques, elle songeait plus volontiers à Clorinde qu'à Herminie.

Irène contemplait M. de Valcreuse avec une admiration qui tenait de l'extase ; de temps en temps, elle se penchait à l'oreille de sa cousine et lui disait d'une voix émue :

— Regarde Hector, vois comme il est beau !

A ces mots, Gabrielle levait les yeux sur son mari, le regardait en silence pendant quelques instants et reprenait sa broderie.

L'abbé, assis à l'écart, songeait au sang qui allait couler et gémissait sur le malheur des temps. Il n'était aveuglé ni par le fanatisme ni par l'exaltation politique, et se demandait avec douleur quel serait le dénoûment de cette guerre, quel sort attendait tous ces hommes résolus, dévoués, enthousiastes, qui se promettaient tant de victoires; il se demandait avec effroi s'il reverrait jamais son cher Hector. Parfois ses regards se tournaient vers Gabrielle, dont le pâle visage, l'attitude brisée contrastaient douloureusement avec la scène qu'il avait sous les yeux.

Tout à coup il se fit un grand silence. Tous les chefs réunis autour de M. de Valcreuse prêtèrent l'oreille : le canon grondait du côté de Machecoul.

— Allons, Messieurs, en selle ! s'écria Hector d'une voix éclatante, l'œil étincelant. On nous a devancés ; c'était à nous qu'appartenait l'honneur des premiers coups.

Quelques instants après, ils étaient tous à cheval ; M. de Valcreuse était seul resté pour dire un dernier adieu à sa famille.

Au bruit du canon, Irène, mademoiselle Armantine et l'abbé s'étaient levés et se pressaient autour d'Hector. Gabrielle était restée assise ; sa pâleur croissante avait seule trahi le redoublement de son effroi. Hector prit des mains de sa sœur la cocarde blanche qu'elle venait d'achever et la mit à son chapeau. Comme Gabrielle, faisant effort sur elle-même, se levait et lui présentait, d'une main tremblante, le sacré-cœur qu'elle avait brodé, il s'approcha brusquement de la place qu'Irène venait de quitter, saisit un des sacrés-cœurs brodés par la jeune fille et l'attacha sur sa poitrine. Gabrielle retomba mourante sur sa chaise. L'abbé, qui avait suivi des yeux cette scène muette, courut à Hector et l'entraînant dans l'embrasure d'une fenêtre :

— Vous êtes cruel, lui dit-il à voix basse.

— Je suis juste, répondit M. de Valcreuse d'un air sombre.

— Cruel, vous dis-je, reprit l'abbé en lui serrant la main. Regardez-la, ne voyez-vous pas son désespoir?

— Et le mien? demanda Hector d'un ton bref.

— Allez, dit l'abbé, vous êtes sans pitié.

— De la pitié? en a-t-elle eu pour moi?

— Hector, poursuivit l'abbé, vous partez pour la guerre : celui qui ne pardonne pas appelle sur sa tête la colère céleste.

— Parlez-vous de la mort? demanda M. de Valcreuse.

— Oui, malheureux enfant, oui, c'est de la mort que je veux te parler.

— Eh bien donc ! que la colère céleste éclate sur ma tête, et je la bénirai.

En achevant ces mots, M. de Valcreuse dégagea violemment sa main de la main de l'abbé et alla rejoindre mademoiselle Armantine et Irène qui se tenaient au milieu du salon. L'abbé se rapprocha de Gabrielle, et, s'appuyant sur le fauteuil placé près d'elle, attacha sur son visage désolé un regard plein de compassion et de respect.

— Vous voyez, mon ami, vous voyez comme il m'accable, dit Gabrielle à voix basse en se tournant vers lui; son implacable orgueil m'écrase et me tue.

Cependant Hector avait ouvert une croisée et promenait ses yeux sur la plaine. Déjà les paysans s'ébranlaient sans ordre et s'avançaient en masses confuses; les faulx et les piques étincelaient au soleil ; les femmes, tout à l'heure agenouillées, s'étaient levées et les escortaient en les encourageant ; les prêtres accourus sur leur passage, la croix à la main, les bénissaient et chantaient le psaume de la délivrance. En passant devant le Calvaire, tous les genoux fléchirent, tous les fronts s'inclinèrent. Ainsi commençait cette guerre qui devait faire trembler la république naissante : c'étaient là les soldats qui allaient tenir en échec les plus habiles capitaines, les plus vaillantes armées.

Après avoir contemplé pendant quelques instants cette étrange légion, qui allait lui obéir et qui n'attendait plus que lui pour marcher au combat, M. de Valcreuse passa dans sa chambre pour prendre ses armes. En le voyant quitter le salon, Gabrielle se leva par un mouvement désespéré, le suivit et se trouva face à face avec lui au moment où il se disposait à partir. Elle avait l'air si résolu, sa pâleur avait quelque chose de si terrible, qu'en la voyant paraître, Hector recula de quelques pas. Elle ferma violemment la porte, et, marchant droit à lui :

— Vous ne partirez pas sans m'avoir entendue ; vous m'entendrez, enfin, s'écria-t-elle d'une voix qu'enflammaient à la fois la colère et le désespoir. Vous allez vous battre, vous pouvez mourir ; je ne veux pas, sachez-le bien, je ne veux pas que vous mouriez emportant avec vous la pensée de mon déshonneur. Cette heure où je vous parle est peut-être la dernière qui nous soit accordée ; peut-être nous voyons-nous aujourd'hui pour la dernière fois. Si votre vie n'était pas menacée, je pourrais laisser au temps le soin de me justifier, je pourrait consentir à me taire; mais peut-être allez-vous mourir, peut-être vous parlé-je pour la dernière fois. Je ne veux pas demeurer sous le poids d'un arrêt contre lequel je ne pourrais plus élever la voix, sous le coup d'un anathème contre lequel je ne pourrais plus me défendre.

Étonné de l'attitude fière et presque hautaine de cette femme qu'il croyait coupable et repentante, Hector n'osa l'interrompre et resta silencieux.

— Depuis que vous m'avez ramenée ici, poursuivit Gabrielle d'une voix que l'émotion rendait de plus en plus vibrante, plus d'une fois déjà j'ai voulu vous parler et vous m'avez toujours éconduite. Je me suis trop longtemps résignée à subir votre dédain; ma patience est à bout. Nous sommes seuls, mon devoir est de parler, votre devoir est de m'entendre.

— Madame, répondit froidement M. de Valcreuse, tous mes devoirs envers vous, je les ai fidèlement remplis, Dieu le sait, et vous-même, je l'espère, vous ne l'ignorez pas. Mon devoir aujourd'hui, mon seul devoir, est d'aller retrouver les chefs, les soldats qui m'attendent. La voix de mon honneur est la seule que j'écoute : elle m'appelle au milieu d'eux.

— Votre honneur! votre honneur ! dit Gabrielle d'une voix tremblante; que m'importe, à moi, la cause que vous défendez? que m'importent les soldats qui vous attendent, à qui vous allez commander? C'est de moi, de moi seule qu'il s'agit maintenant; c'est moi, c'est moi seule que vous devez écouter.

Et, profitant de la stupeur de M. de Valcreuse, elle reprit avec fermeté :

— En me ramenant ici, vous avez cru être généreux, et vous n'avez obéi qu'à l'orgueil. L'orgueil est votre seul guide, votre seul conseil ; l'orgueil, c'est vous tout entier. Ce n'est pas pour me sauver que vous m'avez ramenée, c'est pour vous dérober à la honte. Votre générosité n'est qu'un mensonge : en taisant ma faute, en cachant mon égarement, vous avez fait de votre silence le plus cruel de tous les supplices. Mieux eût valu mille fois m'abandonner à ma destinée que de me rendre ma place au milieu de votre famille pour m'écraser chaque jour de votre mépris. Vous croyez être magnanime, et vous êtes barbare, vous êtes impitoyable. Pourquoi ne m'avez-vous pas tuée ! sans doute ce châtiment vous semblait trop doux.

— Je vous ai laissé le choix ; vous pouviez le suivre ou revenir avec moi ; vous aviez toute liberté. En revenant volontairement, vous avez renoncé au droit de vous plaindre.

— Et vous, en me ramenant, vous avez renoncé au droit de m'outrager.

— Qui donc ici vous outrage ?

— Vous, chaque jour, à toute heure. Tout en vous m'humilie et m'outrage, depuis votre silence jusqu'à votre courtoisie. Si je ne mérite pas les hommages dont vous m'avez entourée, je ne mérite pas non plus le rang que votre dédain m'assigne dans votre cœur. Votre dédain, il est partout, il est dans vos regards, il est dans l'air même que je respire. Pensez-vous que je ne lise pas dans vos yeux ce qui se passe au fond de votre âme? Vous croyez que j'ai caché l'adultère sous votre toit, vous croyez que la mer vous a livré une épouse flétrie.

— Encore une fois, pourquoi vous justifier? Je ne vous accuse pas.

— Eh bien! moi, je vous accuse. Je me relève enfin. Pourquoi m'avez-vous épousée, si vous ne m'aimiez pas? Pensez-vous, en me sauvant du cloître, avoir tout fait pour gagner ma tendresse? Pourquoi êtes-vous parti? Pourquoi m'avez-vous abandonnée, seule et sans défense, aux embûches d'une femme dont vous aviez humilié la vanité, et qui s'est vengée sur moi? Vous ignoriez, je le sais, que j'avais un autre amour dans le cœur; mais, lors même que mon cœur vous eût appartenu tout entier, deviez-vous partir, seriez-vous parti, si vous m'aviez aimée? Ah! qu'il vous eût été facile de vous emparer de ce cœur, à demi vaincu par vos bienfaits! qu'il vous eût été facile d'effacer de ma pensée une trop chère image! qu'il vous eût été facile de changer la reconnaissance en amour! Mais vous êtes parti, parti sans lutte, sans regret, parti parce que vous ne m'aimiez pas. Et pourtant, malgré votre froideur, malgré votre cruelle résolution, malgré votre absence, mon âme allait au-devant de vous. Elle se dégageait de jour en jour des premiers liens qui l'avaient enlacée, et traversait les mers pour s'attacher à vous. Encore quelques jours, elle allait être affranchie, elle allait vous appartenir tout entière, quand l'orage déchaîné par madame de Presmes est venu fondre sur ma tête. Alors tout le passé s'est dressé devant moi. Savez-vous ce que j'ai souffert? savez-vous les luttes que j'ai soutenues, les combats que j'ai livrés? Seule, loin de vous, savez-vous combien de larmes j'ai répandues? Le cri de détresse que j'ai poussé vers vous ne vous a-t-il pas révélé toutes mes tortures? Fussé-je même aussi coupable que vous le croyez, j'ai tant lutté, tant souffert, que je serais encore digne de pitié.

— Oui, je le crois, Gabrielle ; oui, je le crois, vous avez souffert, répondit M. de Valcreuse d'une voix émue.

— Encore, si j'avais eu pour me soutenir, pour me défendre, pour me protéger, la certitude d'être aimée de vous ! Mais non, je luttais seule, je luttais pour le devoir, sans l'espérance du bonheur. Eh bien ! Hector, vous m'avez souvent parlé de votre père ; vous aviez pour lui, vous avez encore un amour qui tient du culte et de l'adoration. Eh bien ! par la mémoire sacrée de votre père, je vous jure que, malgré mon égarement, je suis encore digne de vous. L'abbé vous dira par quelle fatalité j'ai été entraînée, comment j'ai perdu en un jour le fruit de trois ans de combats. Je fuyais, mais déjà je maudissais ma faiblesse ; je fuyais, mais j'étais partie pure, et je suis revenue sous votre toit aussi pure qu'à l'heure où je l'avais quitté. En vous parlant ainsi, ce n'est pas votre amour que je vous demande. J'ai depuis longtemps renoncé à cette ambition, ce n'est pas maintenant qu'elle se réveillerait en moi. Non, Hector, ce n'est pas votre amour que je demande. Délivrez-moi de votre mépris que je n'ai pas mérité ; rendez-moi dans votre pensée, dans votre estime la place qui m'appartient, je ne demande rien de plus. Dites-moi, Hector, est-ce trop exiger de vous? Ah ! si vous m'aviez aimée un seul jour, un seul instant, le pardon serait déjà sur vos lèvres ; mais si vous m'aviez aimée, le malheur aurait-il pu m'atteindre? aurais-je besoin de votre pardon?

En achevant ces mots, elle cacha son visage dans ses mains, et des larmes ruisselèrent le long de ses joues. Hector attendri la contemplait en silence. Un instant il fut sur le point de céder, de lui ouvrir ses bras, de l'appeler sur son cœur, de lui pardonner ; mais l'image de M. de Kernis vint se placer entre eux. Le démon de la jalousie le ressaisit tout entier ; l'orgueil lui dit tout bas que, s'il cédait, Gabrielle se rirait peut-être de sa crédulité. Pour ne pas succomber à son émotion, Hector prit ses armes et partit brusquement. Quand Gabrielle voulut le retenir, il n'était plus temps, et un instant après elle le vit à cheval, traversant la plaine au galop et se dirigeant vers les chefs qui l'avaient précédé.

Gabrielle resta longtemps à la fenêtre, suivant d'un regard éperdu M. de Valcreuse, dont le cheval dévorait l'espace. Dans le tumulte des sentiments qui l'agitaient depuis son retour, l'image de M. de Kernis avait déjà pâli ; cependant la destinée qui l'attendait sur la terre étrangère n'avait pas cessé de la préoccuper. Mais, dès que la guerre eut éclaté, les dangers qu'Hector allait courir détournèrent son attention et s'emparèrent peu à peu de toutes ses pensées. M. de Kernis était sur une terre amie où la proscription ne pouvait l'atteindre ; la vie de M. de Valcreuse allait être exposée chaque jour, et Gabrielle ne pouvait oublier tout ce qu'elle devait à Hector. Enfin, au milieu du bruit des armes, M. de Valcreuse s'était révélé à elle sous un nouveau jour ; bien qu'elle ne se rendît pas compte des impressions qu'elle éprouvait, son attitude guerrière, sa voix mâle où se trahissait l'habitude du commandement, lui donnaient une grandeur, un prestige inattendus. Plusieurs fois, elle s'était surprise à l'admirer, à le contempler avec curiosité, comme un homme qui se révélait à elle pour la première fois.

Cette journée se passa dans une agitation que l'on comprendra sans peine. Tant que le soleil fut sur l'horizon, on entendit le bruit de la fusillade qui tantôt s'éloignait, tantôt se rapprochait. Réunis dans le salon, mademoiselle Armantine, madame de Valcreuse, Irène et l'abbé échangeaient de loin en loin quelques rares réflexions et prêtaient une oreille avide à tous les bruits du dehors. Des messagers apportaient des nouvelles d'heure en heure. Rosette, montée sur un des chevaux de la ferme, allait, venait, rôdait et racontait ce qu'elle avait vu. Tantôt Machecoul était au pouvoir des insurgés ; tantôt il était repris par la milice républicaine. Vers le soir, on vit arriver des blessés, et les salles du château se convertirent en ambulance. D'un moment à l'autre on attendait le retour de M. de Valcreuse. Déjà les paysans qui s'étaient battus tout le jour sous ses ordres, étaient rentrés dans leurs métairies. Rosette les avait vus se disperser et disparaître comme des ombres. Il ne restait plus trace de l'armée qui s'était mise en marche le matin. Ce fut là un des caractères particuliers de cette guerre. Ils se rassemblaient au son du tocsin, se battaient comme des lions et s'évanouissaient comme des fantômes.

Cependant M. de Valcreuse ne revenait pas Les chefs qui l'accompagnaient étaient rentrés au château, espérant l'y retrouver. A deux reprises différentes, il s'était jeté le premier dans Machecoul. Il avait eu son cheval tué sous lui sans recevoir lui-même aucune blessure. Quand les insurgés avaient été obligés d'évacuer la place une dernière fois, M. de Valcreuse, après avoir assuré la retraite, avait tout à coup disparu sans qu'on pût suivre ses traces. Ce récit plongea tous les habitants du château dans une mortelle inquiétude. Gabrielle envoya Rosette à la découverte; Rosette revint au bout de quelques heures sans avoir rien appris.

Vers le milieu de la nuit, mademoiselle Armantine et Irène, succombant à la fatigue, à l'émotion, s'étaient retirées pour essayer de prendre un peu de repos. L'abbé était resté seul avec madame de Valcreuse. L'absence d'Hector les agitait tous deux bien cruellement. L'abbé se rappelait les paroles prononcées le matin même par M. de Valcreuse : Hector ne craignait pas la mort, il la désirait, il l'appelait, il la cherchait, il l'avait trouvée peut-être. Gabrielle songeait avec amertume, avec désespoir, aux efforts inutiles qu'elle venait de faire pour se relever aux yeux de son mari, et elle se disait que peut-être à cette heure il était mort, mort en la méprisant, mort en la maudissant ! Gabrielle et l'abbé étaient tellement épouvantés de la pensée qui les obsédait, qu'ils n'osaient se la confier l'un à l'autre. Ils se séparèrent en silence, après s'être serré tristement la main.

Rentrée dans sa chambre, madame de Valcreuse se jeta sur son lit ; ses paupières appesanties se fermèrent, et un sommeil fiévreux s'empara de ses sens. Un rêve affreux la réveilla en sursaut ; elle voyait son mari sanglant, couvert de blessures, qui la regardait d'un œil sévère et menaçant.

Elle se leva ; le vent gémissait, elle crut entendre les plaintes d'un mourant. Tout à coup, elle aperçut la fenêtre d'Hector éclairée d'une vive lueur. Dans son trouble, elle pensa qu'il était rentré, qu'on l'avait rapporté blessé. Elle courut à sa chambre, et la trouva déserte. Comme M. de Valcreuse pouvait rentrer d'un moment à l'autre, les serviteurs, avant de se coucher, avaient allumé du feu dans son appartement ; une lampe brûlait sur le marbre de la cheminée.

Gabrielle, oppressée par le rêve qui venait de la réveiller, et par sa course précipitée, se laissa tomber sur un fauteuil, et s'accouda sur la table chargée de papiers. Après être demeurée quelque temps dans cette attitude, elle releva la tête, promena ses yeux autour d'elle, puis machinalement et comme accablée, elle appuya de nouveau sa tête sur sa main, et son regard distrait parcourut les papiers épars sur la table. Elle reconnaissait son écriture, celle d'Irène, de l'abbé, de mademoiselle Armantine.

Involontairement, elle se mit à feuilleter un journal écrit de la main de M. de Valcreuse. Quelques mots lus au hasard attirèrent son attention; elle aperçut son nom.

D'abord elle hésita, puis ferma le journal, résolue à ne pas le lire; mais bientôt, entraînée par une curiosité irrésistible, elle le rouvrit d'une main tremblante : la lecture une fois commencée, elle ne songea plus à le refermer, et d'un œil ardent le lut jusqu'au bout.

XXIII

Le journal que Gabrielle venait d'ouvrir renfermait toutes les pensées que M. de Valcreuse avait confiées au papier pour tromper les ennuis d'une longue navigation. C'étaient l'histoire et l'analyse des douleurs et des espérances qu'il n'avait pas osé épancher, même dans le cœur de l'abbé. Il n'est guère d'homme de mer qui n'ait cherché ainsi à se consoler de l'absence des êtres qu'il aime et de l'inaction à laquelle il est trop souvent condamné. C'est le propre des natures peu expansives de se plaire à converser avec elles-mêmes; M. de Valcreuse avait déposé dans le manuscrit que Gabrielle tenait entre ses mains l'expression des sentiments qui l'oppressaient et qu'il n'avait jamais avoués à personne. Il suffira d'en citer quelques fragments pour expliquer l'intérêt toujours croissant que Gabrielle prit à cette lecture :

« Pourquoi suis-je parti? seul, je puis le dire. Ils croient tous qu'en partant j'ai cédé à un sentiment d'orgueil; ils croient que j'ai accepté avec ivresse le commandement de cette frégate, que je vais dans les mers de l'Inde chercher l'occasion d'ajouter à mon nom une nouvelle gloire. Ignorance et folie! S'ils pouvaient lire dans mon cœur, comme ils s'étonneraient de leur aveuglement! Qu'ils seraient surpris s'ils savaient qu'il eût suffi d'un mot, d'un regard pour me retenir, pour m'enchaîner à jamais au seuil de ma maison! Ils croient que j'obéis à mes instincts aventureux, que l'ambition m'entraîne, que je cours au-devant d'une nouvelle victoire. A cette heure peut-être, leur tendresse m'accuse. Ils se disent que je les ai quittés sans regret, que je me suis séparé d'eux sans hésitation, sans trouble, sans déchirement; ils ne savent pas qu'une larme, un sourire, eût changé ma résolution, et que je serais resté avec joie. »

. . . .

« Pouvais-je, devais-je rester? Quand j'ai reçu mon brevet de commandement, quand j'ai brisé le cachet, quand j'ai lu à haute voix l'ordre de départ, Irène s'est troublée, ma sœur a pâli, l'abbé s'est récrié; tous ont attaché sur moi un regard plein d'anxiété. Elle seule est demeurée impassible et muette. Elle ne s'est pas troublée, elle n'a point pâli, elle ne s'est pas récriée. Tandis que tous les yeux m'interrogeaient, je cherchais dans les siens ce que je devais répondre : ses yeux n'ont pas parlé, et je suis parti. D'où vient donc cependant qu'à l'heure des derniers adieux, d'où vient qu'elle s'est jetée dans mes bras, tremblante, éperdue ? D'où vient que, sur le pont de mon navire, elle m'a supplié de rester? Était-ce un élan de tendresse? était-ce un cri du cœur? Mais non ; si elle m'eût aimé, aurait-elle attendu cette heure suprême pour me prier de demeurer près d'elle ? aurait-elle attendu que le vent enflât les voiles et que la mer soulevât le navire qui allait m'emporter ? Qu'elle était belle, pourtant, quand elle me suppliait ! A l'éclat humide de ses yeux, au frémissement de ses lèvres, j'ai pu croire un instant qu'elle m'aimait ; mais si elle m'eût aimé vraiment, elle se fût placée sur le seuil de ma porte, et m'eût ramené, par la main, comme un enfant, au foyer que j'allais quitter. »

. . . .

« Je l'ai aimée du jour où je l'ai vue pour la première fois, et, bien que mes espérances aient été cruellement trompées, bien que mes rêves se soient évanouis, ce jour restera gravé dans ma mémoire comme un des plus beaux jours de ma vie. Je les vois encore toutes deux, assises autour d'une table, dans l'embrasure d'une fenêtre, la tête penchée sur leur broderie; tandis que madame de Presmes s'entretenait avec ma sœur, Irène me regardait à la dérobée, et moi je regardais Gabrielle. Je vois encore ces deux charmants visages, l'un espiègle et railleur, l'autre grave et mélancolique ; mes yeux ne pouvaient se détacher de cette physionomie pensive et recueillie. Ce que disait madame de Presmes, je ne le sais plus, je ne l'ai jamais su ; mais j'entends ces deux voix fraîches et perlées qui gazouillaient au-dessus de ma tête, tandis que seul dans le parc, j'étais arrêté sous la fenêtre. Le soir, je m'en allai rêveur, sans savoir pourquoi ; et, sans savoir pourquoi, je retournai chez madame de Presmes. J'observais ces deux jeunes filles, je me disais qu'il serait doux de les arracher à la solitude, de réparer envers elles l'injustice de la destinée, et je ne m'apercevais pas que l'amour se glissait dans mon cœur. Il est des heures dans la vie dont le seul souvenir suffit pour racheter des années de souffrance. A-t-il le droit de se plaindre, celui qui fut heureux un jour? Je les vois toutes deux à mon bras, entrant avec moi sous le toit de mes pères. Que j'étais joyeux et fier ! Je savais bien que Gabrielle ne m'aimait pas encore, mais je me disais qu'elle m'aimerait, qu'elle ne pouvait manquer de m'aimer ; je me disais qu'elle ne résisterait pas à l'amour déjà profond qu'elle m'avait inspiré. Quel bonheur, quelle vie sereine et enchantée je me promettais près d'elle ! Je sentais en moi des trésors de tendresse qui ne demandaient qu'à s'épancher, qu'à se prodiguer ; hélas ! j'eus bientôt compris qu'elle ne pouvait m'aimer, qu'elle ne m'aimerait jamais !

« Voilà pourquoi je suis parti. Ma présence lui était importune ; quand je voulais l'attirer sur mon cœur, son front pâlissait, sa main se glaçait dans la mienne. J'ai dû imposer silence à ma tendresse; j'ai dû arrêter sur mes lèvres, j'ai dû refouler en moi les sentiments qui m'agitaient. Je souffrais; mais l'amour ne se commande pas. Pourquoi serais-je resté? Tout ce que mon affection pouvait faire pour elle, ne l'avais-je pas fait? Je lui avais donné la liberté, une famille; je la laissais près de ma sœur, près d'Irène, près de l'abbé; je l'avais entourée d'êtres excellents qui la chérissaient. Un mot de sa bouche suffisait pour me retenir; mais ce mot, elle ne l'a pas dit. Je pouvais partir, je suis parti. »

. . . .

« Je ne croyais pas l'aimer à ce point. Je m'étais bercé d'une vaine espérance. Je m'étais flatté que les dangers de l'Océan, les soucis du commandement apaiseraient ma souffrance et fermeraient ma blessure. Je me suis trompé. Son image me poursuit partout, à toute heure. La mer que j'aimais autrefois, que j'aimais avec passion, est aujourd'hui sans charme pour moi. Ma vie se traîne et se consume dans l'ennui. Je ne pense qu'à Gabrielle, et chacune de mes pensées est un regret. La nuit, dans le vent qui passe, dans le murmure des flots, je crois entendre sa voix. Je me suis éloigné, parce qu'elle ne m'aimait pas; loin d'elle j'ai cru trouver la paix. Étrange erreur! cruelle méprise! L'absence n'a fait que redoubler mes tortures. Quand j'étais près d'elle sa froideur m'irritait, mais du moins je la voyais chaque jour. Son regard se détournait quand il rencontrait mon regard, mais du moins je la voyais ; je respirais l'air qu'elle respirait. L'été, quand elle s'avançait comme une jeune reine dans les avenues du parc, je suivais d'un œil ravi chacun de ses mouvements. Elle était la grâce de nos soirées d'hiver ; elle embellissait, elle rajeunissait ma maison. Et pourtant alors je ne me trouvais pas heureux ! Ingrat que j'étais ! n'aurais-je pas dû remercier le ciel de tous les biens qu'il m'avait envoyés ? Mes souffrances n'étaient-elles pas généreusement compensées ? Pour la voir, pour l'entendre, était-il donc si difficile de se résigner à souffrir ? »

. . . .

« Ai-je bien fait tout ce qu'il fallait faire pour gagner son amour ? Je ne suis qu'un marin ; je ne sais rien du monde ; j'ignore comment il faut s'y prendre pour plaire, pour être aimé. Ma vie s'est passée sur les flots ; je ne connais pas le langage que les jeunes cœurs aiment à entendre. Peut-être, sans le vouloir, l'ai-je effarouchée. Peut-être aussi ai-je été arrêté par de vains scrupules ; peut-être ne lui ai-je pas assez montré la passion que je ressentais ; je craignais qu'elle ne m'accusât de vouloir lever un tribut sur sa reconnaissance ; elle a pris pour de la froideur ce qui n'était qu'une tendresse contenue, une délicatesse exagérée. Ne me suis-je pas trop tôt découragé ? Ah ! si j'étais près d'elle, comme je changerais de langage ! Je reconnais ma faute, je saurais la réparer. L'amour qui brûle mon cœur passerait tout entier sur mes lèvres ; mes yeux s'animeraient du feu qui me dévore ; mon âme, enfin affranchie de toute contrainte, mon âme attirerait la sienne, comme un aimant irrésistible. »

. . . .

« Elle m'aimera : mon amour est trop profond, trop sincère, pour qu'elle n'arrive pas à le partager. Il y a dans la passion vraie une puissance contagieuse qui triomphe des cœurs les plus rebelles. Elle m'aimera; elle aura beau faire, je l'aime tant qu'il faudra qu'elle m'aime. Et comment ne m'aimerais-tu pas? Sans doute nous sommes victimes d'une mutuelle méprise. Gabrielle, je le sens, mon âme est digne de la tienne. Quand tu liras dans ma pensée, quand tu sauras ce que j'ai souffert, lorsqu'à tes pieds je laisserai déborder les flots de tendresse que j'ai si longtemps contenus et qu'à cette heure même je n'ose encore épancher dans ton sein, une force invincible m'ouvrira ton cœur, t'appellera dans mes bras. Tu n'es pas ingrate, tu es bonne, tu es généreuse. Dieu ne t'a pas donné seulement la grâce et la beauté ; il n'a pas voulu laisser son œuvre incomplète ; il a mis en toi une étincelle de son amour, il t'a créée pour aimer. Et qui donc aimerais-tu, si ce n'est moi? Qui donc aura pour toi une sollicitude plus ardente, un dévouement plus assidu? Je t'ai donné mon nom avec orgueil, je t'ai ouvert ma maison avec joie. Tout autre, à ma place, en eût fait autant; mais sur quel cœur plus fidèle, plus passionné pourrais-tu reposer ta tête? Ah ! quoi que j'aie souffert, quoi que je puisse souffrir encore, béni soit à jamais le jour où tu es entrée dans ma famille ! bénie soit l'heure où tu as franchi le seuil de ma porte ! béni soit l'instant où tu t'es assise à mon foyer ! »

« . . . .

« Va, j'ai bonne espérance, l'avenir nous garde d'heureux jours. Dieu ne voudra pas que deux âmes faites l'une pour l'autre ne puissent pas enfin se comprendre et se réunir. Bientôt, je te reverrai; quelles joies m'attendent au retour ! Je te reverrai éprouvé par l'absence, éclairé par la solitude. Va, je sais maintenant comment il faut te parler pour que tu m'aimes. Je te reverrai, et, dans ma première étreinte, tu comprendras que je t'aime, et tu m'aimeras. Nous parcourrons ensemble ces plaines enchantées qui n'ont pas encore été témoins de notre bonheur; nous irons à pas lents pour mieux nous entendre, pour mieux nous regarder. Ton bras, appuyé sur le mien, tremblera, mais ce ne sera plus de crainte. Quand nous marcherons silencieux, ce ne sera plus la contrainte qui scellera nos lèvres. Si ton front rougit, si ton sein palpite, je verrai sans alarme ton front rougir et ton sein palpiter. Nous dirons aux bois, aux coteaux, l'ivresse qui remplira nos cœurs. Je sais des lieux charmants, où jamais tes pas ne se sont égarés ; je t'y conduirai, et là, à l'ombre des forêts, nos deux âmes confondues monteront vers Dieu dans un hymne de reconnaissance. Je sais sur le bord de cette mer qui nous sépare, je sais plus d'une anse mystérieuse que les goëlands visitent seuls, dont le soleil échauffe le sable fin et doré. Là, assis à tes pieds, je contemplerai d'un œil tranquille, indifférent, ces flots qui autrefois m'attiraient, me fascinaient. Je verrai sans envie les voiles blanchir à l'horizon, et, tout entier à mon bonheur, je plaindrai les infortunés que le vent emportera loin de leur patrie, loin de leur famille. Le soir, tandis qu'Irène et ma sœur broderont à la lueur de la lampe, je vous raconterai mes voyages, et, quand nous serons seuls, ta main dans la mienne, nous lirons ensemble ces pages que maintenant je n'ose t'adresser. A ma sœur, à Irène, à l'abbé, je dirai les peuples que j'ai visités, les plages que j'ai parcourues ; à toi, je dirai mon cœur. »

Ces pages que M. de Valcreuse se promettait de lire avec Gabrielle, Gabrielle les lisait seule. En les écrivant, Hector se promettait le bonheur, l'enivrement de l'amour : qu'étaient devenus tous ces rêves ?

A mesure que Gabrielle avançait dans cette lecture, l'étonnement et le remords se partageaient son cœur. Elle était aimée, aimée avec passion de l'homme à qui elle croyait jusque-là n'avoir inspiré que de la pitié ! Elle était aimée, aimée d'Hector. Elle l'accusait d'indifférence, de froideur, et il était parti parce qu'il ne se sentait pas aimé ! Ainsi, la seule excuse qu'elle avait invoquée dans son égarement, cette excuse lui manquait : elle était aimée d'Hector, et, tandis qu'il écrivait ces pages empreintes d'une passion si vraie, si ardente, elle l'accusait, elle se plaignait et s'abandonnait à un autre amour ! Gabrielle, en s'enfuyant, n'avait donc pas blessé seulement l'orgueil de M. de Valcreuse ; ce n'était donc pas l'orgueil qui avait seul dicté sa conduite ; en ramenant sa femme, ce n'était donc pas seulement à l'orgueil qu'il avait obéi; quand il la repoussait, quand il refusait de l'entendre, c'est que la jalousie le dévorait.

Qui pourrait dire tous les sentiments qui se pressaient, qui se heurtaient dans le cœur de Gabrielle?

— Ah! malheureuse que je suis, s'écria-t-elle avec désespoir, ah! malheureuse, il m'aimait et j'ai méconnu son amour : il souffrait et je n'ai pas deviné sa douleur. D'un mot, je pouvais le retenir, et ce mot, je l'ai dit trop tard. Oh! mon Dieu, moi qui, ce matin encore, l'accusais de cruauté, pourrai-je jamais réparer le mal que je lui ai fait?

Elle laissa tomber sa tête sur le fauteuil, et se prit à méditer sur la destinée de cet amour qu'elle venait de découvrir. Il y avait dans cette révélation, à côté du remords et du désespoir, un sentiment de joie qu'elle avait peine à comprendre et auquel pourtant elle s'abandonna.

Tandis qu'elle s'abîmait dans sa rêverie, Hector, enveloppé de son manteau, était entré sans qu'elle entendît ses pas. Il s'arrêta derrière le fauteuil où elle était assise. Jamais elle n'avait été si belle. L'étonnement et le remords, la douleur et la joie qui se disputaient son cœur, donnaient à son visage une expression étrange et sublime. Debout, immobile, Hector la contemplait, et son admiration redoublait sa colère.

XXIV

Tout à coup Gabrielle aperçut dans la glace l'image d'Hector; elle se leva précipitamment, et, par un mouvement irréfléchi, voulut se jeter dans ses bras : l'attitude de M. de Valcreuse lui rappela bien vite la barrière qui les séparait.

— Vous, ici, madame? lui dit-il avec l'accent de l'étonnement.

— Pardonnez-moi, répondit Gabrielle d'une voix troublée, en baissant les yeux. Nous vous avions attendu inutilement une partie de la nuit. J'étais inquiète ; accablée de lassitude, je m'étais endormie pendant quelques instants : en me réveillant, j'ai aperçu de la lumière dans votre chambre, j'ai cru que vous étiez rentré, et, craignant que vous ne fussiez blessé, je suis venue; pardonnez-moi.

— Je regrette, madame, d'avoir troublé votre sommeil, répliqua froidement Hector. Vous avez besoin de repos; ces veilles vous tueront.

En ce moment, Gabrielle jeta les yeux sur M. de Valcreuse, et fut frappée de sa pâleur. Il était toujours enveloppé de son manteau; ses traits altérés accusaient sa souffrance.

— Mais vous êtes blessé! s'écria-t-elle vivement.

— Rassurez-vous, soyez sans inquiétude; retirez-vous dans votre appartement.

— Vous êtes blessé! reprit Gabrielle d'une voix ardente.

Et, d'une main fiévreuse, ouvrant violemment son manteau, elle vit son bras en écharpe et ses vêtements tachés de sang.

— J'en étais sûre, je le savais, mes pressentiments ne m'avaient pas trompée!

Et de ses doigts tremblants elle cherchait à soulever les bandages qui entouraient la plaie.

— Ce n'est rien, répondit Hector en l'éloignant; ce n'est rien, une égratignure seulement.

— Laissez-moi voir, laissez-moi panser votre blessure, dit Gabrielle d'une voix suppliante.

Et comme il résistait :

— Qui donc vous soignera, si ce n'est moi! poursuivit-elle ; n'est-ce pas mon droit, mon devoir?

— Le droit, vous l'avez perdu. Quant au devoir, je vous en affranchis; d'autres ici sauront le remplir.

Gabrielle, réduite au silence par ces paroles sévères, se retira confuse et courut chez l'abbé qui n'avait pu trouver le sommeil, et qui déjà était sur pied.

— Il est revenu, il est blessé, s'écria-t-elle ; il est blessé, il refuse mes soins ! Allez près de lui ; vous, du moins, vous pourrez le soigner; il ne vous repoussera pas.

L'abbé se rendit chez Hector; Gabrielle se retira dans sa chambre.

En pénétrant dans Machecoul pour la première fois, à la tête des paysans, M. de Valcreuse avait reçu un coup de feu au bras gauche ; mais, pour ne pas décourager sa troupe, il avait caché sa blessure. Après deux engagements animés, quand vint l'heure d'évacuer Machecoul pour la seconde fois, il oublia sa douleur pour s'occuper uniquement du soin d'assurer la retraite. Après avoir donné tous les ordres nécessaires, après avoir pris toutes les dispositions que commandait la prudence, affaibli enfin par la perte de son sang, il avait été forcé de s'arrêter dans une ferme où l'on avait fait un premier pansement. La blessure n'était pas dangereuse; seulement, la fatigue du combat, ajoutée aux émotions qui avaient précédé son départ, l'avait singulièrement aggravée; il était rentré avec une fièvre ardente, et l'abbé le trouva dans un état d'exaltation alarmant.

Hector fut obligé de garder le lit pendant quelques jours. Irène et mademoiselle Armantine quittaient rarement son chevet, et Gabrielle bénissait leur présence qui lui permettait de prodiguer à son mari des soins qu'il n'eût pas acceptés si elle eût été seule près de lui. Grâce au généreux mensonge qui enchaînait M. de Valcreuse, Gabrielle pouvait se présenter à toute heure dans la chambre d'Hector. Il avait commencé par s'irriter sourdement de la présence et des soins de sa femme; mais comment l'éloigner sans se démentir aux yeux de sa famille, aux yeux de sa maison tout entière? Force lui fut de se résigner. Gabrielle était si empressée, si attentive, si touchante, qu'en dépit de lui-même, il en fut souvent attendri. Parfois, affaibli par la fièvre, il n'avait plus du passé qu'une image confuse, et il suivait d'un œil charmé ses moindres mouvements. Il la voyait rôder autour de lui, grave, triste, avec un pâle sourire sur les lèvres, et il ne pouvait détacher d'elle son regard.

Un jour, comme elle entrait, Irène, assise au chevet, avait dans sa main une des mains de M. de Valcreuse. L'abbé se tenait debout au pied du lit; mademoiselle Armantine, assise à quelques pas d'Irène, travaillait à un ouvrage de tapisserie et levait de temps en temps les yeux pour regarder son frère. Irène essayait d'égayer le malade : en apercevant sa cousine, elle se leva brusquement.

— Viens, lui dit-elle en riant, je te cède ma place et la main de ton mari.

En achevant ces mots, elle mit la main d'Hector dans celle de sa cousine : Hector ne la retira pas. Un éclair de joie passa sur le front de Gabrielle, et l'abbé, témoin de cette scène silencieuse, sentit renaître en son âme une confuse espérance.

Le soir, se trouvant seul avec M. de Valcreuse, il profita de l'attendrissement dont il avait été témoin le matin, pour amener le récit qu'Hector avait toujours refusé d'entendre. L'affaissement avait suivi la fièvre; la colère d'Hector s'était peu à peu calmée. Cependant, aux premiers mots que dit l'abbé, M. de Valcreuse voulut lui imposer silence; l'abbé ayant insisté avec autorité, il s'accouda sur son oreiller et le laissa parler. L'abbé raconta d'une voix émue tout ce qu'il avait appris de la bouche de Gabrielle. Plus d'une fois, pendant ce récit, Hector sentit sa colère se réveiller; plus d'une fois son œil s'enflamma, ses mains se contractèrent convulsivement; mais il y avait dans l'accent de l'abbé tant de conviction, tant d'entraînement, tant d'éloquence, qu'insensiblement, presqu'à son insu, M. de Valcreuse en vint à l'écouter avec une sorte de docilité. Lorsqu'il eut achevé, Hector demeura longtemps silencieux et pensif; son visage n'exprimait plus l'emportement, mais un mélange de douleur et de résignation.

— Vous le voyez, mon enfant, reprit enfin l'abbé, elle n'était qu'égarée ; elle n'est pas si coupable que vous le pensiez.

M. de Valcreuse ne répondit rien ; puis, comme se parlant à lui-même :

— Ils s'aimaient, dit-il avec la tristesse du découragement, ils s'aimaient avant de me connaître. Comme moi, ils ont été victimes d'une ruse infâme ; mais, puisqu'elle l'aimait, pourquoi donc a-t-elle accepté ma main ? Elle était jeune, elle commençait la vie, le cloître l'épouvantait. Elle se croyait affranchie de ses premiers serments ; elle a cru qu'un jour elle pourrait m'aimer. Est-ce donc sa faute, si ce jour n'est pas venu ? Ils se sont revus ; mais ce n'est pas leur volonté, c'est une ruse infâme qui les a réunis. Ils se sont rencontrés ; mais ils ne se cherchaient pas. Vous avez raison, mon ami, ajouta-t-il en se tournant vers l'abbé : égarée ou perdue, elle n'est pas indigne de pitié. Si je n'ai pas su lui inspirer l'amour qui seul pouvait la protéger et la défendre, est-ce elle qu'il faut en accuser ? Soyez satisfait, je ne la maudis pas.

— Ce n'est pas assez, mon enfant, répliqua l'abbé.

— Eh ! que puis-je de plus ! je ne la maudis pas, je la plains.

— Ce n'est pas assez de ne pas la maudire, ce n'est pas assez de la plaindre : il faut lui pardonner.

— Qu'a-t-elle besoin de mon pardon ? Elle ne

m'aime pas, et d'ailleurs, pourrais-je oublier? Tout n'est-il pas fini entre nous? Pitié ou pardon, qu'importe ? Je viens de vous entendre, je ne vous ai pas interrompu ; tout ce que vous m'avez dit, je le crois ; mais quand vous ne serez plus là, quand je serai seul avec mes souvenirs, le croirai-je ? Demain, cette nuit même, dès qu'en vous retirant vous aurez fermé cette porte, la jalousie impérieuse, implacable, ne relèvera-t-elle pas la tête ? Tous les fantômes, tous les spectres hideux que vous avez dispersés, ne reviendront-ils pas assaillir mon chevet? En cet instant même, je les sens rôder autour de moi ; je sens passer sur mon front leur souffle empoisonné. Eussiez-vous cent fois raison, tout ce que vous m'avez dit fût-il cent fois vrai, dépend-il de moi d'effacer le passé, dépend-il de moi de vous croire ? Ne les ai-je pas vus, vus de mes yeux ? ne les ai-je pas surpris ensemble, s'enfuyant comme deux complices qui se dérobent à la justice, à la vengeance ? Vous dites qu'elle est partie malgré elle, à son insu ; mais elle-même s'est vantée devant moi d'être partie librement, elle-même s'est vantée de son crime. Vous dites qu'elle est pure, vous le croyez, vous êtes sincère ; mais vous ne voyez donc pas, aveugle insensé, vous ne voyez donc pas qu'elle l'aime, qu'elle ne m'aime pas ! Vous ne comprenez donc pas qu'entre elle et moi il y aura toujours cet homme ! Je pourrai le tuer, mais dans son cœur, mais dans le mien, ne vivra-t-il pas toujours ? Ah ! tenez, ne me parlez plus d'elle, ne prononcez plus son nom devant moi : quoi que vous puissiez dire, quoi que je puisse faire, l'irréparable est entre nous. Ce qui est fait est fait, et Dieu lui-même n'y peut rien.

Ses forces étaient épuisées ; son front se couvrit de sueur ; il tomba dans les bras de l'abbé. Malgré les dernières paroles qu'il venait d'entendre, et qui annonçaient le réveil de la colère et de la jalousie, l'abbé crut entrevoir pourtant que tout n'était pas désespéré, que la cause de Gabrielle n'était pas perdue sans retour.

Hector ne s'était pas trompé en parlant de lui-même ; il revint, comme il le craignait, comme il l'avait prédit, à sa première incrédulité. Cependant son cœur s'était amolli, et l'espérance de l'abbé ne fut pas complétement déçue. Il était aisé de voir qu'une transformation venait de s'accomplir en lui. L'expression de la résignation, de la pitié, avait remplacé sur son visage celle de la sévérité, de la colère. Il en était arrivé à s'oublier lui-même pour ne songer qu'au malheur de Gabrielle. Ainsi, ces deux âmes, qui se croyaient si profondément désunies, suivaient, à leur insu, la même voie, et se rencontraient dans une commune pensée. Depuis qu'elles se connaissaient, depuis qu'elles n'avaient plus rien à s'apprendre l'une à l'autre, chacune d'elles vivait hors d'elle-même, perdait le sentiment de sa propre douleur ; toutes deux se sentaient entraînées par une compassion mutuelle.

Gabrielle ne tenait plus à M. de Kernis que par un seul lien : elle savait qu'il n'était pas homme à violer sa promesse et qu'il viendrait se mettre à la disposition de M. de Valcreuse, dès que l'insur-

rection lui aurait rouvert les côtes de la France.
D'un instant à l'autre il pouvait arriver. Cette
crainte était désormais l'unique aliment d'un
amour qui n'avait pas impunément traversé tant
d'orages.

Ce que Gabrielle redoutait, menaçait de se réaliser bientôt. Si M. de Kernis, en effet, n'attendait que l'occasion de rentrer dans le Bocage, cette occasion ne pouvait manquer de s'offrir à son impatience. L'insurrection grandissait chaque jour ; déjà le pays tout entier était au pouvoir de l'armée royaliste. M. de Valcreuse, quoique retenu chez lui par sa blessure qui n'était pas encore complètement guérie, prenait part à toutes les délibérations importantes. Les chefs qui s'étaient rangés sous ses ordres, venaient le consulter toutes les fois qu'il s'agissait d'une mesure décisive. Du fond de son château, il dirigeait les mouvements auxquels il ne pouvait s'associer et suivait d'un œil jaloux les succès de Charette et de Cathelineau. Il ne s'était résigné qu'à regret à demeurer inactif ; dans quelques jours il espérait reprendre la campagne.

Une nuit, en s'éveillant, il vit Gabrielle à son chevet. Irène et mademoiselle Armantine s'étaient retirées de bonne heure ; toute inquiétude avait disparu, la convalescence marchait à grands pas, et l'abbé lui-même, qui jusque-là n'avait pas voulu quitter Hector, s'était décidé à prendre un peu de repos. Tout dormait au château, Gabrielle veillait seule. Assise dans un fauteuil, elle se disait avec tristesse que bientôt elle n'aurait plus le droit de venir chaque jour dans la chambre de son mari, que la barrière un instant abaissée allait se relever. Elle songeait aussi aux dangers de la guerre ; elle songeait enfin à la vengeance suspendue sur la tête de M. de Kernis.

M. de Valcreuse resta quelque temps à la regarder à la lueur voilée de la lampe. L'abbé lui-même ne l'eût pas contemplée avec une expression de bonté plus miséricordieuse.

— Gabrielle, lui dit-il enfin, pourquoi veiller si tard ? Je suis mieux, vous le savez, je n'ai plus besoin de vous.

Ces paroles furent prononcées avec un accent si tendre que Gabrielle se sentit émue jusqu'au fond de l'âme. C'était la première fois, depuis son retour, que M. de Valcreuse lui parlait ainsi. Elle tressaillit et regarda son mari avec étonnement ; puis, craignant que sa présence, à cette heure, n'irritât M. de Valcreuse, elle voulut s'excuser ; mais il l'interrompit aussitôt et lui dit avec douceur :

— Pourquoi vous excuser ? Vos soins me touchent : mais il faut ménager vos forces, il faut ménager votre vie.

— Ménager ma vie ? répondit Gabrielle attendrie jusqu'aux larmes, et secouant tristement la tête.

— Vous êtes jeune, reprit Hector, et quoique vous ayez bien souffert, votre vie commence à peine. Dieu vous doit un dédommagement ; Dieu est juste, il est bon, ne désespérez pas du bonheur.

A ces mots, Gabrielle, de plus en plus étonnée, regarda son mari avec une expression de stupeur impossible à rendre.

— Le bonheur ! la jeunesse ! la justice, la bonté de Dieu ! murmura madame de Valcreuse comme se parlant à elle-même. Que voulez-vous dire, Hector ? pourquoi me parlez-vous ainsi ?

— Vous êtes jeune, Gabrielle ; ce n'est pas à votre âge qu'on doit désespérer de l'avenir. J'ai vu reverdir des arbres que la foudre avait frappés ; j'ai vu se relever des fleurs courbées par le vent d'orage. Comme elles, vous relèverez la tête ; comme elles, vous reprendrez votre éclat et votre fraîcheur.

— Que voulez-vous dire, Hector ? pourquoi donc me parlez-vous ainsi ? répéta Gabrielle éperdue.

— Espérez ! dit Hector en lui prenant la main.

Gabrielle saisit la main d'Hector dans les siennes et la couvrit de larmes. Elle ne doutait plus de son pardon, et comme ce pardon était le plus grand, l'unique bonheur qu'elle appelât de ses vœux, elle ressentit une joie ineffable, enivrante ; mais tout à coup l'image de M. de Kernis s'offrit à sa pensée.

— Ah ! s'écria-t-elle, puisque vous me pardonnez, que votre pardon soit complet ! Hector, ne soyez pas généreux à demi. Pardonnez du même coup à tous ceux qui vous ont fait du mal. Ne le tuez pas, renoncez à votre vengeance, et le reste de ma vie sera consacré à vous bénir.

A ce cri suppliant qu'il prit pour un cri d'amour, Hector frissonna de colère ; Gabrielle le regardait avec anxiété. Mais bientôt, se contenant, reprenant possession de lui-même :

— Soyez sans crainte, lui dit-il d'un air sombre ;

soyez sans crainte, Gabrielle : ce n'est pas lui qui doit mourir.

— Oh ! merci, oh ! merci, s'écria Gabrielle dans un élan de reconnaissance exaltée ; vous êtes bon, vous êtes grand ; que Dieu vous récompense ; car Dieu seul peut vous récompenser dignement.

Elle se retira, emportant la seule joie qu'elle pût espérer ici-bas ; et pourtant, à peine fut-elle seule, que, songeant aux dernières paroles qu'elle venait d'entendre, elle se sentit saisie d'épouvante.

XXV

M. de Valcreuse avait repris la campagne. L'insurrection s'était régularisée dans la haute et la basse Vendée, les royalistes avaient maintenant une véritable armée. Hector continuait à opérer de concert avec Charette : il ne s'associait jamais aux mouvements de la grande armée et se bornait à occuper la Plaine et le Marais. Toutefois il prit part au siége de Nantes, et, tandis que Cathelineau attaquait par la rive droite, il fit, avec Charette, une diversion sur la rive gauche. On sait quelle fut l'issue de cette double tentative ; Charette et M. de Valcreuse se retirèrent sur le théâtre habituel de leurs opérations. Les chefs vendéens avaient été enivrés des premiers succès obtenus au début de cette guerre ; mais leur étoile allait bientôt pâlir. Dans les premières rencontres, les soldats de la république, ignorant la configuration du pays, ayant affaire à un ennemi qui se dérobait à chaque instant et dont l'étrange manière de combattre était pour eux sans précédents, avaient été déconcertés. Plus tard, familiarisés avec le terrain, dirigés par des généraux plus habiles, renforcés par l'héroïque garnison de Mayence, ils devaient reconquérir peu à peu les avantages qui appartiennent d'ordinaire à la science et à la discipline. Chose étrange ! ces paysans qui, armés de faulx et de bâtons, avaient remporté des victoires, maintenant armés de sabres, de fusils, et traînant du canon, allaient être battus, enfermés dans un cercle qui se rétrécissait de jour en jour, et réduits à passer la Loire, mais toujours terribles, semant autour d'eux le ravage et l'épouvante, se retournant comme le lion blessé, et frappant encore de stupeur les bataillons qui les traquaient. Déjà les chefs, réunis en conseil, prévoyant qu'ils ne pourraient pas tenir seuls contre les forces de la république, appelaient à leur aide les émigrés et l'Angleterre qui les leurraient de lâches et perfides promesses. Ils ne demandaient qu'un prince qui vînt se mettre à leur tête pour relever le prestige de leur cause; leur espérance devait être trompée. Ce sera pour les princes français une éternelle honte de n'avoir pas répondu à l'appel des chefs vendéens, et pour les chefs vendéens une éternelle gloire d'avoir accompli, sans le secours de l'étranger, toutes les grandes actions qui marquèrent la première période de cette guerre.

Chaque jour, l'inquiétude grandissait à Valcreuse. Bien qu'Hector fût maître de presque tout le Marais, il n'était pas difficile de prévoir que bientôt le château, situé sur les limites du Marais et du Bocage, se trouverait serré, comme entre deux meules, entre les deux armées républicaines qui se préparaient à envahir la haute et la basse Vendée. Hector, qui, tout en faisant face au général Beysser, ne perdait pas de vue les progrès de Kléber et de Westermann, commençait à se préoccuper sérieusement de l'avenir de sa famille. Il savait quelles terribles représailles étaient commandées par la Convention à ses soldats victorieux ; il savait que des femmes avaient été fusillées, massacrées sans pitié : cruautés horribles, mais dont les soldats vendéens avaient eux-mêmes donné l'exemple ; car si, dans cette guerre, les deux partis se sont jetés à la face le reproche de barbarie, tous deux, aux yeux de l'histoire, l'ont également mérité. Hector dérobait ses alarmes à sa sœur, à Gabrielle, à Irène ; mais lorsqu'il se trouvait seul avec l'abbé, il laissait voir sa pensée tout entière.

— C'est une épouvantable guerre, disait-il ; les vaincus n'ont pas de merci à espérer. Tous les châteaux seront brûlés : quel sort attend ces pauvres femmes !

— Et pourtant, cruel enfant, répondait l'abbé, vous appeliez la mort de vos vœux impies ! Qui donc veillera, si ce n'est vous, sur les êtres que Dieu vous a confiés ? Votre vie ne vous appartient pas, elle appartient à ceux qui vous aiment, à ceux que vous aimez ; vous le comprenez, enfin. Au milieu des scènes de désolation qui vous entourent, tous les ressentiments personnels doivent se taire; souhaiter, chercher la mort serait de votre part un lâche égoïsme, un indigne abandon de tous vos devoirs.

— Vous avez raison, mon ami ; je l'ai compris, j'accomplirai ma tâche jusqu'au bout ; mais, sans chercher la mort, je puis la rencontrer. Que deviendront alors ces trois femmes qui n'ont d'autre appui, d'autre protecteur que moi ? Et vous, mon cher abbé, mon vieil ami, que deviendrez-vous ?

— Aimons-nous, dit l'abbé, serrons-nous les uns contre les autres, attendons la mort avec sérénité, et préparons-nous à rendre à Dieu une âme libre de colère.

— Je n'ai plus ni haine ni colère, reprit Hector ; je paraîtrai sans crainte devant Dieu.

Hector était de bonne foi en parlant ainsi ; la haine, la colère paraissaient éteintes en lui ; mais il y avait dans sa résignation même et dans son indulgence une tristesse profonde qui n'effrayait pas moins l'abbé que ses emportements d'autrefois. Gabrielle elle-même, qui d'abord s'était réjouie, croyant avoir obtenu son pardon, observait maintenant d'un œil inquiet la transformation presque subite qui s'était accomplie chez son mari. Chaque fois que M. de Valcreuse revenait au château, chaque fois qu'il se trouvait seul avec elle, il lui témoignait tant de bienveillance et de mansuétude, qu'elle se surprenait parfois à regretter sa froideur et sa sévérité. Sous cette bienveillance, en effet, elle n'apercevait que la générosité : elle ne sentait pas la réparation qui lui était due. Elle comprenait qu'aux yeux de son mari, elle n'était ni justifiée ni réhabilitée. Enfin, elle se rappelait son dernier entretien avec Hector, et s'épuisait à en deviner le sens. Qu'avait-il voulu dire, quand il lui parlait de bonheur et d'espérance ? Qu'avait-il voulu dire, quand elle l'avait supplié d'épargner M. de Kernis ? Il y avait des instants où elle croyait entrevoir la résolution à laquelle il s'était arrêté, et alors son cœur se remplissait d'épouvante ; il y en avait d'autres où elle rejetait comme insensées toutes ses conjectures, et alors elle retombait dans sa première perplexité. En réalité, la situation réciproque d'Hector et de Gabrielle était toujours la même ; il n'y avait de changé que l'attitude de M. de Valcreuse. Gabrielle était toujours engagée dans une voie sans issue ; seulement, au lieu de rencontrer le regard inexorable de son mari, elle rencontrait un regard plein à la fois de compassion et de tristesse.

Depuis qu'elle était rassurée sur le sort de M. de Kernis, elle avait fait à Irène le sacrifice de sa passion, et l'image de M. de Valcreuse l'occupait désormais tout entière. Elle écoutait à présent sans jalousie sa cousine qui, avec la confiance de la jeunesse et de l'amour, trouvait, au milieu des graves événements qui s'accomplissaient chaque jour, le temps de former des projets de bonheur. Quand elles étaient réunies toutes deux avec mademoiselle Armantine, le nom de M. de Kernis revenait souvent dans leurs entretiens, Gabrielle, croyant expier ainsi les égarements du passé, prenait part aux rêves, aux espérances d'Irène, et ne s'apercevait pas que déjà un autre amour s'établissait en maître dans son cœur. Quant à mademoiselle Armantine, elle ne doutait pas un seul instant que M. de Kernis ne revînt bientôt, comme un vrai chevalier, pour enlever la dame de ses pensées ; elle allait jusqu'à s'étonner qu'il ne fût pas encore venu. Gabrielle aussi s'en étonnait tout bas, et tremblait pourtant de le voir reparaître ; car la colère à peine assoupie de M. de Valcreuse pouvait se réveiller.

Cependant cette préoccupation s'affaiblissait de jour en jour. Sans doute M. de Kernis, n'ayant pu rentrer en France par les côtes, demeurait en Angleterre pour se concerter avec les émigrés, ou était allé joindre l'armée de Condé. Les dangers qui menaçaient M. de Valcreuse s'emparaient de plus en plus de la pensée de Gabrielle. La présence d'Hector devenait de plus en plus rare au château ; la nuit venue, quand il n'était pas rentré, madame de Valcreuse allait seule dans la chambre d'Hector, et là, attirée par un charme secret, elle relisait avidement le journal où son mari avait déposé ses sentiments intimes, comme autrefois elle lisait les lettres de M. de Kernis.

Un soir, M. de Valcreuse rentra plus sombre qu'à l'ordinaire. Il revenait du camp de Charette où il avait passé toute la journée. Le lendemain, deux colonnes républicaines devaient opérer leur jonction, en partant, l'une de Machecoul, l'autre de Challans ; si elles trouvaient moyen de se joindre, elles balayeraient le pays comme le vent le blé dans l'aire. Charette devait se porter sur Machecoul, et M. de Valcreuse sur Challans. En effet, le lendemain, au point du jour, tous les paysans rangés sous les ordres d'Hector se mettaient en marche d'un pas résolu, tandis qu'on entendait déjà la fusillade engagée du côté de Machecoul. Ces réunions, ces prises d'armes, ces marches militaires étaient si fréquentes depuis quelques mois que les habitants du château s'y étaient habitués et s'en alarmaient à peine. Quand on lit l'histoire de ces temps désastreux, on se demande comment on faisait pour vivre au milieu de ces péripéties tumultueuses, sans cesse renouvelées; on oublie que les âmes les plus craintives finissent par se familiariser avec le danger, au point de ne plus même s'en préoccuper. Les mères, les femmes et les filles des chefs vendéens s'étaient acclimatées au sein de la guerre, et vivaient au bruit du canon presque aussi tranquillement que dans les salons de Versailles. Non-seulement on vivait, mais encore toutes les passions qui semblent ne pouvoir se développer librement que dans la paix, trouvaient le temps de se montrer avec toute leur ardeur, toute leur énergie.

Cependant, vers le milieu du jour, quand on entendit du côté de Challans le bruit de la mousqueterie et du canon qui se rapprochait, l'alarme fut grande au château. On savait que Machecoul venait de tomber entre les mains de Charette; mais la joie excitée par cette heureuse nouvelle avait été de courte durée; car on avait bientôt appris que M. de Valcreuse avait rencontré à mi-chemin la colonne partie de Challans. Cette colonne se composait de ces terribles Mayençais que la Convention avait lâchés sur la Vendée, et qui semaient autour d'eux la mort et l'incendie. Le premier choc avait été meurtrier pour les deux partis. Les paysans, animés par la présence d'Hector, tenaient bon ; mais leurs rangs s'éclaircissaient ; la mitraille les décimait, et le bruit de la fusillade se rapprochait de plus en plus. Un instant, la colonne royaliste et la colonne républicaine se trouvèrent si près du château, qu'on apercevait à l'horizon la fumée qui montait au-dessus des bois. Déjà quelques blessés avaient été apportés dans la cour ; les femmes, pâles, silencieuses, assises autour d'une table, s'occupaient à faire de la charpie ; l'abbé préparait les moyens de défense, et armait les serviteurs, les garçons de ferme, d'après les instructions que M. de Valcreuse lui avait laissées.

L'alarme n'était que trop justifiée ; un paysan blessé avait annoncé que la colonne royaliste était repoussée et battait en retraite. Vainement Hector s'efforçait de ramener ses soldats à la charge ; vainement il leur donnait l'exemple du courage et de l'héroïsme : sa voix était à peine écoutée, et il perdait à chaque instant du terrain. Tout était perdu sans retour, si Charette, averti par le bruit de l'artillerie, n'envoyait pas un détachement au secours de M. de Valcreuse.

Les choses en étaient là, quand tout à coup Rosette entra dans le salon, les cheveux en désordre, le teint enflammé, couverte de poussière.

— Eh bien ! qu'as-tu vu ? que sais-tu ? s'écria madame de Valcreuse, se levant et courant à elle.

— Bonne nouvelle, Madame, bonne nouvelle !

répondit la petite en battant des mains ; les bleus sont repoussés. Tenez, écoutez, les entendez-vous qui s'enfuient ?

Tous prêtèrent l'oreille : le bruit s'éloignait. Presque au même instant, on reçut un courrier de M. de Valcreuse. Les choses avaient changé de face, grâce à un secours inespéré, envoyé par Charette ; la colonne républicaine, battant en retraite à son tour, était rejetée sur Challans, d'où Hector comptait bien la déloger le soir même, si elle n'était pas complétement écrasée avant d'y arriver.

Dans la soirée, on vit arriver le convoi des blessés recueillis sur le théâtre du dernier engagement et dirigés sur le château, d'après les ordres d'Hector. Des matelas étaient déjà étendus dans les salles du rez-de-chaussée. Alors se passa une de ces scènes déchirantes qui suivent la victoire aussi bien que la défaite : les mères, les filles, les épouses, étaient accourues à la suite du convoi pour reconnaître leurs fils, leurs pères, leurs maris. Elles allaient de l'un à l'autre, et, lorsqu'elles avaient reconnu quelqu'un des êtres qu'elles cherchaient, elles poussaient des cris désespérés et maudissaient les bleus, comme si les bleus, demeurés sur le champ de bataille, n'avaient pas, eux aussi, des mères, des filles et des épouses.

Gabrielle, Irène, mademoiselle Armantine et l'abbé parcouraient les salles, suivis des serviteurs qui portaient dans des corbeilles du linge et de la charpie. L'abbé qui avait appris à panser les plaies du corps aussi bien que les plaies de l'âme, examinait les blessures et posait le premier appareil, tandis qu'Irène, Gabrielle, mademoiselle Armantine essayaient, par de douces paroles, de rassurer, de consoler les femmes éplorées.

Toutes les blessures étaient graves, tous avaient été frappés par devant. Quelques-uns semblaient déjà inanimés ; d'autres, dont les forces n'étaient pas encore complétement épuisées, tenaient leurs chapelets entre leurs doigts défaillants et murmuraient à voix basse leurs prières. Pas un ne se plaignait, pas un ne maudissait la cause pour laquelle il venait de verser son sang. L'abbé, témoin de cette héroïque résignation, s'approchait d'eux avec respect, et, tout en leur distribuant les consolations évangéliques, se demandait ce qu'il pouvait enseigner à ces héros, à ces martyrs.

Dans le fond d'une salle était étendu un blessé enveloppé tout entier d'un manteau. Une de ses mains, blanche, livide, pendait sur le bord de la couche où il avait été placé.

L'abbé prit cette main pendante, interrogea le pouls, et, sentant qu'il battait encore, ouvrit le manteau, écarta les vêtements et chercha la blessure.

La blancheur de la poitrine, la finesse du linge ensanglanté, disaient clairement qu'il avait sous les yeux un chef vendéen. Il prit une lampe des mains d'un serviteur, se pencha sur le visage, tressaillit et devint pâle comme le visage qu'il contemplait.

Cependant, maîtrisant son émotion et cachant sous un pan de manteau les traits qu'il venait de découvrir, il donnait à voix basse l'ordre de transporter le blessé à la ferme, quand Irène, Gabrielle et mademoiselle Armantine, qui le suivaient à quelques pas de distance, s'approchèrent à leur tour.

— Éloignez-vous, leur dit l'abbé. C'est un malheureux qui, bientôt, n'aura plus besoin de nos soins.

Et d'une main tremblante il essayait de les écarter; mais Irène, qui avait aperçu le manteau du blessé, saisie d'un pressentiment cruel, repoussa l'abbé et s'avança résolûment.

Elle découvrit le visage et tomba sans vie dans les bras de l'abbé. Mademoiselle Armantine jeta un cri d'effroi ; Gabrielle s'était agenouillée au pied de la couche, comme une statue sur un tombeau.

XXVI

Depuis que M. de Kernis avait mis le pied sur la terre étrangère, il ne vivait plus que pour une seule pensée : il comprenait que tout était désormais fini entre lui et la femme qu'il aimait. Il n'avait plus qu'un seul devoir à remplir : se mettre, dès qu'il le pourrait, à la disposition de M. de Valcreuse. Il s'était senti petit devant Hector, et avait voilé dans son cœur l'image de Gabrielle. Il croyait ainsi offrir à M. de Valcreuse une sorte de réparation anticipée. Dès qu'il avait appris l'insurrection de la Vendée, il avait cherché avidement l'occasion de rentrer en France : mais cette occasion ne s'était pas présentée.

Pour accomplir sa promesse, pour dégager sa parole, M. de Kernis se fût volontiers exposé aux périls les plus imminents ; il n'avait pas trouvé de patron qui consentît à le transporter. Il passait une partie de ses journées à se promener sur la grève, les yeux tournés vers les côtes de France. Il se disait qu'il y avait là un homme qu'il avait offensé, qui l'attendait, qui s'étonnait peut-être de ne pas le voir arriver, et, dans son impatience, il maudissait les obstacles qui le retenaient. Enfin, sachant que l'insurrection était maîtresse du pays, que Noirmoutiers était au pouvoir de Charette, que la baie de Bourgneuf était libre, il partit. Il débarqua le matin même où l'armée royaliste venait de reprendre Machecoul et refouler la colonne républicaine jusqu'au delà de Port-Saint-Père. Il entra dans Machecoul, encombré de morts et de blessés, au moment où Charette envoyait un détachement de cavalerie au secours de M. de Valcreuse. M. de Kernis était armé ; il demanda un cheval et se mêla aux cavaliers qui se dirigeaient vers Challans.

Malgré l'ardeur de ses convictions politiques, malgré son dévouement à la cause royaliste, ce n'était pas pour la servir qu'il allait à Challans, mais pour rencontrer M. de Valcreuse. Il n'avait pas l'intention de se battre, car il regardait sa vie comme ne lui appartenant plus, et il se fût fait scrupule de l'exposer, avant de l'avoir offerte à l'homme qui en était le maître. Cependant, exalté, enivré par le bruit du canon, par l'odeur de la poudre, il oublia sa résolution et se jeta un des premiers sur le flanc de l'ennemi. Un des premiers il mit le désordre dans les rangs républicains, et déjà il avait changé la face des choses, lorsqu'il tomba grièvement blessé. Aucun de ceux qui l'avaient vu combattre ne le connaissait; mais tous s'accordaient à lui décerner l'honneur de la journée. Plus d'une fois, pendant l'action, il avait poussé son cheval du côté de M. de Valcreuse, sans réussir jamais à le rejoindre; la mêlée les avait séparés. Atteint d'un coup de feu à la poitrine, il demeura sur le champ de bataille, et ne fut relevé qu'au moment où le convoi se mettait en marche pour le château. Il avait perdu connaissance, et, lorsqu'il arriva, il paraissait inanimé. Ceux qui l'avaient déposé dans une des salles, le regardaient comme mort, et l'avaient enveloppé de son manteau, afin de dérober aux blessés placés près de lui la vue d'un cadavre.

En le reconnaissant, l'abbé ne fut pas seulement saisi de compassion pour ce jeune homme qu'il avait aimé; il frémit d'épouvante en le revoyant sous le toit d'Hector, sous ce toit qu'il avait rempli, qu'il pouvait remplir encore de tant de douleur. Sa première pensée fut de l'envoyer à la ferme, pour le cacher à tous les yeux; sa prudence échoua contre la curiosité d'Irène. Il insista pourtant, mais, aux premiers mots, mademoiselle Armantine se révolta.

— Y pensez-vous, monsieur l'abbé ? s'écriat-elle d'une voix indignée; y pensez-vous ? M. de Kernis soigné à la ferme, M. de Kernis qui a été notre hôte pendant si longtemps? Que dirait mon frère à son retour? Il s'étonnerait à bon droit de voir qu'en son absence, on pratique ainsi les devoirs de l'hospitalité. M. de Kernis à la ferme ! je n'y consentirai jamais. Je veux qu'il se réveille demain dans le plus bel appartement du château.

— Je croyais, répliqua l'abbé, qu'en l'absence d'Hector...

— En l'absence d'Hector, c'est moi qui le remplace, et, je vous le répète, c'est ici, c'est par nous que ce jeune homme sera soigné ; je suis sûre d'avance de l'approbation de mon frère.

Pour ceux, en effet, qui ne savaient pas ce qui s'était passé entre Hector et M. de Kernis, rien n'était plus simple que le parti auquel s'arrêtait mademoiselle Armantine ; plusieurs chefs vendéens avaient été soignés au château. Dans ce temps de troubles, on n'avait guère le temps de se montrer sévère sur les convenances ; l'abbé, en résistant davantage, devait craindre d'éveiller les soupçons de mademoiselle de Valcreuse et des serviteurs, déjà instruits de la présence de M. de Kernis.

Tandis que mademoiselle Armantine donnait des ordres pour préparer la chambre où M. de Kernis allait être transporté, tandis que l'abbé songeait avec terreur à cette nouvelle complication, Gabrielle et Irène, assises près du blessé, réchauffaient dans leurs mains ses mains glacées. Un instant, M. de Kernis ouvrit les yeux, regarda tour à tour les deux cousines, puis les referma presque aussitôt. En voyant qu'il respirait encore, toutes deux laissèrent échapper un cri de joie. En ce moment, Gabrielle était bien loin d'envisager les nouveaux malheurs que pouvait entraîner le retour inattendu de M. de Kernis ; elle n'avait qu'une seule pensée : il était blessé, mortellement peut-être ; il fallait le sauver à tout prix. Elle oubliait le ressentiment légitime de son mari, elle oubliait le passé tout entier et ne sentait qu'une seule chose : M. de Kernis était blessé.

Quand M. de Kernis eut été transporté dans la chambre qu'on venait de lui préparer, l'abbé, en examinant la blessure, reconnut que, malgré sa gravité, elle était moins dangereuse qu'il ne l'avait pensé d'abord. La balle n'avait pas pénétré dans la poitrine : elle avait glissé sur les côtes, et n'avait labouré que les chairs. Une hémorrhagie abondante avait amené la syncope, qui durait encore. Mademoiselle Armantine, Irène, Gabrielle et l'abbé, rangés autour de son lit, attendaient avec anxiété qu'il reprît connaissance. Enfin, il ouvrit les yeux pour la seconde fois, et promenant sur eux un regard étonné :

— Où suis-je ? dit-il d'une voix mourante. Que s'est-il passé? Est-ce un rêve?.... Est-ce vous, mademoiselle Armantine?.... Est-ce vous, mon cher abbé?....

Puis se tournant vers Irène et Gabrielle, penchées toutes deux sur son chevet :

— Est-ce vous, ajouta-t-il, vous que je n'espérais plus revoir?

En un instant, il entrevit toute la réalité : il était à Valcreuse, chez l'homme qu'il avait offensé ; il avait près de lui la femme dont il avait ruiné le bonheur, dont il allait peut-être encore une fois compromettre le repos; sa tête était si affaiblie que toutes ses pensées se confondirent bientôt, et qu'il n'eut pas la force de les suivre et de les fixer. Ses paupières appesanties s'abaissèrent et il s'endormit en souriant, comme s'il eût revu dans ses rêves les visages qui l'entouraient; mais le lendemain, à son réveil, quand il eut rassemblé ses souvenirs, il comprit nettement ce qu'il n'avait fait qu'entrevoir la veille. Dans son trouble, il fit un mouvement pour se lever; la douleur le cloua sur son lit. En se retournant, il aperçut l'abbé qui avait passé la nuit près de lui, et qui, la tête entre ses mains, s'abîmait dans ses réflexions. Il l'appela d'une voix brève, et lui prenant le bras :

— Mon ami, dit-il, je ne peux pas, je ne veux pas rester ici un instant de plus. Quelle que soit la gravité de ma blessure, en quelque état que je me trouve, faites-moi porter hors du château. C'est mon droit, c'est votre devoir. Ne me demandez aucune explication : le temps presse, nous n'avons pas un instant à perdre. Faites-moi porter hors du château, je vous en prie, je le veux, je l'exige.

— Vous devez rester ici, monsieur le comte, répondit tristement l'abbé. Si funeste qu'ait été, si funeste que puisse encore être votre présence dans cette maison, vous ne pouvez pas la quitter.

— Je vous dis, reprit M. de Kernis d'une voix impérieuse, que je ne dois pas rester ici un instant de plus. Vous ne savez rien, vous ne comprenez pas pourquoi je parle ainsi.

— Je sais tout, dit l'abbé, madame de Valcreuse m'a tout appris.

— Eh bien ! si vous savez tout, répliqua M. de Kernis, comment pouvez-vous hésiter ?

— C'est que je sais aussi des choses que vous ignorez, monsieur le comte. A mon tour, je vous le répète, vous ne pouvez pas, vous ne devez pas sortir d'ici.

En quelques mots, l'abbé lui raconta ce qui s'était passé, et lui montra que, dans l'état où il était, il ne pouvait partir sans éveiller les soupçons de tout le monde, sans détruire tout ce que M. de Valcreuse avait fait pour l'honneur de Gabrielle et de sa maison.

Tandis que M. de Kernis se débattait contre la nécessité qui l'étreignait de ses liens de fer, mademoiselle Armantine et Irène étaient entrées dans sa chambre ; leur présence mit fin à l'entretien. Mademoiselle Armantine, dont les craintes étaient presque entièrement calmées, n'avait pas cru pouvoir se dispenser de faire quelques frais de toilette pour se présenter chez son hôte. Irène n'avait d'autre parure que l'émotion qui colorait son frais visage. A peine remise de l'inquiétude de la veille, joyeuse du retour de l'homme qu'elle aimait, ses yeux exprimaient naïvement les deux sentiments qui se partageaient son cœur. M. de Kernis leur tendit la main, et d'une voix qu'il s'ifforçait de rendre calme :

— Pardonnez-moi, Mademoiselle, dit-il à mademoiselle de Valcreuse ; je suis un embarras pour vous. Je regrette qu'on m'ait amené ici ; ma blessure n'est pas grave, je pourrais sans danger être transporté dans une ferme voisine.

— C'est l'abbé, je le jurerais, s'écria mademoiselle Armantine, — et elle lançait à l'abbé un regard foudroyant ; c'est l'abbé qui vous a mis en tête ces belles idées.

— Vous vous trompez, Mademoiselle, reprit doucement l'abbé. Quand vous êtes entrée, j'étais en train de prouver à M. le comte qu'il ne pouvait sortir d'ici sans nous désobliger tous.

— Ce n'est pas là ce que vous pensiez hier soir, répliqua mademoiselle Armantine ; car, si j'arrivais un instant plus tard, vous faisiez porter M. de Kernis à la ferme, et je n'en savais rien.

— L'abbé avait raison, dit M. de Kernis ; c'était peut-être le parti le plus sage.

— Eh quoi ! dit Irène à son tour, vous est-il donc si cruel de demeurer au milieu de nous ? Votre blessure est peu grave ? tant mieux ; votre convalescence sera prompte, et nous ferons tout ce qui dépendra de nous pour en abréger les heures. Ne vous sera-t-il pas doux de nous voir chaque jour à votre chevet ?

— A la ferme ! à la ferme ! monsieur de Kernis à la ferme ! répétait mademoiselle Armantine ; il n'y a que l'abbé pour avoir ces idées-là. Je voudrais bien savoir ce que mon frère dirait à son retour. Je suis sûre, monsieur le comte, qu'Hector sera enchanté de vous trouver chez lui. Je lui ai si souvent parlé de vous !

— Et moi aussi, s'écria ingénument Irène.

Oh ! il vous connaît bien ; vous êtes presque de la famille.

— D'ailleurs, poursuivit mademoiselle Armantine, n'est-ce pas à ses côtés que vous avez été blessé ? n'est-ce pas en combattant pour notre sainte cause ? Vous faisiez partie, sans doute, du détachement envoyé par M. Charette au secours de mon frère.

Et, comme M. de Kernis faisait mine de vouloir l'interrompre :

— Taisez-vous, dit-elle en lui fermant la bouche du revers de sa belle main blanche ; taisez-vous, je ne veux rien entendre, vous êtes mon prisonnier.

L'abbé qui, pendant cet entretien, souffrait pour lui-même et pour M. de Kernis, quitta la chambre et se rendit chez Gabrielle, prévoyant bien qu'elle devait être, à cette heure, en proie à de mortelles angoisses. En effet, il la trouva dans un état d'exaltation impossible à décrire.

— Nous sommes perdus, s'écria-t-elle en l'apercevant, nous sommes perdus. Pourquoi vous êtes-vous rendu aux folles remontrances de ma belle-sœur ? Pourquoi n'avez-vous pas éloigné à tout prix M. de Kernis ? M. de Valcreuse veut le tuer, ne le savez-vous pas ? Ils se battront, et Hector le tuera.

— Je connais Hector, dit l'abbé ; je réponds de lui. J'ai lu dans son cœur ; il n'a plus maintenant ni haine ni colère. Il n'a désormais qu'une seule pensée, la cause qu'il défend. Il ne tuera pas M. de Kernis ; il a renoncé à sa vengeance.

— Il nous a trompées, il s'est trompé lui-même.

Vous croyez qu'il a renoncé à se venger; moi aussi je l'ai cru, mais j'étais folle de le croire. Moi aussi, je le connais; il est grand, il est généreux, mais il est terrible, et quand il reverra chez lui l'homme avec qui je m'enfuyais, que voulez-vous qu'il fasse? Il le tuera.

— Vous calomniez Hector.

— Eh! comment voulez-vous que sa colère ne se réveille pas tout entière, quand il retrouvera ici l'homme dont la vie lui appartient, l'homme qui a porté dans sa famille le trouble et la désolation?

— Vous n'avez été qu'égarée, Hector le sait, mon enfant. Vous vous êtes relevée dans son cœur; il vous rend enfin justice.

— Il me croit perdue sans retour, répondit Gabrielle avec désespoir. Je ne suis pas dupe de sa bonté: il n'a pour moi que de la pitié, et sa pitié m'humilie encore plus que sa dureté. Et lors même que sa bonté pour moi serait sincère, lors même qu'il m'aurait rendu son estime, la vue de M. de Kernis près de moi ne suffira-t-elle pas pour ranimer ses soupçons, ses projets de vengeance? Il aura beau savoir que M. de Kernis est revenu ici malgré lui, malgré moi, dès qu'il nous verra réunis sous le même toit, sa raison s'égarera, son sang s'enflammera; il n'écoutera plus que son ressentiment. Nous sommes perdus, vous dis-je, et, s'il le tue, il faut qu'il me tue avec lui.

Et comme l'abbé la regardait avec stupeur:

— Je ne veux pas, poursuivit-elle, je ne veux pas d'un pardon qu'il ne partagerait pas. Si M. de Valcreuse le tue, il faudra qu'il nous tue tous deux.

— Peut-être, dit l'abbé d'une voix qui s'accordait mal avec le sens de ses paroles, peut-être tout n'est-il pas désespéré. Plus d'une fois déjà M. de Valcreuse est resté une semaine entière hors de son château. S'il tarde encore quelques jours, M. de Kernis sera guéri ; Hector, en rentrant, ne le trouvera plus.

— Oui, dit Gabrielle qui saisissait avidement cette espérance, oui, mon Dieu ! vous avez raison. Je parlerai à M. de Kernis, nous lui parlerons ensemble. Nous lui dirons que M. de Valcreuse a pardonné, mais qu'ils ne doivent plus se rencontrer. Oh ! nous le convaincrons, nous le sauverons, n'est-ce pas ?

Tandis qu'elle prononçait ces paroles, sa figure rayonnait, quand tout à coup on entendit le galop d'un cheval qui s'arrêta dans la cour. Gabrielle et l'abbé coururent à la fenêtre : c'était M. de Valcreuse.

XXVII

L'abbé courut au-devant d'Hector et le rencontra sur la dernière marche du perron. M. de Valcreuse, malgré l'avantage qu'il venait de remporter, était sombre et préoccupé. La guerre prenait un caractère de plus en plus alarmant : sa famille venait d'échapper à un grand désastre, il le comprenait ; tôt ou tard il faudrait lui trouver un refuge. L'armée républicaine gagnait tous les jours du terrain. Déjà le château n'offrait plus un abri sûr; il suffisait d'un échec du parti royaliste pour le livrer au massacre et à l'incendie. Hector revenait, agité par ces tristes pressentiments. L'abbé l'arrêta sur le seuil de la porte et l'entraîna dans une allée du parc. Il portait lui-même sur le front une inquiétude qui ne pouvait échapper à l'œil de M. de Valcreuse.

— Qu'avez-vous, mon ami? demanda Hector; que s'est-il passé en mon absence?

— Vous m'avez dit, mon enfant, que vous n'aviez plus ni haine ni colère; vous en souvenez-vous?

— Oui, mon ami, je l'ai dit et je ne l'ai pas oublié.

— La vérité s'est-elle fait jour, tout ressentiment s'est-il éteint dans votre cœur? Avez-vous pardonné?

— Je vous l'ai dit, mon ami, je n'ai plus ni haine ni colère.

— Eh bien! mon enfant, Dieu a voulu vous éprouver.

— Qu'y a-t-il? quel nouveau malheur est venu fondre sur moi?

— Êtes-vous sûr de vous-même, Hector? Pouvez-vous répondre des mouvements de votre âme?

— Au nom de Dieu, parlez.

— Eh bien! mon enfant, l'homme qui vous a cruellement offensé, par qui vous avez tant souffert, M. de Kernis est là, chez vous, sous votre toit.

— Lui, chez moi! dans ma maison! Ah! c'est trop me braver, s'écria M. de Valcreuse. Non, c'est impossible; je devais le rencontrer, il me l'avait promis; mais ce n'est pas chez moi qu'il serait venu me chercher. S'il eût osé se présenter, vous ne l'auriez pas reçu, vous ne m'auriez pas outragé à ce point.

En ce moment, le visage de M. de Valcreuse était pâle; ses yeux flamboyaient. L'orage qui grondait dans son cœur, et qu'il contenait encore, allait éclater.

— Est-ce donc là, mon enfant, ce que vous m'avez promis? Vous n'aviez plus ni haine ni colère, et voilà qu'à la première étincelle, la haine et la colère se rallument en vous.

— Malheureux! s'écria Hector, quel sang croyez-vous donc qui coule dans mes veines! Pensez-vous que je sois de marbre? pensez-vous que mon cœur soit mort ou glacé? Il est là, dites-vous, il est chez moi, et vous voulez que je demeure impassible; il est là, chez moi, près d'elle, et vous voulez que je vous écoute froidement, sans frémir d'indignation! Le lâche! sans doute, il comptait sur mon absence; mais je ne suis plus au fond de l'Inde. Je ne le cherchais pas; j'en prends Dieu à témoin, je ne l'attendais plus. Malheur à lui, puisqu'il est venu! puisqu'il est là, chez moi, malheur à lui!

— M. de Kernis est blessé, dit l'abbé, il a été rapporté chez vous sans connaissance. Je voulais l'envoyer à la ferme, je voulais le cacher à tous les yeux; votre sœur, qui l'avait reconnu, n'a pas consenti à le laisser partir. Ce matin, en s'éveillant, il insistait pour s'éloigner, au péril de sa vie; mais il était trop tard, et moi-même j'ai dû m'y opposer, pour prévenir les soupçons de votre sœur, de mademoiselle Irène, pour prévenir les commentaires des serviteurs. Ce que j'ai fait, Hector, ne l'eussiez-vous pas fait à ma place ?

A ces mots, la colère de M. de Valcreuse s'éteignit comme un feu de chaume sous une large ondée; il ne resta plus en lui qu'un profond sentiment de tristesse. Il demeura longtemps silencieux ; l'abbé le regardait avec anxiété.

— Du courage, mon enfant, lui dit-il ; sois fort, montre-toi digne des épreuves que Dieu t'envoie. Les grandes douleurs viennent du ciel et nous y ramènent ; Dieu ne les inflige qu'aux grandes âmes.

— Allons, dit enfin M. de Valcreuse avec un geste d'héroïque résignation, Dieu est pour eux : il les protége, il les réunit. Accomplissons jusqu'au bout la tâche qui m'est échue ; venez, mon ami, allons voir cet hôte fatal.

Mademoiselle Armantine et Irène étaient assises au chevet de M. de Kernis, quand la porte s'ouvrit ; M. de Valcreuse entra, suivi de l'abbé. M. de Kernis fit un brusque mouvement pour se lever sur son séant; mademoiselle Armantine et Irène s'étaient déjà jetées dans les bras d'Hector.

— Mon frère, dit mademoiselle Armantine le prenant par la main et l'entraînant près du lit: M. de Kernis, de qui je vous ai si souvent parlé. C'est en combattant pour notre sainte cause, qu'il a été frappé; débarqué depuis quelques heures seulement, il faisait partie du détachement envoyé par M. Charette.

— Convenez, mon cousin, dit Irène, que M. de Kernis n'a pas perdu de temps.

— Vous voyez, mon frère, que je ne vous avais pas trompé, ajouta mademoiselle Armantine, en vous disant que notre hôte était la fleur de la chevalerie.

— Ainsi, monsieur le comte, dit Hector, c'est vous qui avez ramené la victoire dans nos rangs ; c'est à vous, c'est à votre valeur que nous devons le succès de la journée. J'ignorais votre nom, mais je savais que vous étiez débarqué le matin même dans la baie de Bourgneuf. Vous vous êtes battu comme un lion; tous ceux qui vous ont vu à l'œuvre parlent encore des coups que vous portiez. Quand l'affaire a été décidée, ne vous voyant pas reparaître, nous vous avons cru mort, et déjà le deuil était dans tous les cœurs. Il m'est doux de vous retrouver; il n'est personne qui ne s'honorât de vous prodiguer les soins que votre état réclame.

— Eh bien! le croirez-vous, mon frère? s'écria mademoiselle Armantine ; l'abbé voulait faire transporter notre malade à la ferme ! Pour m'opposer à ce projet insensé, il m'a fallu invoquer votre nom; il m'a fallu lui rappeler que je tiens ici votre place.

— L'abbé avait raison, mademoiselle, dit M. de Kernis, qui contenait à grand'peine son impatience. Monsieur, ajouta-t-il s'adressant à Hector, je suis heureux d'avoir pu vous rendre service. Cependant, je dois vous le dire, ce n'est pas pour prendre part à une bataille que j'étais rentré en France; j'étais venu pour accomplir un devoir sacré, et, si je me réjouis de n'être pas resté parmi les morts, c'est parce que je pourrai l'accomplir.

A ces mots, un éclair de joie illumina le front de mademoiselle Armantine ; un gracieux sourire effleura ses lèvres. Irène elle-même se sentit doucement émue. Mademoiselle Armantine ne doutait plus que M. de Kernis ne fût revenu pour demander la main d'Irène; Irène n'était pas éloignée de le croire.

— Avouez, mon frère, dit mademoiselle de Valcreuse, avouez que j'ai bien fait de tenir tête à l'abbé et de vous ménager, pour le retour, cette aimable surprise.

Il eût été facile à Hector de prolonger le supplice de M. de Kernis, en laissant l'entretien s'engager dans cette voie, en l'y poussant lui-même ; mais une telle vengeance répugnait à son grand cœur. Il souffrait dans sa dignité personnelle, il souffrait dans la dignité de ce jeune homme ; il s'empressa de couper court à ces propos, qui étaient, pour lui et pour M. de Kernis, autant de flèches empoisonnées. Il amena la conversation sur la guerre, et M. de Kernis, qui devina son intention, lui rendit grâces au fond de son âme. Mademoiselle Armantine qui au milieu des troubles de ces temps malheureux, n'avait jamais oublié de faire trois toilettes par jour, et que les questions stratégiques intéressaient d'ailleurs médiocrement, se retira suivie d'Irène. L'abbé, dominé par un sentiment de défiance, feignit de ne pas comprendre le regard de M. de Kernis qui voulait l'éloigner. Dès qu'ils furent seuls tous trois, les physionomies changèrent brusquement d'expression, et la conversation de sujet. M. de Valcreuse se leva, et M. de Kernis prit la parole.

— Vous savez, Monsieur, dit-il avec dignité, comment je me trouve ici ; croyez bien, je vous prie, que j'en souffre autant que vous. Vous savez aussi pourquoi je suis revenu ; le devoir sacré qu'il me reste à remplir, vous le connaissez. Il n'a pas dépendu de moi de vous offrir plus tôt la réparation que vous avez le droit d'attendre. Dans quelques jours, je l'espère, je vous la donnerai complète, telle que vous pouvez la souhaiter.

A ces mots l'abbé attacha sur Hector un regard inquiet.

— Monsieur le comte, répondit M. de Valcreuse, vous aviez promis de venir, vous êtes venu, c'est bien. A cette heure, vous êtes blessé, vous êtes mon hôte ; votre guérison doit seule nous préoccuper. Quant au but de votre voyage, nous en parlerons dès que vous serez rétabli.

M. de Kernis ne répondit que par un geste d'assentiment et de déférence.

— Je regrette, monsieur le comte, ajouta M. de Valcreuse, de ne pouvoir rester plus longtemps près de vous. Je vais où le devoir m'appelle ; mais mon absence ne sera pas de longue durée et nous nous reverrons bientôt.

En achevant ces paroles, il s'inclina et sortit, entraînant l'abbé. Il descendit dans la cour où se trouvait son cheval encore sellé.

— Mon ami, dit-il à l'abbé d'un ton bref, vous direz qu'un courrier arrivé à l'instant m'oblige à partir sans délai. Faites mes adieux à ma sœur, à Irène.

Déjà il avait le pied dans l'étrier.

— Mais, Gabrielle, demanda l'abbé, partirez-vous donc sans la voir ?

Hector sauta en selle et partit au galop.

L'abbé, justement alarmé des paroles échangées entre Hector et M. de Kernis, comprenant que la présence de ce jeune homme venait de réveiller toute la douleur, tout le ressentiment de M. de Valcreuse, et que Gabrielle attendait avec anxiété le récit de cette périlleuse entrevue, se rendit chez elle en toute hâte. Madame de Valcreuse, placée à sa fenêtre, avait vu partir son mari, et devinait sans peine dans quels sentiments il s'éloignait.

— Il part, s'écria-t-elle, le visage baigné de larmes, en apercevant l'abbé ; il part, il veut nous épargner le reproche de sa présence ; il croit que nous ne pouvons devant lui nous regarder sans rougir; sa générosité est encore un outrage. Parti sans me voir, sans me dire un mot d'adieu... ne vous a-t-il rien dit pour moi ?

— Rien, mon enfant, répondit tristement l'abbé.

— Rien, répéta Gabrielle consternée ; mais vous étiez présent à leur entrevue ? Qu'ont-ils dit ? ne cachez rien, je veux tout savoir. M. de Valcreuse a-t-il été bien terrible ? Devant vous, il se sera contenu. Je le connais, il est noble, il est grand ; il aura voulu ménager un ennemi blessé ; mais avez-vous épié son regard ? mais, dans ses yeux, n'avez-vous pas lu sa pensée ?

— Rassurez-vous, ma fille, répondit l'abbé, qui

tâchait d'inspirer à Gabrielle une confiance qu'il n'avait pas lui-même ; rassurez-vous, Hector et M. de Kernis ont été ce qu'ils devaient être. Ce matin, vos craintes étaient exagérées ; prenez confiance, ne désespérez pas de l'avenir.

Madame de Valcreuse secoua la tête en signe d'incrédulité.

— Et puis, mon enfant, reprit l'abbé, pourquoi donc s'inquiéter si obstinément de l'avenir? Qui sait où nous serons demain ?

— Partir sans me voir, sans me dire un mot d'adieu ! murmura Gabrielle d'un air sombre. Vous avez raison, mon ami : chaque jour se lève comme une menace nouvelle ; nous ne savons pas où demain nous reposerons notre tête. Eh bien ! c'est parce que l'avenir même le plus prochain ne nous appartient pas, qu'il a été cruel de partir ainsi. A-t-on le droit d'être cruel, quand on n'est pas sûr de se revoir ?

En ce moment, Irène entra, vive, alerte, joyeuse comme en ses plus beaux jours.

— Viens, dit-elle gaiement à sa cousine en lui passant les bras autour du cou, mademoiselle Armantine t'accuse déjà d'indifférence ; viens au chevet de notre cher malade. Tu sais que ta belle-sœur l'a présenté à ton mari. Si tu avais entendu comme Hector lui parlait ! M. de Kernis s'est battu hier comme un lion ; Hector s'y connaît, et c'est lui-même qui l'a dit. Allons, viens ; M. de Kernis s'étonnerait à bon droit de ne pas te voir.

Gabrielle jeta sur l'abbé un regard de détresse.

— Mademoiselle Irène a raison, dit l'abbé ; venez, madame.

Et il offrit son bras à Gabrielle qui se soutenait à peine. Pâle, tremblante, on eût dit qu'elle marchait au supplice. Irène la précédait en courant, légère comme une gazelle. Il y eut un instant où madame de Valcreuse, se sentant défaillir, s'arrêta et fit un mouvement comme pour retourner en arrière, mais l'abbé l'entraînant :

— Venez, ma fille, venez, lui dit-il, c'est votre devoir.

— Mon devoir, demanda Gabrielle, en êtes-vous bien sûr ?

— Oui, ma fille ; faites pour Hector ce qu'il a fait pour vous. Que penserait Irène, que penserait mademoiselle Armantine, si vous ne paraissiez pas au chevet de M. de Kernis? Je comprends votre douleur ; acceptez-la comme une expiation. Venez, mon enfant, venez, répéta-t-il. Pourquoi trembler? Votre défaillance vous calomnie ; n'êtes-vous pas guérie de votre égarement ?

A ces mots, madame de Valcreuse n'hésita plus, releva la tête et suivit l'abbé d'un pas assuré. En entrant, ils trouvèrent Irène, qui déjà avait rejoint mademoiselle Armantine. L'abbé conduisit Gabrielle au chevet du malade, qui avait tressailli au bruit de leurs pas.

— Vous, Madame ! dit M. de Kernis avec l'accent du respect le plus profond. Je suis un sujet de trouble dans votre maison ; me le pardonnez-vous ?

Et, en parlant ainsi, il lui tendait la main.

Madame de Valcreuse prit la main de M. de Kernis, et, après l'avoir tenue quelques instants sans proférer une parole, la mit dans la main d'Irène.

Mademoiselle Armantine, témoin de cette scène, se sentit attendrie jusqu'aux larmes

— Regardez-les, dit-elle à l'abbé qu'elle avait entraîné dans l'embrasure d'une fenêtre; connaissez-vous un tableau plus charmant! Enfin, tous mes vœux sont comblés. Gabrielle a deviné comme moi la passion mutuelle de ces deux jeunes gens. Ils s'aiment, ils se sont compris, ils sont heureux. Vienne la paix, qui ne saurait tarder longtemps, rien ne manquera plus désormais à notre bonheur.

L'abbé l'écoutait avec étonnement.

— Et pourtant, ajouta mademoiselle Armantine, vous vouliez l'envoyer à la ferme !

XXVIII

La blessure de M. de Kernis était fermée; mais il n'était pas encore complétement rétabli. Irène et mademoiselle Armantine l'entouraient de soins touchants; elles passaient près de lui la meilleure partie de la journée, et la soirée tout entière. Le jour, elles travaillaient et tâchaient d'égayer sa convalescence par des entretiens sans fin; le soir, Irène faisait la lecture. Mademoiselle Armantine, convaincue désormais que tous ses vœux allaient être comblés, avait retrouvé toute la vivacité, toute la verve de ses belles années. Oubliant avec une facilité merveilleuse la réalité pour la fiction, elle voyait dans M. de Kernis un chevalier blessé pour la défense de sa dame; parfois, dans ses rêves poétiques, elle allait jusqu'à croire que c'était pour elle-même qu'il avait combattu; mais, ramenée bientôt au sentiment de la vérité par la présence d'Irène, elle s'effaçait généreusement et soupirait tout bas. Pour se consoler, elle répétait les vieilles histoires qu'elle laissait dormir depuis quelque temps, et que M. de Kernis, en hôte courtois, en auditeur résigné, saluait comme de nouvelles connaissances.

Madame de Valcreuse se mêlait rarement à leurs réunions. De loin en loin elle paraissait au chevet de M. de Kernis, toujours accompagnée de l'abbé, et se retirait au bout de quelques instants. L'état de sa santé, qui n'avait pu résister à tant d'assauts, suffisait à expliquer la rareté et la courte durée de ses visites. Elle arrivait pâle, chancelante, se soutenant à peine, et rentrait dans sa chambre, accablée, essayant vainement de se reconnaître au milieu des préoccupations confuses et tumultueuses qui l'assiégeaient. Elle tremblait à la fois pour M. de Kernis qui, à peine rétabli, allait se trouver exposé à la vengeance de M. de Valcreuse, et pour M. de Valcreuse dont la vie était chaque jour en péril. Cependant l'image de son mari, comme un phare allumé dans la tempête, dominait toutes ses pensées. C'était pour lui surtout qu'elle tremblait. Pendant le jour, parfois même au milieu de la nuit, elle entendait le bruit de la fusillade lointaine, et elle se disait que peut-être à cette heure son mari succombait. Pourquoi était-il parti sans la voir? pourquoi ne revenait-il pas? L'abbé partageait toutes les angoisses de Gabrielle; il ne la quittait guère et s'efforçait de la rassurer, mais lui-même sentait l'espoir s'affaisser dans son cœur.

Un soir, Irène faisait la lecture; mademoiselle Armantine brodait au crochet, M. de Kernis, accoudé sur son oreiller, les regardait à la lueur de la lampe. C'était par une belle soirée d'été; la fenêtre entr'ouverte laissait arriver la senteur des bois et des prés; attirées par la lumière, les phalènes bourdonnaient et se heurtaient aux vitres.

A voir le calme qui régnait dans cette chambre et dans ces belles campagnes éclairées par les rayons de la lune, il eût été difficile de deviner que la guerre civile ensanglantait le pays.

Le livre que lisait Irène, bien que choisi dans la bibliothèque de mademoiselle Armantine, se trouvait être par hasard un livre simple, rempli de sentiments naturels, d'incidents facilement prévus, facilement amenés. La passion s'y exprimait sans effort, sans emphase; l'héroïne agissait et parlait comme tout le monde; en un mot, selon le goût de mademoiselle Armantine, c'était un livre vulgaire. Plusieurs fois déjà elle avait interrompu Irène, et donné cours à son mécontentement, à son ennui, à son dédain; plusieurs fois déjà elle avait exprimé hautement son aversion pour cette composition plate et décolorée, prise dans la nature, empruntée servilement à la réalité, complétement dépourvue du prestige de l'inattendu ; enfin, pour mettre le sceau à cette critique judicieuse, elle s'endormit.

Irène, qui n'avait pas sur la poétique du roman des sentiments aussi fins, aussi délicats que mademoiselle Armantine, s'intéressait ingénument à cette lecture, et, par un instinct commun à toutes les jeunes filles, cherchait dans le cœur de l'héroïne l'image de son cœur. Entraînée par le mouvement du récit, elle ne s'aperçut pas d'abord de l'assoupissement de mademoiselle Armantine ; cependant, arrivée à un passage pareil à ceux que la bonne demoiselle avait déjà relevés avec aigreur, comme elle se préparait à une nouvelle interruption, elle tourna la tête et vit mademoiselle Armantine profondément endormie. Étouffant un éclat de rire, elle regarda M. de Kernis et posa le livre sur ses genoux.

Depuis le jour où elle avait rencontré M. de Kernis pour la première fois, depuis le premier entretien qu'elle avait eu avec lui sur la terrasse vers la fin du bal, Irène ne s'était jamais trouvée seule avec lui ; elle ne put se défendre d'un mouvement de joie.

— Qu'êtes-vous devenu, demanda-t-elle à voix basse, depuis le jour où vous nous avez quittés ? vous ne me l'avez pas encore dit. Que vous est-il arrivé ? Avez-vous du moins pensé à nous ? Loin de nous comment s'écoulaient vos jours ? Nous avez-vous quelquefois regrettés ? Vous êtes-vous quelquefois souvenu de nos longues promenades, de nos douces causeries ? Pour se consoler de l'exil, votre cœur prenait-il quelquefois le chemin de Valcreuse? Vos rêves nous ont-ils visités?

— Mon cœur n'a jamais quitté Valcreuse, répondit M. de Kernis avec un triste sourire.

— Est-ce bien vrai ? ne me trompez-vous pas ? est-ce, de votre part, courtoisie ou franchise ?

— A toute heure, mon âme se tournait du côté de Valcreuse ; c'est là que je vivais tout entier.

— Désiriez-vous revoir ce pays où nous nous sommes rencontrés, où nous avons passé ensemble de si heureuses journées?

— C'était ma seule pensée, mon unique ambition.

A ces mots, Irène se sentit inondée de bonheur. L'éclat joyeux de son regard ne pouvait échapper à M. de Kernis, qui devina sa méprise et s'en affligea.

— Mais, poursuivit Irène, pourquoi donc vouliez-vous nous quitter encore ? Pourquoi, au lieu de rester parmi nous, vouliez-vous aller à la ferme? Ne sommes-nous pas heureuses de vous soigner? ne le comprenez-vous pas? Parfois, je me surprends à craindre que vous ne soyez ingrat. Si vous saviez comme nous étions inquiètes, comme nous tremblions pour vous, tandis que vous étiez caché, attendant l'occasion de gagner la côte et de vous embarquer! Si vous saviez notre anxiété! si vous saviez notre joie quand nous avons appris que vous étiez sauvé! Cependant vous étiez loin de nous, et cette joie n'était pas sans tristesse.

Comme M. de Kernis ne répondait pas, craignant d'encourager dans ce jeune cœur des espérances qui ne devaient pas se réaliser :

— Vous souvenez-vous, ajouta Irène, de cette belle matinée d'avril où nous nous sommes vus pour la première fois ? Je vous vois encore à la portière de notre voiture, me tendant l'éventail que j'avais laissé tomber dans les ajoncs. Je voulais vous remercier, mais vous étiez déjà bien loin. Vous en souvenez-vous ?

— Je ne l'ai pas oublié. Cette matinée restera dans mon cœur comme un des plus frais souvenirs de ma vie.

— Et vous rappelez-vous notre entretien, le soir, sur la terrasse ? J'étais assise sur un mur tapissé de lierre, vous étiez debout devant moi. Vous me parliez, je vous écoutais ; de temps en temps nous nous taisions pour prêter l'oreille au bruit des instruments, ou pour regarder les étoiles qui étincelaient au-dessus de nos têtes.

— Cette soirée restera dans ma mémoire comme une des fêtes les plus charmantes qu'aura traversées ma jeunesse.

— Vous étiez déjà triste, rêveur ; depuis ce jour, je me suis bien souvent demandé la cause de votre tristesse. Maintenant, vous n'êtes plus triste, n'est-ce pas ?

— J'ai bien souffert, répondit gravement M. de Kernis ; la douleur a laissé dans mon âme des traces bien profondes.

— Vous avez souffert, tant mieux ; ceux qui n'ont pas souffert ont-ils besoin d'être aimés ? Notre affection vous consolera ; car vous vous laisserez consoler ? ajouta-t-elle timidement.

Puis, confuse de ce qu'elle venait de dire et ne

voulant pas lui donner le temps de répondre :

— Et le retour, poursuivit-elle, l'avez-vous oublié? Quelle belle nuit ! Vous en souvenez-vous? La voiture roulait lentement et sans bruit entre deux haies d'aubépine en fleurs. Mademoiselle Armantine dormait comme à présent; je songeais..... à quoi? je ne le sais plus, quand tout à coup je vous vis paraître à la portière où j'étais accoudée.

— Oui, quelle belle nuit ! répondit M. de Kernis entraîné malgré lui par la grâce et la fraîcheur de ces souvenirs.

— Nous nous taisions, reprit Irène, mais j'entendais ce que vous ne me disiez pas.

— La belle nuit ! ajouta M. de Kernis avec mélancolie et comme se parlant à lui-même : le ciel était pur, la plaine embaumée ; tout n'était autour de moi que promesses et enchantement ; je crus un instant que je commençais une vie nouvelle.

— Un instant vous l'avez cru; vous vous êtes donc trompé?

— Qui pouvait prévoir alors ce qui devait arriver? qui pouvait pressentir les malheurs suspendus sur nos têtes?

— Cette vie nouvelle qui allait commencer pour vous, vous ne l'espérez donc plus?

— En ces temps de troubles et d'orages, à qui l'espoir est-il permis?

Irène baissa la tête, et deux larmes qu'elle essaya vainement de retenir roulèrent le long de ses joues. M. de Kernis vit ces larmes et comprit avec effroi que ce jeune cœur était atteint plus profondément qu'il ne l'avait pensé. Irène, dans sa douleur, était belle et touchante ; il la regardait en silence, avec un sentiment de compassion qui était presque de la tendresse. Elle m'aime, se disait-il ; si j'avais pu l'aimer, si la fatalité ne m'avait pas rejeté dans le passé, le bonheur était là, je n'avais qu'à étendre la main, et j'ai semé autour de moi la désolation et le désespoir.

Cependant la guerre devenait de plus en plus terrible ; la Convention avait voté un décret qui enjoignait à ses généraux d'écraser la Vendée. Le terme irrévocable était fixé : le 20 octobre, l'insurrection devait être anéantie. Déjà les généraux qui répondaient sur leur tête de l'exécution des ordres qu'ils avaient reçus, se mettaient en mesure ; ils incendiaient sur leur passage les bois, les fermes, les châteaux, et ne laissaient derrière eux que la solitude et la dévastation. Déjà d'Elbée ne tenait plus sous sa main toute la haute Vendée ; Charette occupait encore le Marais ; mais les colonnes républicaines y pénétraient chaque jour plus avant.

Depuis son entrevue avec M. de Kernis, M. de Valcreuse n'avait pas reparu au château ; toutefois, il ne laissait pas passer un seul jour sans envoyer un courrier à sa sœur. Les nouvelles n'étaient pas rassurantes ; les engagements se multipliaient dans le voisinage. Mademoiselle Armantine elle-même perdait toute confiance, et comprenait enfin que, d'un instant à l'autre, il faudrait s'enfuir, se cacher. Cette crainte était devenue le sujet habituel de ses entretiens. Valcreuse était rendu à sa première destination, et tenait garnison. Le pont-levis était levé, les fossés inondés; la nuit, des sentinelles veillaient sur les plates-formes. Un détachement, envoyé par Hector, bivouaquait autour des murs.

M. de Kernis qui entendait chaque jour le récit des dangers auxquels M. de Valcreuse échappait comme par miracle, maudissait son inaction; son impatience allait jusqu'à la honte. Il était rétabli; il aurait pu partir; cependant il attendait son hôte. Il eût craint, en partant, de paraître se soustraire à une obligation sacrée; en restant, il croyait accomplir un devoir.

Un matin, comme il se promenait à grands pas dans sa chambre, les bras croisés sur sa poitrine, s'indignant de son repos et songeant avec amertume, avec colère, au serment qui l'enchaînait, il vit entrer l'abbé.

—Eh bien! demanda-t-il d'une voix ardente, avez-vous des nouvelles de M. de Valcreuse? quand revient-il? l'attendez-vous enfin?

—Je ne sais pas, monsieur le comte, quand nous reverrons Hector; mais vous pouvez, vous devez partir, répondit l'abbé avec autorité.

— Vous n'ignorez pas que ma vie appartient à M. de Valcreuse; si je pars, il croira que je manque à ma promesse. Mon devoir est de l'attendre, et je l'attendrai.

— Il y a quelques jours, monsieur le comte, répondit l'abbé, il y a quelques jours, votre devoir était de rester: aujourd'hui, votre devoir est de partir. Je sais la promesse qui vous lie; mais Hector a pardonné. S'il oublie son ressentiment, ce n'est pas à vous à le réveiller. Au nom de la femme dont vous avez à jamais ruiné le bonheur, au nom de madame de Valcreuse, je viens vous sommer de partir. C'est elle qui m'envoie, c'est elle qui vous parle par ma bouche. Partez, ne cherchez pas à rencontrer Hector. Oui, c'est elle qui m'envoie : n'ajoutez pas un remords à son désespoir; qu'elle n'ait pas à se reprocher un jour le sang versé pour elle.

— La voix de madame de Valcreuse me sera toujours sacrée ; mais que me proposez-vous ? Voulez-vous que je me déshonore ? Que dira monsieur de Valcreuse, s'il ne me retrouve plus chez lui ? Il dira que je lui vole sa vengeance.

— Orgueilleux insensé ! s'écria l'abbé ; crains-tu donc le reproche de lâcheté ? Eh bien ! va montrer ton courage sur le champ de bataille : ce n'est pas à Hector, c'est à notre sainte cause qu'il faut offrir ta vie. Si tu veux mourir, la mort est partout autour de toi : qui t'arrête ? Répare noblement le mal que tu as fait ! Pour expier ta faute, n'oblige pas l'homme que tu as offensé à se souiller d'un crime.

M. de Kernis hésitait.

— Monsieur le comte, reprit l'abbé d'une voix émue, madame de Valcreuse vous supplie de partir.

A ces mots, M. de Kernis n'hésita plus.

— Je partirai, dit-il.

— Ne cherchez pas à rencontrer M. de Valcreuse ; c'est Gabrielle qui vous en supplie.

— Eh bien ! qu'elle soit satisfaite, que sa volonté s'accomplisse ! répéta M. de Kernis avec un geste de résignation douloureuse.

Une heure après, un cheval l'attendait dans la cour. Irène et mademoiselle Armantine ne songeaient pas à le retenir : dans ces temps de luttes héroïques, la place d'un homme de cœur était sur le champ de bataille. Ils étaient tous réunis au salon, et Gabrielle, qui n'avait pu se dispenser de venir recevoir les adieux de M. de Kernis, le remerciait du regard. Enfin délivrée d'une mortelle inquiétude, ses yeux exprimaient toute sa reconnaissance. L'abbé lui-même se réjouissait. Encore quelques instants, et M. de Kernis allait partir; encore quelques instants, et M. de Valcreuse ne retrouvait plus chez lui l'homme qui voulait s'offrir à sa colère, quand tout à coup un pas précipité retentit dans l'escalier. La porte s'ouvrit brusquement. Hector entra couvert de sang et de poussière, et marchant droit à M. de Kernis :

— Vous partiez, monsieur le comte ? Restez; vous allez savoir ce que j'attends de vous.

XXIX

A la vue d'Hector, M. de Kernis seul n'avait pas pâli ; en le voyant paraître, le visage défait, les cheveux en désordre, les vêtements couverts de sang et de poussière, Irène et mademoiselle Armantine avaient été saisies d'effroi; Gabrielle et l'abbé, qui en ce moment n'étaient préoccupés que d'une seule pensée, ne doutaient pas qu'il ne vînt pour se venger. Par un mouvement spontané, ils se jetèrent tous deux entre Hector et M. de Kernis : ils ne savaient pas combien les idées de vengeance étaient loin de ce noble cœur. M. de Valcreuse les écarta doucement.

— Monsieur, dit M. de Kernis avec fermeté, quoi que vous attendiez de moi, vous ne l'attendrez pas longtemps.

M. de Valcreuse, à qui l'émotion et la rapidité de la course avaient coupé la voix, se recueillit pendant quelques instants ; Irène et mademoiselle Armantine, Gabrielle et l'abbé l'entourèrent et attendirent avec une égale anxiété ce qu'il allait dire. M. de Kernis se tenait à quelques pas devant lui, dans une attitude calme et digne.

— Tout est perdu, dit enfin M. de Valcreuse en élevant la voix. La fortune a trahi nos efforts ; encore quelques jours, et la Vendée ne sera plus qu'un monceau de ruines. MM. d'Elbée, de Lescure, de Larochejaquelein tiennent encore le haut pays et se défendent en héros ; mais traqués, harcelés, ils seront écrasés. Je sais déjà qu'on agite dans le conseil de la grande armée le passage de la Loire. S'ils passent la Loire, c'en est fait d'eux. Le paysan vendéen ne se bat bien que chez lui ; loin de son champ, il perd la moitié de son énergie. Ils passeront la Loire, ils y seront forcés, et le jour où ils franchiront cette limite fatale, le foyer de l'insurrection sera éteint ; il n'en restera plus que les cendres dispersées. M. Charette tient encore le Marais ; mais les colonnes républicaines nous envahissent comme la marée montante. Plus d'une fois déjà le canon a grondé à vos portes; plus d'une fois vous avez vu à l'horizon la fumée de la mousqueterie. Tout ce que je pouvais humainement faire pour vous protéger, je l'ai fait; bientôt il ne nous restera qu'à nous ensevelir sous les murs du château.

— Eh bien ! mon frère, répondit mademoiselle Armantine, nous sommes, Dieu merci, d'une famille où l'on sait bien mourir. Notre père, plutôt que d'amener son pavillon, s'est fait sauter avec sa frégate. Il nous a tracé notre conduite ; nous ne mentirons pas à notre sang, nous nous ensevelirons sous les murs du château.

— Bien, ma sœur ! reprit M. de Valcreuse avec orgueil; vous êtes la digne fille d'une race de guerriers.

— Nous mourrons tous ensemble, s'écrièrent à la fois les trois femmes et l'abbé se pressant autour de lui.

— Je n'ai jamais douté de votre courage, de votre dévouement, poursuivit Hector avec émotion ; mais je vous sauverai. Je n'ai pas attendu jusqu'à ce jour pour songer au salut de vos têtes ; j'ai depuis longtemps pris soin d'assurer votre destinée à l'étranger. Je vous instruirai de tout ce que j'ai fait, de tout ce que j'ai dû faire. Le temps nous presse, il faut partir cette nuit même. Écoutez-moi sans m'interrompre, nous n'avons pas un instant à perdre. J'ai balayé la route de Valcreuse à la mer; mes soldats échelonnés assurent votre fuite jusqu'à la côte. J'ai la parole de M. Charette qui couvrira votre départ. Une chaloupe vous conduira à Noirmoutiers, où notre drapeau flotte encore.

— Mais, vous ! s'écrièrent en même temps les trois femmes, ne viendrez-vous pas avec nous ?

— Dans deux jours, répliqua M. de Valcreuse, j'irai vous rejoindre à Noirmoutiers, et de là nous passerons en Angleterre. Je ne dois pas quitter le pays avant d'avoir assuré le sort de mes troupes et de mes serviteurs. Ce n'est pas tout, ajouta-t-il faisant un effort sur lui-même ; j'ai dû faire choix d'un homme de cœur qui vous protégeât jusqu'au moment où je serai près de vous. Tous les chefs sur qui je pouvais compter sont morts maintenant, ou hors de combat. Vous, mon ami, vous êtes bien vieux, dit-il en se tournant vers l'abbé ; je ne veux pas vous accabler d'une si lourde tâche. Noirmoutiers, pris et repris, n'est qu'un camp en désordre, au milieu duquel je ne puis abandonner ces trois femmes. C'est à vous que j'ai pensé, monsieur le comte : la tâche que je ne puis remplir moi-même, c'est à vous que je la confie. Vous êtes brave, vous l'avez prouvé ; je vous ai vu à l'œuvre. Ce n'est pas pour accomplir un pareil devoir que vous êtes rentré en France, je le sais ; mais est-il un devoir plus sacré que celui que je vous impose ?

— Je n'ai rien à vous refuser, Monsieur, répondit sans hésiter M. de Kernis ; j'accepte avec orgueil la mission dont vous me chargez.

— J'avais compté sur vous, Monsieur, je ne m'étais pas trompé.

— Mais, mon frère, pourquoi ne pas partir tous

ensemble? demanda mademoiselle Armantine.

— Mais, dit Irène, puisque vous devez nous rejoindre dans deux jours, pourquoi ne pas vous attendre?

Gabrielle et l'abbé se taisaient, mais regardaient Hector avec épouvante.

— Il faut que vous partiez cette nuit même, répondit M. de Valcreuse ; demain peut-être il serait trop tard. Demain peut-être, au point du jour, le château sera attaqué ; quand vous l'aurez quitté, je le quitterai moi-même pour n'y plus revenir. D'ailleurs, j'ai tout disposé pour votre départ ; le vent est bon, tout favorise votre fuite. Qui sait si dans deux jours les mêmes chances se représenteraient?

— Mais vous, mais vous, mon frère? répéta mademoiselle Armantine.

— Moi, ma sœur, j'irai vous retrouver, en doutez-vous? Soyez sans inquiétude ; ce voyage, difficile et dangereux pour vous, est pour moi facile et sans danger. Préparez-vous donc à partir.

En achevant ces mots, il se retira. Comme il entrait dans sa chambre, il vit arriver Gabrielle et l'abbé qui l'avaient suivi.

— Hector, demanda Gabrielle d'une voix impérieuse, êtes-vous sincère? ne me cachez-vous rien?

— Me promettez-vous, dit à son tour l'abbé, qu'il ne s'agit pas d'un coup de désespoir?

— Viendrez-vous nous rejoindre?

— Serez-vous près de nous dans deux jours?

— Si j'avais voulu mourir, répliqua M. de Valcreuse, n'aurais-je pas déjà trouvé la mort?

— Viendrez-vous nous rejoindre? dans deux jours serez-vous près de nous? répéta d'un ton bref madame de Valcreuse. Hector, vous nous trompez, vous nous cachez quelque chose, ajouta-t-elle, attachant sur son mari un regard qui semblait plonger jusqu'au fond de sa pensée.

— Je ne vous trompe pas, je ne vous cache rien, répondit Hector avec calme ; vous me reverrez dans deux jours. Allez, mon ami ; allez, Gabrielle ; déjà le jour baisse ; à la nuit tombante, il faut partir ; je vous accompagnerai jusqu'à la côte.

Pendant ce rapide entretien, Hector avait gardé un front si serein, un œil si tranquille, que madame de Valcreuse et l'abbé le quittèrent entièrement rassurés sur ses intentions.

Le reste de la journée s'écoula au milieu des préparatifs du départ. Cette extrémité était prévue depuis si longtemps qu'elle n'étonna personne. Tant d'autres familles avaient été réduites à fuir le pays, que les habitants de Valcreuse ne pouvaient s'étonner que d'une seule chose : d'être demeurés si longtemps dans leur retraite. Une pensée consolante soutenait Irène : elle se disait, en souriant à travers ses larmes, qu'une fois arrivé à Noirmoutiers, M. de Kernis se déciderait peut-être à les suivre jusqu'en Angleterre. Il y avait dans les dangers qu'elle allait affronter sous la sauvegarde de l'homme qu'elle aimait, quelque chose qui la charmait en secret.

La nuit était venue : une de ces nuits sans lune et sans étoiles, telles que peuvent les souhaiter les proscrits. Tout était prêt pour le départ. Le berlingot était attelé dans la cour, deux chevaux sellés piaffaient au pied du perron. Les serviteurs, debout, rangés dans la salle d'entrée, attendaient au passage la famille fugitive pour lui dire un dernier adieu. Ils savaient qu'Hector reviendrait ; mais ils ne devaient plus revoir mademoiselle Armantine, ni madame de Valcreuse, ni l'abbé, ni cette jeune et charmante Irène qu'ils aimaient tous comme un enfant qui eût grandi au milieu d'eux. Ils étaient graves, silencieux ; mais quand la porte s'ouvrit, et qu'ils virent paraître les femmes en habit de voyage, tous les cœurs éclatèrent, tous les yeux se remplirent de larmes, on n'entendit plus que des sanglots. A cette heure suprême, toutes les distances s'effaçaient : il n'y avait plus ni maîtres ni serviteurs, il ne restait plus que des amis qui allaient se séparer pour toujours. Chère dame ! chères demoiselles ! disaient-ils en couvrant de baisers les mains de mademoiselle Armantine, d'Irène et de Gabrielle ; et toutes trois les embrassaient en pleurant. Ils se pressaient autour de l'abbé qui avait toujours été si bon, si excellent pour eux. Rosette seule, qui se tenait à l'écart, semblait ne prendre aucune part à cette scène. Madame de Valcreuse, qu'elle aimait d'une affection si passionnée, s'éloignait pour ne plus revenir, et pourtant Rosette ne pleurait pas.

Déjà M. de Valcreuse et M. de Kernis étaient en selle. Les trois femmes et l'abbé montèrent en voiture ; sur un signe d'Hector, la voiture s'ébranla et roula sur le pont-levis. Gabrielle et Irène penchèrent la tête à la portière, pour jeter un dernier regard sur ce château où elles avaient été accueillies avec tant de bonté, avec tant d'amour, où, dès qu'elles avaient paru, tout le monde s'était empressé de leur sourire, de les fêter.

La voiture s'avançait en silence, escortée par Hector et M. de Kernis. De temps en temps M. de Valcreuse donnait l'ordre d'arrêter, prêtait l'oreille, poussait une reconnaissance et revenait à la portière. De demi-heure en demi-heure, ils rencontraient des détachements échelonnés sur la route; au cri de qui vive, on faisait halte; Hector prononçait le mot d'ordre, et la voiture se remettait en marche entre deux haies de soldats qui présentaient les armes.

C'est ainsi qu'ils achevèrent le trajet de Valcreuse à la côte. Pendant le voyage, ils n'échangèrent pas une parole. Parfois Gabrielle s'accoudait à la portière et cherchait dans l'ombre le visage triste et sévère d'Hector, tandis qu'Irène devinait et suivait, plutôt de la pensée que du regard, les mouvements de M. de Kernis. Qu'il y avait loin de cette nuit lugubre à la nuit que, naguère encore, Irène se plaisait à rappeler ! Et pourtant cette nuit lugubre n'était pas sans charme pour Irène; mais que dut-il se passer dans le cœur de Gabrielle, dans le cœur de M. de Kernis, lorsqu'ils entendirent le mugissement des vagues, lorsqu'ils reconnurent, à la lueur des feux de bivac, cette plage qu'ils avaient foulée ensemble quelques mois auparavant?

La voiture s'arrêta ; les trois femmes et l'abbé descendirent ; M. de Valcreuse et M. de Kernis avaient mis pied à terre. Hector, qui marchait en avant, les guida vers une anse où se trouvait la chaloupe qui devait les emporter. M. de Kernis donnait le bras à mademoiselle Armantine ; Gabrielle et Irène avaient pris chacune un des bras de l'abbé. La marée achevait de monter ; le vent soufflait de terre ; dans une heure on pourrait partir. La nuit était chaude. Ils attendirent sur la côte le moment de mettre à la voile.

Debout, immobile, les bras croisés sur sa poitrine, Hector se tenait à quelque distance, et contemplait d'un air sombre cette mer qui lui avait révélé des secrets si terribles. En entendant le sable crier derrière lui, il se retourna et vit l'abbé qui venait à lui.

— Hector, lui dit l'abbé, je t'ai élevé ; tu as été, tu es encore l'orgueil de ma vie ; tu es mon fils ; c'est par toi que j'ai goûté les joies qu'il m'était interdit de connaître. Depuis vingt ans, je ne vis que pour toi. Tu m'as dit que je te reverrais dans deux jours ; d'où vient donc que mon cœur se serre comme si je ne devais jamais te revoir, comme si j'allais te quitter pour toujours ?

— Mon ami, mon père, rassurez-vous, répondit Hector, maîtrisant son émotion. Depuis six mois, chaque fois que je vous ai quitté, nous pouvions ne plus nous revoir, et cependant Dieu nous a réunis. Pourquoi nous refuserait-il cette fois la grâce qu'il nous a si souvent accordée ?

— Tu me le promets donc, mon enfant, dans deux jours tu viendras?

— Dans deux jours, je vous le promets, répondit M. de Valcreuse.

— Pourquoi ne pars-tu pas avec nous?

— Je vous l'ai dit, vous le savez ; je reste pour assurer le sort de mes soldats et de mes serviteurs.

— Dans ces temps malheureux, deux jours d'attente sont deux siècles.

— Ces jours seront aussi longs pour moi que pour vous; j'en compterai les heures avec impatience ; mais ils passeront, et nous nous retrouverons pour ne plus nous quitter jamais.

— Et si ton espérance était déçue? si notre séparation devait être éternelle ici-bas? si nous ne devions plus nous retrouver que dans le ciel, ne te resterait-il pas un devoir à remplir?

— De quel devoir parlez-vous, mon ami?

— Tu vas confier à l'Océan ta sœur, ta femme, tous les êtres qui te sont chers; toi-même tu demeures exposé à des dangers que tu ne peux prévoir. Et pourtant tu n'as pas pardonné, je le vois, je le sens. Laisseras-tu donc partir Gabrielle sans l'appeler dans tes bras, sur ton cœur?

— Regardez cette plage, dit Hector, saisissant violemment le bras de l'abbé ; c'est d'ici qu'ils se sont enfuis. Regardez cette mer, c'est elle qui me les a livrés.

— Eh bien ! mon enfant, c'est ici même qu'il faut pardonner.

Et prenant par la main Gabrielle qui s'avançait, il voulut la pousser dans les bras d'Hector ; mais

M. de Valcreuse détourna la tête et s'éloigna à pas lents.

— Croyez-vous encore qu'il m'ait pardonné? demanda Gabrielle en sanglotant.

Elle cacha sa tête dans le sein de l'abbé.

La chaloupe était à flot; le patron donnait le signal du départ. Mademoiselle Armantine se jeta dans les bras de son frère qui la tint longtemps pressée sur son cœur.

— Dans deux jours, Hector, dans deux jours, disait-elle.

— Oui, ma sœur, oui, sœur bien-aimée, répondit M. de Valcreuse couvrant son front de baisers. Et vous, chère Irène! ajouta-t-il en l'attirant dans ses bras.

Et il les réunissait toutes deux dans une même étreinte.

Mademoiselle Armantine et Irène venaient de monter dans la chaloupe. Comme Gabrielle, appuyée sur le bras de l'abbé, se préparait à les suivre, elle se sentit tirer par le pan de sa robe.

Elle se tourna et reconnut Rosette.

— Toi ici, chère petite! lui dit-elle; je te croyais encore au château.

— Puisque vous n'y êtes plus, Madame, pourquoi serais-je restée? J'ai suivi votre voiture, et je m'en vais avec vous.

— Mais, pauvre enfant, sais-tu où nous allons?

— Ai-je besoin de le savoir? Je n'ai que vous au monde à aimer; où vous serez, je serai toujours bien.

— C'est que je vais bien loin, mon enfant.

— Où vous irez, j'irai, Madame.

Et, sans attendre la réponse de Gabrielle, Rosette s'élança comme un écureuil sur la chaloupe, et alla se blottir dans un coin.

M. de Kernis, témoin silencieux de cette scène qui se passait dans l'ombre, attendait à l'écart les derniers ordres de M. de Valcreuse.

Quand ils furent seuls sur la grève, Hector s'avança vers lui, et lui remettant un pli scellé de ses armes :

— Monsieur le comte, lui dit-il, vous ne briserez ce cachet qu'en arrivant à Noirmoutiers.

Cela dit, M. de Valcreuse sauta en selle et s'éloigna.

XXX

La chaloupe sur laquelle s'était embarquée la famille de M. de Valcreuse portait habituellement les dépêches de Charette à Noirmoutiers. Cette chaloupe ne marchait que la nuit et serrait la côte pour échapper aux croisières ; elle faisait le service depuis plusieurs mois, et, grâce à sa légèreté, grâce à l'habileté du patron, elle avait toujours accompli ce double trajet sans attirer l'attention des vigies républicaines. Après avoir déposé les fugitifs à Noirmoutiers, elle devait, la nuit suivante, revenir à la baie de Bourgneuf.

Le vent était bon, la nuit sombre, et la chaloupe allait avec la rapidité d'une flèche. M. de Kernis se tenait debout à la proue ; à l'arrière, l'abbé était assis près de madame de Valcreuse, Irène près de mademoiselle Armantine ; Rosette s'était couchée comme un chien aux pieds de Gabrielle. Ils étaient tous silencieux, absorbés dans leurs pensées qui semblaient être les mêmes, et qui pourtant étaient bien diverses.

Sur cette frêle embarcation qu'un coup de vent pouvait renverser, qu'un boulet pouvait couler bas, mademoiselle Armantine, fuyant le toit de ses pères, fuyant son pays, chassée par la guerre civile, était pourtant moins triste et moins abattue qu'on ne pourrait le supposer. Elle savait que son frère avait assuré leur destinée à l'étranger ; elle ne croyait pas, d'ailleurs, que cet exil dût être de longue durée. Malgré les épouvantables malheurs dont elle avait été témoin, et qui venaient de la frapper elle-même, elle persistait à regarder la révolution comme une échauffourée, comme un soulèvement passager. Dans quelques mois, dans un an au plus, l'armée de Condé remettrait tout à sa place. Mademoiselle Armantine partait avec l'espoir du retour, et ne pensait pas avoir dit à son château un éternel adieu ; bientôt, elle y rentrerait triomphante. Enfin, elle ne doutait pas que son frère ne vînt la rejoindre dans deux jours, et cette conviction suffisait pour la rassurer complétement.

De toutes les espérances qui soutenaient mademoiselle Armantine, une seule était entrée dans le cœur d'Irène : Irène comptait naïvement sur la parole d'Hector. Quant au dénoûment de la guerre, elle ne partageait pas les illusions de mademoiselle de Valcreuse. Cette enfant que nous avons connue si légère, si frivole, si enjouée, était devenue grave à son insu : la passion, la douleur, et les scènes auxquelles elle venait d'assister avaient mûri sa raison. Elle n'espérait plus revoir le château qui l'avait accueillie, où elle avait ressenti les premières émotions de l'amour : toutes ses pensées étaient concentrées sur M. de Kernis. En quelque lieu que le sort pût la jeter, elle ne se plaindrait pas, pourvu qu'il fût près d'elle. Parfois, quand la lune perçait la nuée, elle contemplait la figure de M. de Kernis qui se dessinait à la proue, et le bruit monotone de la vague qui brisait contre la chaloupe la plongeait dans une douce rêverie.

Le cœur de Gabrielle était sombre comme le ciel où ne brillait pas une étoile. Jusqu'à l'heure du départ, elle avait cru aux promesses de son mari ; elle espérait qu'il viendrait les rejoindre ; mais, à mesure qu'elle approchait de Noirmoutiers, sa confiance s'ébranlait de plus en plus. A peine en mer, de sinistres pressentiments s'étaient emparés d'elle. L'attitude d'Hector sur la plage au moment des adieux, son visage triste et sévère pendant le voyage de Valcreuse à la côte, son absence obstinée pendant le dernier séjour de M. de Kernis au château, les paroles qui lui étaient échappées dans leur dernier entretien, tout se réunissait pour la glacer d'épouvante. Elle croyait enfin deviner le sens des espérances de bonheur qu'un soir M. de Valcreuse avait fait luire à ses yeux. Il voulait la délivrer de lui-même, il ne viendrait pas. Elle assistait maintenant à l'accomplissement d'un projet qu'elle avait vu poindre, et qui ne s'était d'abord révélé à elle que sous une forme confuse. Ses craintes, d'abord vagues, indécises, ne sachant où se prendre, aboutissaient à une seule pensée : Hector ne viendrait pas.

Cette conviction avait chez l'abbé un caractère plus terrible encore ; non-seulement il sentait qu'Hector ne voudrait pas quitter la France, mais il s'accusait avec colère d'aveuglement, de stupidité, en songeant qu'il avait pu prendre au sérieux la parole d'Hector. Comment avait-il pu un seul instant ajouter foi à cette parole ? M. de Valcreuse n'était-il pas enchaîné par un devoir sacré ? Pouvait-il sans honte, sans déshonneur, abandonner la lutte où il s'était engagé ? L'abbé le connaissait, et pourtant il s'était laissé duper comme un enfant. Hector ne viendrait pas parce qu'il ne pouvait pas, parce qu'il ne voudrait pas, parce qu'il ne devait pas venir.

Gabrielle et l'abbé ne se confiaient pas leurs terreurs ; ils se taisaient tous deux, mais on eût dit qu'ils se comprenaient, car, de temps en temps, leurs mains se cherchaient et se pressaient dans l'ombre.

Quant M. de Kernis, debout, immobile à l'avant, faisant abnégation de ses passions, de ses sentiments personnels, il se considérait comme un instrument entre les mains de M. de Valcreuse ; il ne s'appartenait plus, son unique devoir était désormais d'obéir, il obéissait ; M. de Valcreuse lui avait ordonné de conduire sa famille à Noirmoutiers, de la protéger, de la défendre ; la loyauté chevaleresque interdisait à M. de Kernis de laisser sa pensée s'égarer au delà.

Au point du jour, ils arrivaient à Noirmoutiers. M. de Valcreuse ne s'était pas trompé ; Noirmoutiers n'était qu'un camp en désordre où l'on s'attendait d'heure en heure à être attaqué. Les rues étaient encombrées de caissons, les maisons pleines de blessés, rapportés après le dernier engagement qui avait rendu la place à l'armée royaliste. Ces paysans, si terribles sur le champ de bataille, se pliaient difficilement à la discipline dès que l'action était terminée. On eût dit une ville prise d'assaut la veille. M. de Kernis eut bien de la peine à trouver un asile où il pût abriter les êtres précieux qui lui étaient confiés. Désespérant d'y réussir par lui-même, il prit le parti de s'adresser au chef qui commandait la place. Au nom de M. de Valcreuse, on s'empressa de mettre à sa disposition une des rares maisons qu'avaient respectées les boulets et l'incendie. Dès qu'il les eut établis de son mieux, M. de Kernis se retira dans la chambre qu'il s'était réservée, et là, sans plus attendre, il brisa le cachet. Sous ce pli étaient enfermées trois lettres : l'une pour M. de Kernis, l'autre pour l'abbé, la troisième pour mademoiselle Armantine. M. de Kernis ouvrit celle qui lui était adressée.

« Monsieur le comte,

« De quelque douleur que vous m'ayez abreuvé, quelle que soit l'étendue de votre faute, je fais la part de la fatalité dans ce drame terrible : je puis vous haïr, mais non vous mépriser. Vous êtes esclave de votre parole, vous me l'avez prouvé. Vous m'aviez offert votre vie, vous vous êtes souvenu de votre promesse. Tout ce que vous pouviez faire pour moi, après avoir brisé mon cœur, vous l'avez fait. Vous êtes loyal, vous êtes brave, digne, je le crois, du nom de vos aïeux. Le mal est désormais irréparable ; mon bonheur est à jamais perdu, la vengeance n'effacerait rien. Ce n'est donc pas à moi, c'est aux êtres chéris que je vous confie, qu'il faut offrir votre vie ; une nouvelle tâche commence pour vous. Vous êtes de race militaire ; vous savez ce que l'honneur me prescrit. Vous ne croyez pas, vous ne devez pas croire que je songe à déserter, à l'heure du danger, la cause que j'ai embrassée. La mission que je vous ai donnée n'est pas terminée, vous avez dû le prévoir en partant. Vous pouvez vous éloigner sans honte ; je ne saurais m'éloigner sans déshonneur. Vous n'étiez pas venu pour combattre dans nos rangs ; vos jours ne vous appartenaient plus. Votre destinée était engagée entre mes mains ; votre devoir est d'aller où je vous envoie. Eh bien ! c'est sur vous désormais, sur vous seul que repose tout entier l'avenir des êtres pour qui je ne peux plus rien. Assurez leur bonheur : c'est la seule réparation que je vous demande, que j'exige de vous.

« J'ai tout prévu, tout disposé pour votre fuite. En vue de Noirmoutiers, vous trouverez à l'ancre le brick *la Perle*, dont le capitaine a reçu mes instructions, et n'attend que vous pour mettre à la voile. A peine arrivé, vous y conduirez ma famille. Ma sœur, madame de Valcreuse et Irène doivent ignorer ma résolution. La nuit venue, dès que les trois femmes seront endormies, vous lèverez l'ancre et gouvernerez sur les côtes d'Angleterre. Le lendemain seulement, vous remettrez à ma sœur, à son réveil, la lettre que je joins ici pour elle.

« Adieu, monsieur le comte, que Dieu veille sur vous !

« HECTOR DE VALCREUSE. »

La lettre que M. de Kernis remit à l'abbé était ainsi conçue :

« MON AMI,

« Je ne veux pas vous tromper plus longtemps, je ne veux pas user plus longtemps de ruse avec vous. Votre cœur m'est connu ; vous êtes fort, vous accepterez ma résolution ; vous ne chercherez pas à éluder ma volonté. Je n'ai pas besoin de vous expliquer ma conduite, à vous dont le dévouement a rempli la vie tout entière. Tant que ma présence ici sera nécessaire, je resterai. Dieu seul sait donc quand il me sera donné de vous revoir. M. de Kernis vous fera part des instructions que je lui adresse ; ma sœur, madame de Valcreuse et Irène ne doivent savoir la vérité qu'en pleine mer, en se réveillant. Vous les consolerez, mon ami, vous les soutiendrez dans cette nouvelle et cruelle épreuve ; qu'elles sachent par vous que je suis resté pour l'accomplissement d'un devoir sacré. Mais vous, mon ami, mon père, qui vous consolera ? »

Dans la soirée, ils étaient tous réunis sur le brick qui devait les emporter, où mademoiselle Armantine et Irène espéraient revoir, le lendemain, M. de Valcreuse. A une encâblure de la *Perle* était mouillée la chaloupe qui les avait amenés et qui devait partir la nuit même. Irène et mademoiselle Armantine, épuisées par les fatigues du voyage, s'endormirent de bonne heure. M. de Kernis était sur le tillac ; à l'entrepont, Gabrielle et l'abbé veillaient seuls. Depuis le moment du départ, c'était la première fois qu'ils pouvaient se parler librement.

— Mon ami, s'écria brusquement madame de

Valcreuse, comme si ses pressentiments n'eussent attendu, pour éclater, que cette occasion ; que ferions-nous, si Hector nous avait trompés, s'il ne devait pas venir ?

— Pourquoi douter de sa parole ? répondit tristement l'abbé.

— Pourquoi ? vous me le demandez ? Votre cœur ne vous dit-il pas qu'il nous trompe, qu'i ne viendra pas ?

— S'il ne venait pas, mon enfant, ce n'est pas sa volonté qu'il faudrait accuser.

— S'il ne venait pas, que ferions-nous ? répéta Gabrielle avec insistance, comme si elle n'eût pas entendu la réponse de l'abbé.

L'abbé se taisait et semblait chercher avec anxiété le moyen d'éluder cette question obstinée ; Gabrielle le comprit, et poursuivant d'une voix ardente :

— Vous aimez Hector, vous l'avez élevé ; il est votre fils, vous savez ce qu'il vaut. S'il était resté pour mourir, que feriez-vous ? votre place serait-elle ici ? Eh bien ! ajouta-t-elle sans laisser à l'abbé le temps de répondre, il ne viendra pas, il mourra.

A ces mots, l'abbé se leva épouvanté, comme si le cri poussé par Gabrielle se fût échappé de son propre cœur.

— Que faire donc ? demanda madame de Valcreuse.

— Le sauver, répondit l'abbé.

— Le sauver, répondit Gabrielle, ou mourir avec lui.

Gabrielle prit le bras de l'abbé et se préparait

à monter sur le pont, quand tout à coup elle se souvint d'Irène, de mademoiselle Armantine : elle ne pouvait partir sans les revoir une dernière fois. Elle se glissa dans la chambre où elles dormaient, les contempla tour à tour en silence, n'osant déposer un baiser sur le front d'Irène, sur la main de mademoiselle Armantine, et leur dit dans son cœur un suprême adieu. Au moment de les quitter, elle revient sur ses pas et s'arrêta encore une fois devant le lit d'Irène; des larmes brûlantes s'échappèrent de ses yeux, et l'abbé fut forcé de l'arracher à cette contemplation douloureuse.

M. de Kernis se promenait sur le pont, inquiet, agité, n'osant interroger son cœur, ne sachant s'il devait se réjouir ou s'affliger, mais acceptant dans toute sa rigueur la mission que lui donnait M. de Valcreuse. Tout à coup il vit paraître Gabrielle au bras de l'abbé.

— Monsieur le comte, dit l'abbé avec autorité, M. de Valcreuse ne viendra pas, vous le savez; ma place, la place de sa femme est auprès de lui. La chaloupe va repartir avec les dépêches de Noirmoutiers ; donnez les ordres nécessaires pour qu'elle ne parte pas sans nous.

M. de Kernis allait répondre, Gabrielle lui ferma la bouche.

— Le devoir, l'honneur m'appellent près de lui, vous le savez mieux que personne, dit-elle avec fermeté.

M. de Kernis hésitait.

— Qu'attendez-vous pour donner les ordres?

reprit l'abbé. Quelle que soit la mission que M. de Valcreuse vous ait confiée, je vous absous, il vous absout d'avance.

— Vous voulez partir, dit enfin M. de Kernis; mais savez-vous dans quel état vous trouverez le pays? Savez-vous seulement si vous pourrez rentrer au château?

— Soyez sans inquiétude, s'écria Rosette qui, assise au pied du cabestan, n'avait pas perdu un mot de leur entretien. Je connais des chemins sûrs où les *bleus* n'ont jamais passé. Que la porte du château soit ouverte ou fermée, j'entre à toute heure. Quand tout le monde dormait, quand j'avais passé la moitié de la nuit à courir les champs, j'ai toujours gagné mon gîte sans réveiller personne.

M. de Kernis sentit qu'il ne pouvait combattre plus longtemps la volonté de Gabrielle. Madame de Valcreuse accomplissait un devoir dont il comprenait toute la sainteté. Il s'inclina en silence et n'hésita plus. Le capitaine du brick héla le patron de la chaloupe, et M. de Kernis lui donna l'ordre de prendre à son bord madame de Valcreuse et l'abbé.

L'heure de la séparation était arrivée, la chaloupe allait partir.

— Monsieur le comte, dit l'abbé, accomplissez maintenant la mission que vous a confiée M. de Valcreuse.

— Que cette mission vous soit chère, ajouta Gabrielle d'une voix émue. Ce n'est pas seulement M. de Valcreuse, c'est moi aussi qui vous la confie. Veillez sur mademoiselle Armantine, veillez sur

Irène. Que leur bonheur demande grâce pour notre égarement !

— Peut-être nous voyons-nous aujourd'hui pour la dernière fois, dit M. de Kernis ; à cette heure suprême, me pardonnez-vous ?

— Qu'Irène soit heureuse, répondit Gabrielle, et je vous bénirai.

Madame de Valcreuse et l'abbé passèrent à bord de la chaloupe, qui venait d'accoster le brick ; Rosette les suivit.

Une heure après la chaloupe quittait Noirmoutiers, et le brick faisait voile pour l'Angleterre.

XXXI

Gabrielle ne s'était pas trompée. M. de Valcreuse voulait mourir. Depuis longtemps il nourrissait cette pensée ; mais tant qu'il avait cru être nécessaire à la sécurité, au bien-être de sa famille, il avait ajourné son projet. Maintenant qu'il avait assuré leur avenir, maintenant qu'il pouvait, sans égoïsme, se retirer de la vie, rien ne l'arrêtait plus dans l'accomplissement de sa résolution. Il était désormais inutile ; pourquoi demeurer plus longtemps ici-bas ? Il n'avait plus personnellement aucune espérance de bonheur, et il avait fait pour le bonheur des siens tout ce qu'il pouvait faire. Après le départ de la chaloupe pour Noirmoutiers, les soldats qu'il avait échelonnés sur la route de Valcreuse à la côte, s'étaient repliés sur le château. A vrai dire, sa troupe était cruellement décimée et se réduisait à une poignée d'hommes. En rentrant, il les trouva tous réunis dans la cour. Bien que la nuit fût déjà très-avancée, les serviteurs étaient encore sur pied. Hector les rassembla dans une salle basse, et là, à la lueur des flambeaux :

— Mes amis, mes enfants, leur dit-il, vous avez grandi, vous avez vieilli à l'ombre de ces murs. Tant que j'ai pu vous protéger, je vous ai gardés près de moi. Aujourd'hui la fortune tourne contre nous. La partie est perdue. Demain, dans deux jours au plus tard, le château, attaqué par les *bleus*, sera pris d'assaut et livré au pillage. Mes soldats et moi, nous avons résolu de le défendre jusqu'à la dernière heure. Cette demeure héréditaire de mes aïeux est arrivée sans tache jusqu'à moi; je ne veux pas l'abandonner aux outrages, aux souillures des bandes républicaines. Nous mettrons, s'il le faut, le feu aux quatre coins, et, quand l'ennemi pénétrera jusqu'à nous, il ne trouvera plus qu'un monceau de ruines et de cadavres. Partez, mes enfants. Vous m'avez servi fidèlement; je vous aimais, vous faisiez partie de ma famille. Je ne peux plus rien pour vous, ma tâche et la vôtre sont désormais accomplies. Allez, loin de ces murs dévoués à la flamme, chercher un asile sûr et tranquille, s'il en est encore un dans ce pays ravagé par la guerre. J'ai pourvu à tous vos besoins. Adieu donc, mes enfants, adieu.

En achevant ces mots, il leur tendit les mains. Yvon et Noëlic se détachèrent du groupe des serviteurs rangés en cercle autour de M. de Valcreuse.

— Nous ne partirons pas, nous mourrons avec vous, s'écrièrent-ils tous deux à la fois.

Le même cri s'échappa de toutes les poitrines. Ils se jetèrent tous à la fois sur les mains d'Hector qu'ils pressaient de leurs lèvres.

— Nous resterons avec vous, disaient-ils. Armez-nous, vous verrez si nous savons vous défendre.

— Votre maison est la nôtre, ajouta Noëlic. C'est ici que nos pères sont morts, c'est ici que nous sommes nés. Nous n'avons pas fait la guerre ; mais vous êtes menacé, nous sommes soldats.

— Placez-nous au pont-levis, aux remparts, dit à son tour Yvon ; vous verrez si l'un de nous abandonne son poste ou lâche pied.

Et tous, d'une voix unanime, répétaient les paroles d'Yvon et de Noëlic. M. de Valcreuse, ému jusqu'au fond de l'âme, ne savait comment se séparer de ces braves gens.

— Mes amis, leur dit-il enfin, en demandant à rester près de moi, savez-vous ce que vous demandez? c'est la mort. Les *bleus* ne font ni grâce ni merci. Le château ne tiendra pas plus d'un jour. Vous n'avez qu'à choisir entre le fer et le feu ; le feu engloutira ceux que le fer aura épargnés.

Les serviteurs ne furent pas ébranlés par ces paroles.

— Nous sommes prêts, répondirent-ils tous à la fois.

Hector, voyant qu'il ne pouvait les décider à la retraite, donna l'ordre de conduire hors du château les femmes et les enfants ; puis se tournant vers les hommes :

— Préparez-vous donc à mourir, leur dit-il ; vous le voulez, nous mourrons ensemble, nous mourrons d'une mort glorieuse.

Le jour venu, il se passa une scène déchirante. Il fallut user de violence pour renvoyer les femmes et les enfants, qui s'attachaient obstinément à leurs maris, à leurs pères et refusaient de les quitter. Enfin, la volonté énergique de M. de Valcreuse triompha de la résistance. Les femmes et les enfants partirent, poussant devant eux les troupeaux, et bientôt le château n'enferma plus qu'une garnison héroïque.

Hector savait, à n'en pouvoir douter, que l'incendie et la ruine de son château étaient résolus. Les *bleus*, furieux d'avoir été battus et repoussés par lui à plusieurs reprises, voulaient tirer de leurs échecs une vengeance exemplaire. Aucune barrière ne les séparait plus maintenant du château d'Hector ; ils savaient que toute sa famille l'habitait et ils se faisaient une fête de brûler dans son aire l'aigle dont ils avaient si souvent senti les serres victorieuses.

Toute la journée fut employée aux préparatifs de la défense. Les soldats, qui étaient presque tous des paysans de M. de Valcreuse, avaient refusé d'aller rejoindre l'armée de Charette ; eux aussi, ils voulaient mourir pour celui qui les avait nourris, qui les avait aidés, consolés dans leurs mauvais jours. Le pont-levis était levé et ne devait plus s'abaisser qu'au moment où les boulets ennemis en briseraient les chaînes. Les fossés, inondés depuis plusieurs semaines, promettaient d'arrêter les assaillants pendant quelques heures. Les plates-formes étaient garnies de couleuvrines, les meurtrières hérissées de tromblons. Tous les points faibles avaient été visités et fortifiés. Sous la porte qui devait céder la première, on avait placé un baril de poudre. Aux quatre coins du château, d'après les ordres d'Hector, on avait disposé des fascines goudronnées.

Le jour se passa tout entier sans attaque sérieuse. Une bande de *bleus* se présenta devant le château, mais n'ayant pas d'artillerie, elle se retira en désordre, après avoir échangé quelques coups de feu avec la garnison. Exaspérés par cette escarmouche impuissante, ils reviendraient sans doute le lendemain, en force, avec du canon. M. de Valcreuse y comptait et se disposait à les bien recevoir.

Après avoir visité tous les postes, placé toutes les sentinelles, Hector se mit à parcourir les salles désertes de son château. Il resta longtemps dans la chambre de mademoiselle Armantine, et se rappela avec attendrissement les jours de son enfance. Sa sœur lui avait servi de mère, il l'avait toujours aimée d'une affection filiale ; il se dit avec tristesse qu'il ne la reverrait plus, et ses yeux s'emplirent de larmes. En traversant la chambre de l'abbé, il s'arrêta quelques instants à contempler la chaise où il s'asseyait autrefois pour recevoir les leçons de son second père. Dans la chambre d'Irène, il se souvint avec mélancolie de cette jeune fille si heureuse et si gaie quand elle venait d'échapper au couvent, dont le bonheur avait été plus tard si cruellement traversé, qui aimait sans être aimée. Arrivé à la chambre de Gabrielle, il hésitait à entrer; poussé par une force invisible, il entra. Il commença par promener autour de lui un regard de colère; mais il touchait à cette heure où, chez les grandes âmes, toute colère s'apaise, et bientôt il s'attendrit. Il marchait à pas lents et soulevait machinalement tous les objets qui avaient appartenu à Gabrielle, il touchait les vêtements qu'elle avait portés. Ramené à l'indulgence par la pensée de la mort prochaine, il se demandait s'il n'avait pas été trop dur, s'il n'avait pas traité avec trop de sévérité cette âme repentante; puis il songeait à son amour méconnu, à tout ce qu'il avait souffert, à l'exil qui la réunissait à l'homme qu'elle aimait, et cette étincelle suffisait pour ranimer toute sa jalousie.

Le lendemain, quand le soleil se leva, Hector salua son dernier jour avec une sombre joie. Les soldats et les serviteurs, réunis dans la cour, s'agenouillèrent d'un mouvement spontané; M. de Valcreuse, agenouillé au milieu d'eux, récita la prière du matin. La prière achevée, ils se levèrent pleins de courage, prêts à paraître devant Dieu, et coururent aux postes qui leur avaient été désignés. Il faisait une de ces belles matinées pures, sereines, resplendissantes, qui semblent inviter au bonheur.

La plaine était encore déserte et silencieuse; on n'entendait que le chant des oiseaux réveillés dès l'aube naissante, qui se poursuivaient dans les haies. Rien n'annonçait la scène de carnage qui se préparait.

Tout à coup on entendit le roulement sourd et lointain du tambour partir du fond des bois. La plaine était toujours déserte ; mais le bruit se rapprochait de plus en plus, et bientôt on vit déboucher les colonnes républicaines dont les baïonnettes étincelaient au soleil levant, et qui s'allongeaient et se déroulaient dans la campagne comme un immense serpent. Les *bleus* marchaient tambour en tête, suivis d'une artillerie formidable. Quand ils furent en face du château, le tambour se tut, il se fit un grand silence. La garnison, soldats et serviteurs, les avait vus s'avancer sans pâlir. C'était la mort qui s'avançait, mais les cœurs ne faiblissaient pas. Hector se tenait debout au milieu de sa troupe, les dominant tous de la tête. Il n'attendit pas le signal de l'attaque ; pour prouver aux assaillants qu'il ne voulait d'eux ni grâce ni merci, il commanda le feu et les salua d'une décharge de mousqueterie. Le château vomit la mort par ses créneaux, par ses meurtrières ; l'artillerie des *bleus* répondit au feu de la place.

Les assaillants croyaient, en arrivant, avoir devant eux une bicoque qui succomberait sous leurs premiers efforts ; ils s'aperçurent bientôt que c'était une ville fortifiée qu'il faudrait prendre d'assaut. Les fossés étaient larges et profonds. Les murs d'enceinte, qui avaient résisté au travail des siècles, recevaient sans s'ébranler les boulets qui venaient les frapper. Les couleuvrines des plates-formes faisaient dans les rangs des *bleus* de larges trouées. Les paysans placés aux meurtrières, tous habiles tireurs, ne perdaient pas un coup, et visaient de préférence les soldats qui faisaient le service des pièces. Plusieurs fois déjà les canonniers républicains avaient été remplacés, tandis que la garnison comptait à peine quelques blessés. Vers le milieu du jour, le feu cessa un instant des deux côtés. La colonne républicaine, habituée à combattre en rase campagne, n'ayant aucun officier capable de diriger un siége en règle, s'étonnait de la résistance qu'elle rencontrait, et comptait ses morts avec consternation. Après quelques minutes de répit, le feu recommença plus vif et plus terrible.

A cette seconde attaque, les *bleus*, las de harceler les murailles que leurs boulets égratignaient à peine, après avoir inutilement cherché par où ils pourraient ouvrir la brèche, pointèrent résolûment leurs pièces sur le pont-levis. Déjà, une première fois, ils avaient essayé d'en briser les chaînes; mais le feu plongeant des créneaux et des meurtrières avait empêché l'accomplissement de leur projet. Cette fois, comprenant qu'ils n'avaient pas d'autre moyen de pénétrer dans la place, ils se laissèrent décimer sans lâcher pied et sans répondre à l'artillerie des assiégés. Tout à coup un cri de joie sauvage partit de leurs rangs : une des chaînes venait de se briser. Vainement les paysans placés aux meurtrières redoublèrent d'adresse et de précision dans leur tir; les *bleus* pointaient toujours dans la même direction. Bientôt la seconde chaîne fut rompue, et le pont-levis s'abattit.

La colonne républicaine s'élança au pas de course, se rua sur le pont, et déjà les sapeurs abattaient à coups de hache la première porte, quand une explosion formidable se fit entendre. En un instant, toute la colonne fut enveloppée de fumée, l'air s'emplit de cris de rage et de détresse, et, quand la fumée, en s'élevant, laissa le sol à découvert, les premiers rangs n'étaient plus qu'un amas de lambeaux informes, de corps sans tête ou de têtes sans corps ; quelques membres sanglants étaient suspendus aux murailles. Les *bleus* épouvantés firent quelques pas en arrière ; puis, exaspérés, ils revinrent à la charge. La porte avait sauté, mais ils avaient devant eux une porte vivante : les assiégés, réunis dans la première cour, les reçurent à la baïonnette et firent, à bout portant, une décharge de mousqueterie qui les refoula une seconde fois.

Cependant l'affaire une fois engagée dans la cour du château, la chance devait tourner contre les assiégés. Les *bleus*, revenus à la charge avec une nouvelle furie, et qui, bien que décimés, avaient encore l'avantage du nombre, gagnaient peu à peu le cœur de la place. L'adresse et la précision du tir ne pouvaient plus rien désormais ; c'était un combat corps à corps. Hector se battait comme un lion forcé dans son repaire. Plusieurs fois déjà il s'était jeté au milieu de la mêlée ; on eût dit que la mort ne voulait pas de lui. Enfin, couvert de sang, épuisé, harassé, voyant que le flot des *bleus* montait toujours, sentant que l'heure était venue, il prit avec lui Noëlic et Yvon, qui combattaient à ses côtés, et les entraîna aux fascines, qu'il voulut allumer de sa main. Bientôt quatre gerbes de flammes s'élancèrent des quatre coins du château, et, tandis que le château brûlait, le combat se poursuivait dans la cour.

Décidé à mourir, mais à vendre chèrement sa vie, Hector traversait une salle basse et retournait à la mêlée, quand il vit s'ouvrir la porte d'une galerie souterraine, depuis longtemps oubliée, qui conduisait du château dans la campagne, en passant sous le parc; Gabrielle parut au bras de l'abbé. Hector pâlit et recula, comme à la vue de deux ombres.

Gabrielle s'avançait vers lui d'un pas ferme et rapide; la joie, une joie céleste, rayonnait sur son visage.

— Malheureux! s'écria Hector, que venez-vous chercher ici? Pourquoi revenez-vous? ajouta-t-il d'un ton sévère, s'adressant à Gabrielle; pourquoi m'avez-vous désobéi? N'avez-vous pas compris que je voulais mourir seul, seul comme j'ai vécu?

— Je l'ai compris, répliqua Gabrielle, et c'est pour cela que je suis venue.

— Nous venions pour te sauver, dit l'abbé.

— Il est trop tard, repartit M. de Valcreuse.

— Oui, reprit Gabrielle d'un air triomphant, mais il n'est pas trop tard pour mourir avec vous.

— Vous êtes plus sévère pour vous que je ne l'ai été moi-même, poursuivit Hector.

— Vous vous trompez, dit Gabrielle d'une voix douce et grave; je ne viens pas au-devant du châtiment, je viens demander une récompense.

— Les entendez-vous? s'écria M. de Valcreuse;

les entendez-vous ? La mort est là, c'est la mort qui s'avance.

— J'aime mieux, dit Gabrielle, la mort à vos côtés que la vie loin de vous.

— Pourquoi mourir? demanda Hector.

— Pour vous prouver, répondit Gabrielle, que j'étais digne de vivre près de vous.

— Près de toi, dit l'abbé, dans tes bras, sur ton cœur.

M. de Valcreuse regardait sa femme avec étonnement, avec admiration ; et, comme si un voile se fût déchiré devant ses yeux :

— Je n'ai plus à pardonner, dit-il en lui tendant la main ; mais fuyez, reprenez la route que vous avez suivie, vous pouvez encore vous échapper.

— Oui, dit l'abbé, fuyons ensemble. Des chevaux nous attendent dans la campagne, à l'issue de la galerie. Ils se battent dans la cour, l'issue est libre encore.

Et, d'une main convulsive, il s'efforçait de l'entraîner.

— Et mes soldats ! s'écria Hector, et mes serviteurs qui tombent autour de moi ! Partez, mon ami ; partez, Gabrielle. Fuyez tous deux, laissez-moi mourir.

— Partez sans moi, dit Gabrielle à l'abbé.

En ce moment, la porte vola en éclats. Gabrielle, atteinte d'une balle, chancela et tomba dans les bras d'Hector. Elle appuya sa tête languissante sur l'épaule de son mari.

— Va, ne me plains pas, lui dit-elle d'une voix

mourante ; je suis bien heureuse, je puis te dire que je t'aime.

— Ah ! mourir quand tu m'aimes, dit Hector pressant de ses lèvres les lèvres déjà pâlissantes.

Une seconde décharge atteignit Hector, qui tomba aux pieds de l'abbé, tenant encore dans ses bras le corps affaissé de Gabrielle.

— Mon père, dit madame de Valcreuse, en relevant la tête et tournant les yeux vers l'abbé, bénissez-nous ; que nos deux âmes, séparées ici-bas par le destin, montent réconciliées, unies à jamais, jusqu'au trône du souverain juge.

— Bénissez-la, mon père, dit à son tour Hector, et priez Dieu de lui donner dans le ciel le bonheur qu'elle n'a pas eu sur la terre.

— Soyez bénis, nobles enfants, soyez bénis tous deux, dit l'abbé d'une voix solennelle, aussi calme, aussi serein que si la mort n'eût pas été en face de lui. Vous avez souffert, vous êtes sanctifiés par la douleur, le ciel s'ouvre pour vous, les anges vous appellent.

Comme il prononçait ces dernières paroles, étendant ses mains sur ces deux fronts déjà envahis par la pâleur de la mort, il fut atteint lui-même et tomba pour ne plus se relever.

XXXII

Quand mademoiselle Armantine et Irène s'étaient réveillées, déjà le brick *la Perle* était en haute mer et cinglait à pleines voiles vers les côtes d'Angleterre. Étonnées de se sentir emportées sur les flots, elles coururent à la fenêtre, cherchèrent Noirmoutiers du regard, et ne virent autour d'elles que l'immense Océan. Elles appelèrent Gabrielle; Gabrielle ne répondit pas. Elles montèrent sur le pont et n'y trouvèrent que M. de Kernis.

— Où allons-nous? s'écria mademoiselle Armantine; pourquoi sommes-nous parties sans mon frère?

— Où est ma cousine? où est l'abbé? demanda Irène éperdue.

M. de Kernis, triste et grave, les prit par la main et les ramena dans leur chambre.

— Ce que j'ai fait, leur dit-il, je devais le faire.

Et il tendit à mademoiselle Armantine la lettre qu'Hector adressait à sa sœur.

« Chère sœur, disait Hector, subissez avec résignation le destin qui nous sépare. Soumettez-vous sans murmure à tout ce que fera M. de Kernis; il a reçu mes instructions et n'agira que selon ma volonté. Accordez-lui toute la confiance que je lui accorde moi-même, et soyez sûre qu'il saura la mériter. Quand vous lirez ces lignes, vous serez déjà bien loin de moi. Mon cœur se brise comme le vôtre en songeant que je vous quitte sans savoir quand je vous reverrai. Pardonnez-moi, ma sœur, de vous avoir trompée; noblesse oblige: je ne pourrais déserter le théâtre de la guerre sans faire outrage au nom de nos aïeux. Peut-être votre tendresse se fût-elle réjouie de me voir à vos côtés; mais tout bas votre orgueil se fût révolté. Que Dieu veille sur vous, et puisse la pensée que j'accomplis mon devoir, que je ne démérite pas, vous soutenir, vous consoler dans l'exil! »

— Ah ! le cruel, il nous trompait, s'écria mademoiselle Armantine après avoir achevé la lecture de cette lettre. Comment ai-je pu être assez folle pour le croire ? Ne devais-je pas savoir que, fidèle au sang héroïque de notre race, il resterait jusqu'au dernier jour, et n'abandonnerait pas la partie ? Croire qu'il viendrait nous rejoindre, n'était-ce pas le calomnier ? Ah ! j'étais bien inspirée quand je voulais demeurer près de lui.

— Mais, Gabrielle, mais, l'abbé, où sont-ils ? demanda Irène.

— Ils sont partis, répondit M. de Kernis ; ils ont deviné la résolution de M. de Valcreuse, et je n'ai pu les retenir.

— Ils ont bien fait, répliqua vivement mademoiselle Armantine ; et moi, moi, sa sœur, je devais leur donner l'exemple.

— Ainsi, reprit Irène en pleurant, Gabrielle a deviné la pensée d'Hector, et elle ne m'en a rien dit ; elle n'a pas voulu m'associer à son dévouement. Cher Hector ! j'aurais été si heureuse, si fière de partager tous vos dangers !

— Monsieur le comte, dit mademoiselle Armantine d'un ton ferme et résolu, qu'on nous ramène à Noirmoutiers ; donnez les ordres nécessaires.

— Je regrette, Mademoiselle, de ne pouvoir vous obéir, répondit M. de Kernis : j'obéis à votre frère.

— Vous avez bien laissé partir madame de Valcreuse et l'abbé, répondit fièrement mademoiselle Armantine. Leurs droits ne sont pas au-dessus des miens ; ma place est auprès de mon frère. Monsieur le comte, je vous le répète, qu'on me ramène à Noirmoutiers.

— Si Hector doit mourir, nous voulons mourir avec lui, dit à son tour Irène. Monsieur de Kernis, refuserez-vous de faire pour nous ce que vous avez fait pour ma cousine et pour l'abbé Gervais ?

— Il m'est pénible, répliqua M. de Kernis avec respect, il m'est bien cruel de ne pouvoir me rendre à vos prières. Madame de Valcreuse et l'abbé sont partis malgré moi ; je dois obéir, j'obéis à M. de Valcreuse.

Vainement mademoiselle Armantine et Irène le supplièrent : M. de Kernis resta inébranlable.

— Séchez vos larmes, leur disait-il ; vous reverrez M. de Valcreuse en des temps meilleurs. Jusqu'au jour qui vous réunira, que j'appelle de tous mes vœux, je veillerai sur vous, j'accomplirai pieusement la mission qu'il m'a confiée ; je le remplacerai autant qu'il est en moi.

Et il trouvait de douces paroles pour leur peindre l'avenir. Il leur faisait un tableau consolant de la vie qu'ils allaient mener ensemble sur la terre étrangère : là, à l'abri de tout danger, ils attendraient le retour de la paix, et bientôt, il n'en doutait pas, ils reverraient M. de Valcreuse, ils reverraient Gabrielle et l'abbé. Dieu ne voudrait pas que des êtres si tendrement unis par une commune affection fussent à jamais séparés par le destin. Irène, en l'écoutant, ne pouvait s'empêcher de sourire à travers ses larmes. Elle aussi, l'héroïque enfant, elle eût voulu mourir près de son cher Hector ; mais elle allait vivre près de

M. de Kernis, et son cœur, à son insu, s'ouvrait à de nouvelles espérances. Mademoiselle Armantine, qui avait commencé par se révolter, s'apaisait peu à peu; cependant elle portait envie à Gabrielle; elle était surtout jalouse de l'abbé, et, dans sa douleur, d'ailleurs profonde et sincère, elle laissait échapper contre lui des boutades amères où toute sa rancune se trahissait. Elle pardonnait à Gabrielle, mais elle ne pouvait pardonner à l'abbé.

— Je le reconnais bien là, disait-elle; il y a toujours ou dans sa conduite quelque chose de louche et de sournois. Il a toujours trouvé moyen de se mettre en avant aux dépens des autres. Dans le bien qu'il fait, il y a toujours de l'ostentation. En me laissant ici, il a voulu se faire valoir.

Puis, en songeant que peut-être elle ne le verrait plus, qu'elle ne l'aurait plus là pour sa partie de tric-trac, pour subir avec résignation toutes ses taquineries, que demain elle chercherait vainement ce visage auquel ses yeux s'étaient depuis vingt ans habitués, elle éprouvait un sentiment de désolation : tant l'habitude a de puissance sur notre pauvre cœur !

Après une traversée de quelques jours, ils arrivèrent heureusement sur les côtes d'Angleterre. Ils se rendirent à Londres, où M. de Valcreuse avait réussi à faire passer une partie de sa fortune. De son côté, M. de Kernis avait sauvé quelques débris de son ancienne opulence. Plus heureux que la plupart des émigrés obligés de travailler pour vivre, ils pouvaient facilement mener une vie conforme à leurs goûts, à leurs habitudes. Ils passèrent l'hiver à Londres, dans la solitude la plus complète. Mademoiselle Armantine elle-même, malgré la frivolité de son caractère, fuyait le monde et se nourrissait d'une seule pensée : son cœur était tout entier à Valcreuse. Chaque jour elle demandait vainement des nouvelles d'Hector et de Gabrielle. Elle ignorait la catastrophe que nous avons racontée, mais elle savait pourtant que la grande armée royaliste avait passé la Loire, et que l'insurrection vendéenne était désorganisée. Irène, malgré sa grâce et sa beauté, renonçait sans regret aux triomphes qui ne lui auraient pas manqué, si elle eût consenti à se produire dans les salons de l'aristocratie anglaise. M. de Kernis ne les quittait guère, et témoignait à Irène une affection fraternelle, à mademoiselle Armantine une déférence respectueuse et filiale, en ayant soin, toutefois, de conserver près d'elle les apparences d'un sentiment plus tendre et plus passionné.

Le printemps venu, après avoir parcouru les environs de Londres pour leur trouver une retraite d'une élégante simplicité, il fit choix d'un cottage à Richmond. C'était une petite maison à deux étages, construite en briques, entre cour et jardin. A l'intérieur, tout respirait la richesse et le bien-être. Par une attention délicate, avant de les y conduire, il avait tout disposé pour rappeler à Irène et à mademoiselle Armantine l'appartement qu'elles occupaient à Valcreuse. Devant la grille de la cour, au bord de la Tamise, s'étendait une pelouse sombre et touffue, ombragée d'arbres séculaires, où paissaient en liberté de belles génisses noires. De chaque côté de la cour, entre la grille et la maison, s'allongeaient deux larges plates-bandes où s'épanouissaient toutes les fleurs de la saison. En pénétrant pour la première fois dans cette habitation coquette et gracieuse, Irène battit des mains ; quand elle se mit à sa fenêtre et qu'elle vit serpenter à ses pieds, entre deux rives couvertes d'une végétation luxuriante, la Tamise qu'elle n'avait encore aperçue qu'entre les murailles enfumées de Londres, elle ne put retenir un cri d'admiration. Mademoiselle Armantine ne se lassait pas de louer le goût exquis qui avait présidé au choix, à la disposition de l'ameublement. Au fond du jardin, était un pavillon que M. de Kernis devait habiter.

M. de Kernis n'oublia pas un seul jour, un seul instant la mission qu'il avait acceptée, les devoirs sacrés qui lui étaient imposés. Vainement l'ambition le sollicitait ; il ne s'appartenait plus, il avait voué à ces deux femmes sa vie tout entière. Chaque matin, il venait prendre les ordres de mademoiselle Armantine, interroger les désirs d'Irène ; les contenter en tout était son unique pensée. Il s'était d'abord révolté contre l'inaction, et demandé avec amertume si, dans le drame qui se jouait en France, il n'y avait aucun rôle pour lui ; mais bientôt il avait réduit son orgueil au silence : il devait, comme un soldat fidèle, rester au poste que lui avait assigné la volonté de M. de Valcreuse, et ne pouvait déserter sans honte.

Cette mission qu'il avait d'abord acceptée comme

une expiation nécessaire, lui devint peu à peu douce et facile. Il découvrit un jour que si la liberté lui eût été rendue, s'il eût été dégagé de sa promesse, il n'eût pas quitté sans douleur le poste où il avait cru, jusque-là, ne rester que par un sentiment d'honneur et de résignation. Mademoiselle Armantine était si aimable et si bonne, malgré ses travers ! Irène était si belle et si charmante ! Toutes deux paraissaient si touchées de ses soins ! Irène lui témoignait sa reconnaissance avec tant de grâce ! Elle lui souriait si franchement quand elle le voyait paraître ! Comment eût-il fait pour ne pas se laisser prendre à l'attrait d'une vie si calme et si sereine ? Par un privilége bien rare, tous les instincts de son cœur s'accordaient sans lutte avec la voix de sa conscience : il avait le mérite du devoir accompli, et ce devoir même était un bonheur.

Au bout d'un an, ils apprirent l'incendie de Valcreuse et la mort tragique d'Hector, de Gabrielle et de l'abbé. M. de Kernis savait seul pourquoi Gabrielle avait voulu mourir; Irène et mademoiselle Armantine devaient toujours ignorer ce terrible secret. Est-il besoin de peindre leur douleur ? Les trois êtres chéris que la guerre avait moissonnés étaient l'éternel sujet de leurs entretiens. M. de Kernis et Irène parlaient sans cesse de Gabrielle; en croyant nourrir son désespoir, en croyant demeurer obstinément fidèle au passé, M. de Kernis nourrissait, à son insu, un nouvel amour, timide, mystérieux, qu'il n'osait s'avouer à lui-même, mais qui grandissait sous ses larmes. Trois ans se passèrent ainsi. Il se sentait aimé et se rappelait les dernières volontés, les dernières paroles de Gabrielle. Qu'Irène soit heureuse, avait-elle dit, et je vous bénirai. Il épousa Irène, croyant n'obéir qu'au dernier vœu de madame de Valcreuse, et ne s'aperçut pas qu'il obéissait à l'entraînement de son cœur. Le mariage se fit sans bruit, sans éclat; quelques-uns de leurs compagnons d'exil assistèrent seuls à la cérémonie nuptiale. La joie de cette journée, comme toutes les joies qu'on goûte loin de la patrie, fut voilée de tristesse. Mademoiselle Armantine songeait avec amertume à son frère, à sa sœur, à l'abbé, qui manquaient à cette fête; en arrivant au pied de l'autel, en voyant les deux époux agenouillés, elle ne put refuser un tendre souvenir au chevalier de R... et au marquis de C..., victimes héroïques de leur commune passion.

Dès que les portes de la France furent rouvertes aux émigrés par le gouvernement consulaire, ils rentrèrent dans le Bocage. Bien que le pays fût encore sourdement agité, bien que le parti royaliste n'eût pas encore renoncé à ses espérances, cependant on pouvait déjà y vivre en paix.

M. de Kernis et Irène eurent tous deux en même temps, sans se l'être confiée, la pensée d'acquérir le château où ils s'étaient rencontrés pour la première fois, et qui avait échappé aux ravages de la guerre civile. A peine arrivés, ils avaient accompli avec mademoiselle Armantine un douloureux pèlerinage: ils avaient visité les ruines de Valcreuse. Ils errèrent longtemps en silence dans ces salles dévastées, que déjà les ronces et les hautes herbes avaient envahies, qu'habitaient seuls maintenant la couleuvre et le lézard. Sur ce lieu où étaient morts Hector, Gabrielle et l'abbé, les paysans avaient élevé une croix; Irène, mademoiselle Armantine et M. de Kernis s'agenouillèrent au pied de cette croix. Quand les deux femmes se relevèrent, M. de Kernis errait seul à travers les ruines : Irène ne vit pas toutes les larmes qu'il versa.

Madame de Presmes, après s'être mêlée, à Coblentz, à Vienne, à toutes les intrigues, à tous les complots de l'émigration, revint en France et se distingua, sous la restauration, par sa dévotion fastueuse. Bien que sa vengeance eût porté ses fruits, elle ne put pas en jouir, car elle ignora toujours pourquoi Gabrielle était venue mourir près d'Hector, et elle apprit avec un sentiment de colère que M. de Kernis avait épousé Irène.

Et Rosette?

La petite bohémienne avait conduit Gabrielle et l'abbé au château par des sentiers connus d'elle seule. Au moment où elle démasquait l'entrée de la galerie souterraine, recouverte avec soin de broussailles qui la cachaient à tous les yeux, une balle égarée l'avait frappée. Elle tomba et tourna vers madame de Valcreuse un regard suppliant. Gabrielle s'était agenouillée près d'elle et la soulevait dans ses bras.

— Oh! Madame, dit Rosette d'une voix mourante, j'ai une grâce à vous demander.

— Parle, mon enfant! parle, pauvre petite ! s'écria madame de Valcreuse.

— Il y a bien longtemps que j'y pense, et pourtant je n'ai jamais osé ; mais j'ai vécu pour vous, pour vous seule, je meurs pour vous, embrassez-moi.

Madame de Valcreuse avait posé ses lèvres sur le front de Rosette et recueilli son dernier soupir.

FIN

www.ingramcontent.com/pod-product-compliance
Lightning Source LLC
Chambersburg PA
CBHW050431170426
43201CB00008B/627